国家职业技能鉴定教材

沥青混合料搅拌设备操作工

（初级）

劳动和社会保障部教材办公室组织编写

中国劳动社会保障出版社

LIQING HUNHELIAO JIAOBANSHEBEI CAOZUOGONG

图书在版编目（CIP）数据

沥青混合料搅拌设备操作工：初级/劳动和社会保障部教材办公室组织编写．—北京：中国劳动社会保障出版社，2006

国家职业技能鉴定教材

ISBN 978－7－5045－5564－9

Ⅰ．沥…　Ⅱ．劳…　Ⅲ．沥青拌和料－搅拌－化工设备－职业技能鉴定－教材　Ⅳ．U414.7

中国版本图书馆 CIP 数据核字(2006)第 022247 号

中国劳动社会保障出版社出版发行

（北京市惠新东街 1 号　邮政编码：100029）

出 版 人：张梦欣

*

北京金明盛印刷有限公司印刷装订　新华书店经销

787 毫米×1092 毫米　16 开本　13 印张　195 千字

2008 年 2 月第 1 版　　2008 年 2 月第 1 次印刷

定价：34.00 元

读者服务部电话：010－64929211

发行部电话：010－64927085

出版社网址：http：//www.class.com.cn

工程建设机械操作系列
国家职业技能鉴定教材编写人员

主　　编　张　铁

副 主 编　邢昌友　白春芳

参　　编　张　铁　邢昌友　白春芳　郑　训
付俊祥　张文海　王　青　王传胜
闫成春　李广金　赵文华　姜武杰
王兴元　宿林林　李文耀　朱　永
王京华　迟久升　刁鹏程

本册执笔　张　铁　邢昌友　白春芳　王传胜
赵文华　张文海　姜武杰　郑　训
李文耀

前　言

《中华人民共和国劳动法》明确规定，国家对规定的职业制定职业技能鉴定标准，实行职业资格证书制度，由经过政府批准的考核鉴定机构负责对劳动者实施职业技能鉴定。

1994年以来，劳动和社会保障部职业技能鉴定中心、劳动和社会保障部教材办公室、中国劳动社会保障出版社组织有关方面专家、技术人员和职业培训教学管理人员实施教材建设，编写出版了涉及机械、电子、交通、建筑、商业、农业、饮食服务业等行业中近80个通用职业（工种）的《国家职业技能鉴定教材》（以下简称《教材》）和《国家职业技能鉴定指导》（以下简称《指导》），对于推动职业技能鉴定工作，提高职业技能培训质量发挥了积极的作用。

2000年，国家实行在规定的职业（工种）中持职业资格证书就业上岗制度，为满足广大劳动者取得职业资格证书的迫切要求，2005年，劳动和社会保障部教材办公室和中国劳动社会保障出版社在总结以往《教材》编写经验的基础上，组织编写了工程建设机械操作系列国家职业技能鉴定教材，《沥青混合料搅拌设备操作工（初级）》就是其中的一本。

《教材》内容上力求体现"以职业技能为核心，以职业活动为导向"的指导思想，坚持"考什么，编什么"的原则，在基本保证知识连贯性的基础上，力求浓缩精练，突出针对性、典型性、实用性。

《教材》按等级分册编写，有助于准备参加考核鉴定的人员掌握考核鉴定的范围和内容，适合各级鉴定机构和培训机构组织考前强化培训和申请参加技能鉴定的人员自学使用，对于各类职业技术学校师生、相关行业技术人员均有重要的参考价值。

本书由山东交通学院工程机械研究所、青岛市公路管理局承担编写任务，在此表示衷心感谢。

编写《教材》有相当的难度，是一项探索性工作。由于时间仓促，缺乏经验，不足之处在所难免，恳切欢迎各使用单位和个人提出宝贵意见和建议。

劳动和社会保障部教材办公室

目录

CONTENTS

第一单元　机械传动 …………………………………（1）
第一节　齿轮传动和带传动 ……………………………（3）
第二节　轴承 ……………………………………………（6）
第二单元　液压传动 …………………………………（13）
第一节　概述 ……………………………………………（15）
第二节　动力元件和执行元件 …………………………（16）
第三节　控制元件和辅助元件 …………………………（18）
第四节　压力表和液压油 ………………………………（21）
第三单元　电器元件 …………………………………（25）
第一节　电工学基本知识 ………………………………（27）
第二节　基本电器元件 …………………………………（31）
第四单元　柴油机 ……………………………………（37）
第一节　概述 ……………………………………………（39）
第二节　曲柄连杆机构 …………………………………（47）
第三节　配气机构 ………………………………………（51）
第四节　供给系 …………………………………………（53）
第五节　润滑系和冷却系 ………………………………（60）
第五单元　沥青混合料搅拌设备总体结构 …………（67）
第一节　概述 ……………………………………………（69）
第二节　总体结构 ………………………………………（70）

第六单元　沥青混合料搅拌设备工作装置 …………………（ 75 ）
第一节　冷骨料配给装置 …………………………………（ 77 ）
第二节　冷骨料烘干、加热装置 ……………………………（ 78 ）
第三节　骨料筛分装置 ……………………………………（ 86 ）
第四节　称量装置 …………………………………………（ 89 ）
第七单元　沥青混合料搅拌设备电控系统 …………………（ 107 ）
第一节　冷骨料配给装置电控系统 …………………………（ 109 ）
第二节　干燥滚筒加热装置电控系统 ………………………（ 111 ）
第三节　称量装置电控系统 …………………………………（ 115 ）
第八单元　双滚筒沥青混合料搅拌设备 ……………………（ 121 ）
第一节　概述 ………………………………………………（ 123 ）
第二节　内滚筒 ……………………………………………（ 124 ）
第三节　外滚筒 ……………………………………………（ 125 ）
第九单元　沥青混合料场拌热再生设备 ……………………（ 131 ）
第一节　概述 ………………………………………………（ 133 ）
第二节　间歇式沥青混合料场拌热再生设备…………………（ 137 ）
第三节　连续式沥青混合料场拌热再生设备…………………（ 142 ）
第十单元　沥青混合料搅拌设备使用技术 …………………（ 149 ）
第一节　作业基地的选择 ……………………………………（ 151 ）
第二节　生产率的计算 ………………………………………（ 153 ）
第三节　间歇式沥青混合料搅拌设备操作规程 ……………（ 153 ）
第十一单元　沥青混合料搅拌场供电 ………………………（ 167 ）
第一节　电网供电 …………………………………………（ 169 ）
第二节　柴油发电机组 ……………………………………（ 172 ）
第三节　安全用电 …………………………………………（ 188 ）

附录 1　电动机操作规程 …………………………………（ 198 ）
附录 2　柴油机操作规程 …………………………………（ 199 ）

第一单元

机械传动

机械传动是把动力装置产生的力和速度传送到沥青混合料搅拌设备的执行机构（如工作机构等）。

机械传动通常由传动系统、操纵和控制系统、辅助系统3部分组成。

传动系统由各种传动零部件或装置（总成）、轴及轴系部件、离合器、制动器、换向和蓄能装置（如飞轮）等组成。

操纵和控制系统由进行启动、离合、制动、调速、换向的操纵装置，以及按预定顺序工作和自动控制所需的部件及装置组成。

辅助系统由冷却、润滑、计数、消声、减振、除尘和安全防护等装置组成。

第一节 齿轮传动和带传动

一、齿轮传动

1. 组成

齿轮传动如图1—1所示，当一对齿轮相互啮合而工作时，主动齿轮的轮齿（1，2，3，4…）通过力 F 的作用逐个地推动从动齿轮的轮齿（1′，2′，3′，4′…），使从动齿轮转动，从而将主动轴的动力和运动传递给从动轴。

2. 特点

齿轮传动与带传动、链传动、摩擦传动、液压传动等型式的传动相比，具有功率范围大、传动效率高、传动比准确、使用寿命长、安全可靠等特点，因此它是许多机械设备普遍采用的传动方式。

3. 类型

齿轮产品按大类划分，主要有圆柱齿轮、圆锥齿轮、蜗轮蜗杆与行星传动齿轮4类。

常用齿轮传动型式如图1—2和图1—3所示。

二、带传动

1. 组成

带传动是用挠性传动带做中间体，靠摩擦力工作的一种传动。如图1—4所示，把一根或几根闭合的传动带张紧在两个带轮上，传动带与两个带轮接触就产生了正压力。当主动轮（一般是小轮）旋转时，借助于摩擦力的作用将带拖动，而传动带又拖动从动轮旋转。

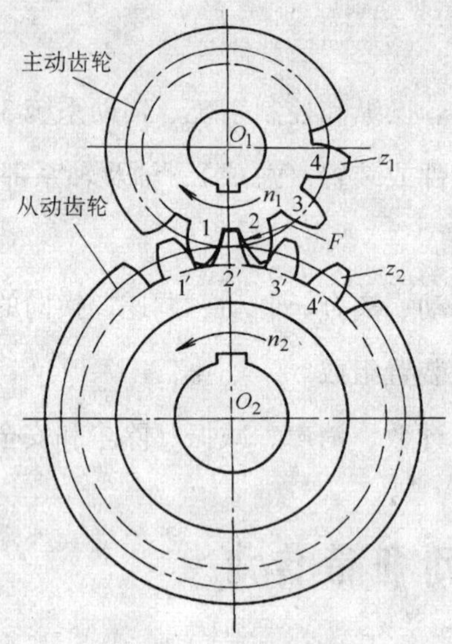

图 1—1　齿轮传动

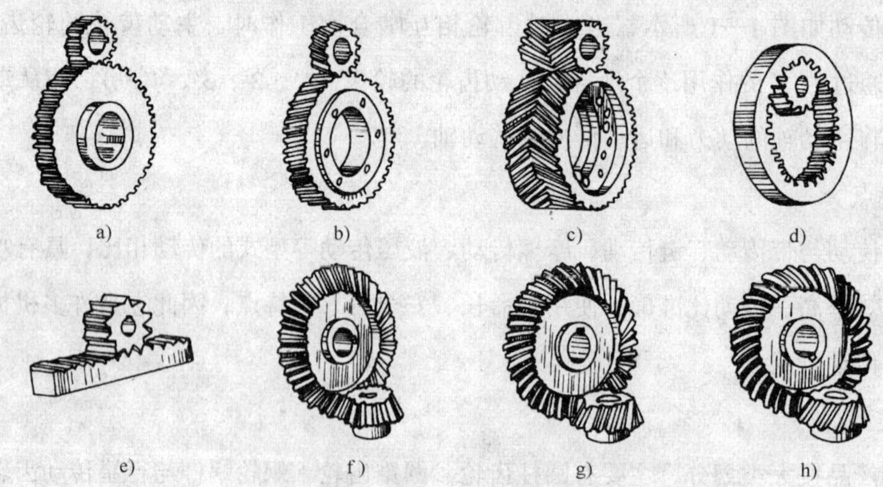

图 1—2　齿轮传动的主要型式

a）圆柱直齿　b）圆柱斜齿　c）圆柱人字齿　d）圆柱内齿

e）齿条直齿　f）圆锥直齿　g）圆锥斜齿　h）圆锥曲齿

2. 型式

根据轴线位置的不同，带传动有平行轴传动、交叉轴传动和半交叉轴传动。根据传动带位置的不同，又可分为水平传动、垂直传动和倾斜传动。

a)

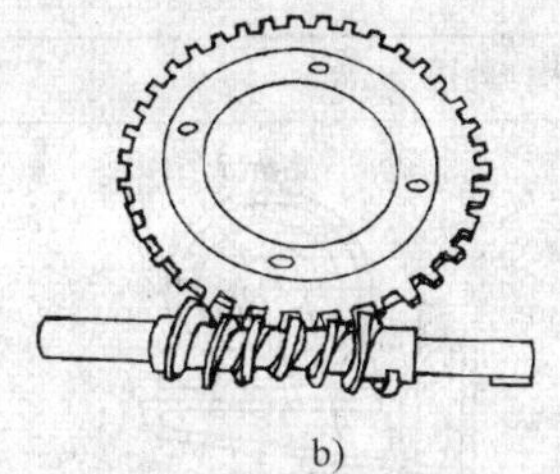
b)

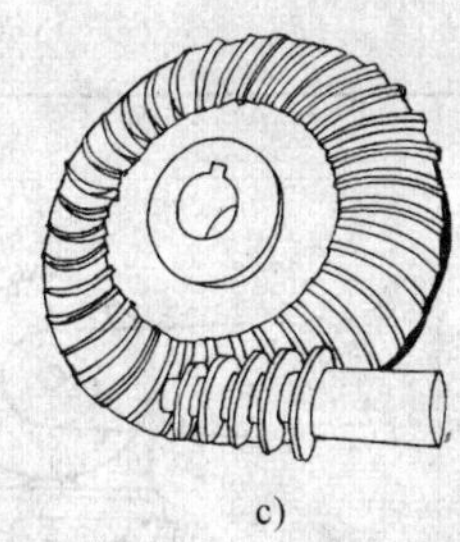
c)

图 1—3　蜗轮蜗杆传动型式

a）圆柱蜗杆　b）弧面蜗杆　c）锥形蜗杆

3. 张紧

适当的张紧，保证传动带有一定的预紧力是带传动正常工作的重要条件。

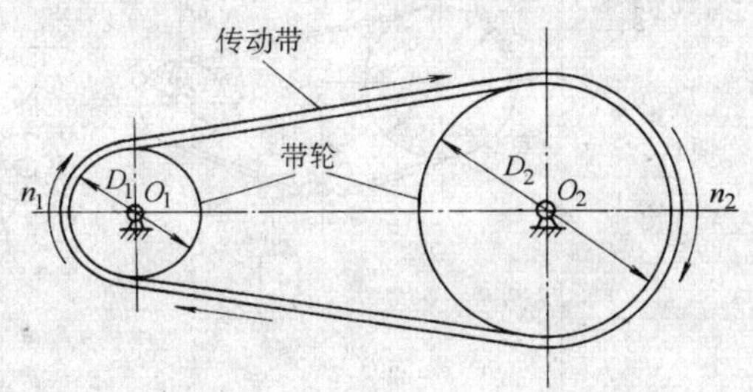

图 1—4　带传动

（1）预紧力不足时传动带将在带轮上打滑，降低传动能力和效率。传动带的工作面磨损加快，小带轮急剧发热，导致传动带的振动。

（2）预紧力过大时会使传动带的寿命降低，轴和轴承的载荷增大，加剧轴承的磨损。

带传动的张紧方法见表 1—1。

表 1—1　带传动的张紧方法

张紧方法		结构型式	特点和应用
调节轴间距	定期张紧	a)	靠调整调节螺钉来调整两轮的轴间距，如图 a 所示。多用于水平或接近水平的传动
		b)	如图 b 所示，多用于垂直或接近垂直的传动，是最简单的通用方法

续表

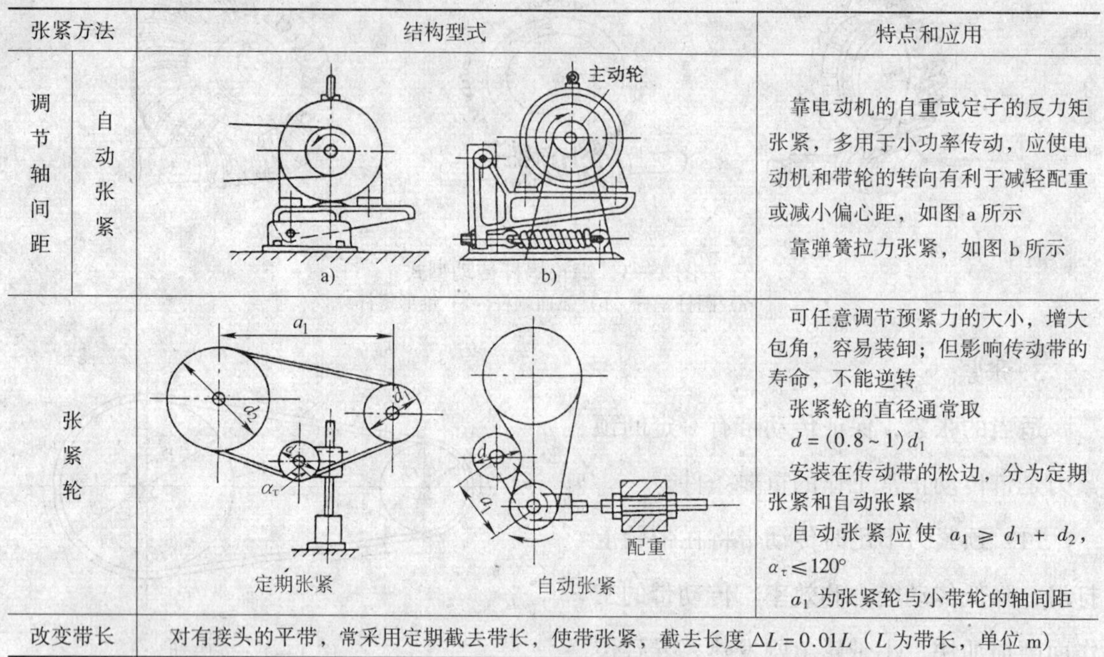

张紧方法		结构型式	特点和应用
调节轴间距	自动张紧	a)　b)	靠电动机的自重或定子的反力矩张紧，多用于小功率传动，应使电动机和带轮的转向有利于减轻配重或减小偏心距，如图 a 所示 靠弹簧拉力张紧，如图 b 所示
张紧轮		定期张紧　自动张紧	可任意调节预紧力的大小，增大包角，容易装卸；但影响传动带的寿命，不能逆转 张紧轮的直径通常取 $d=(0.8\sim1)d_1$ 安装在传动带的松边，分为定期张紧和自动张紧 自动张紧应使 $a_1 \geqslant d_1 + d_2$，$\alpha_\tau \leqslant 120°$ a_1 为张紧轮与小带轮的轴间距
改变带长		对有接头的平带，常采用定期截去带长，使带张紧，截去长度 $\Delta L=0.01L$（L 为带长，单位 m）	

工程建设机械中利用带传动的典型装置是带输送机。

第二节　轴承

一、滚动轴承

滚动轴承的基本结构如图 1—5 所示，由外圈、内圈、滚动体（滚珠）和保持架组成。内圈安装在轴颈上，外圈安装在轴承座孔中。内、外圈上制有槽形滚道，用以限制滚动体的侧向位移，并可降低滚动体与内、外圈之间的接触应力。保持架的功用是保持滚动体为一组合体，避免散失，并将它们均匀隔开，以免相互接触而产生摩擦。

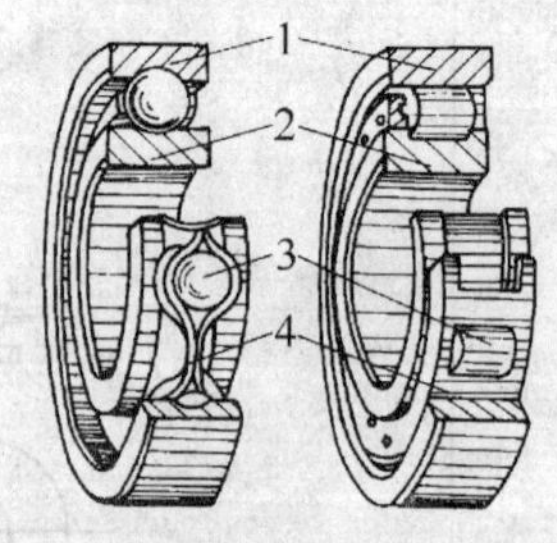

图 1—5　滚动轴承的基本结构

1—外圈　2—内圈　3—滚动体　4—保持架

滚动轴承运转时由于内、外圈与滚动体之间形成滚动摩擦，摩擦系数小，因此具有摩擦阻力小、功率消耗少、机械启动容易等优点。

1. 基本类型

按滚动轴承能承受或主要承受何种方向的载荷，滚动轴承分为4种基本类型：向心轴承、向心推力轴承、推力向心轴承和推力轴承。

2. 代号

为了设计、生产和使用、修理上的方便，按标准规定用一组字母和数字作为滚动轴承的代号，并打印在轴承外圈的端面上，其字母及数字代表的意义如下：

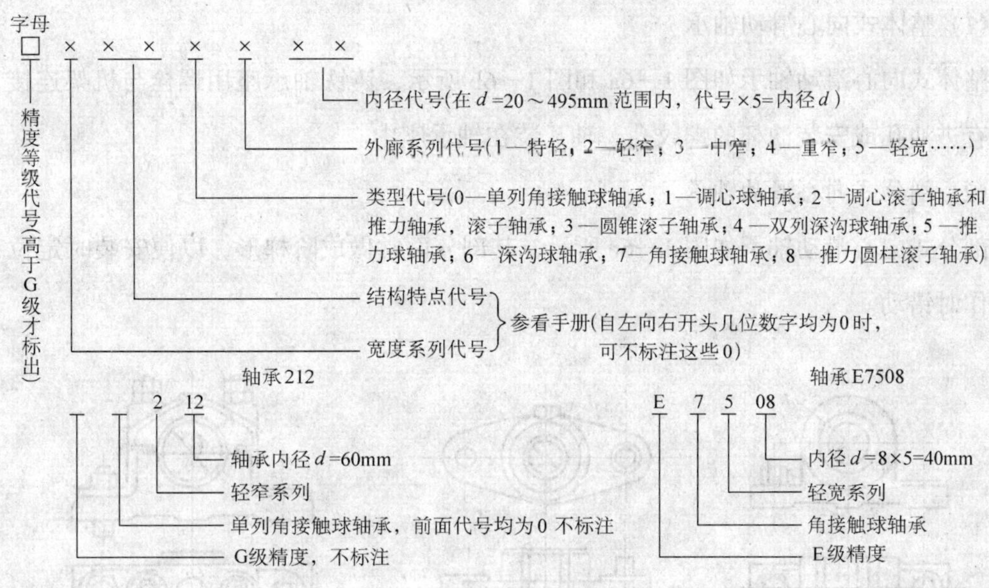

二、滑动轴承

1. 分类

滑动轴承按其承载方向可分为径向（向心）滑动轴承、推力滑动轴承、向心和推力组合滑动轴承；滑动轴承按工作时的润滑状态可分为液体摩擦滑动轴承及非液体摩擦滑动轴承两类。其中，液体摩擦滑动轴承根据工作时两个相对运动表面间油膜形成原理的不同，又可分为流体动力滑动轴承（简称动压轴承）和流体静力滑动轴承（简称静压轴承）。除作为简单支撑及不太重要的场合外，滑动轴承大多数为动压轴承。

2. 特点

与滚动轴承相比，滑动轴承具有以下特点：

(1) 寿命长，适于高速运转。

(2) 能承受冲击和振动载荷。

(3) 运转精度高，工作平稳，无噪声。

（4）结构简单，拆装方便。

（5）承载能力大，能适应重载工作条件。

（6）非液体摩擦的滑动轴承，其摩擦损失大；液体摩擦的滑动轴承，其摩擦损失与滚动轴承相差无几，但润滑及维护等要求较高。

3. 典型结构

（1）整体式向心滑动轴承

整体式向心滑动轴承如图 1—6a 和图 1—6b 所示，铸铁轴承座用螺栓与机架连接，其顶部有进油孔或安装油杯的螺纹孔，轴瓦装在轴承座中。

（2）剖分式向心滑动轴承

剖分式向心滑动轴承如图 1—6c 所示，其剖分面常做成阶梯形，以便安装时定位和防止工作时错动。

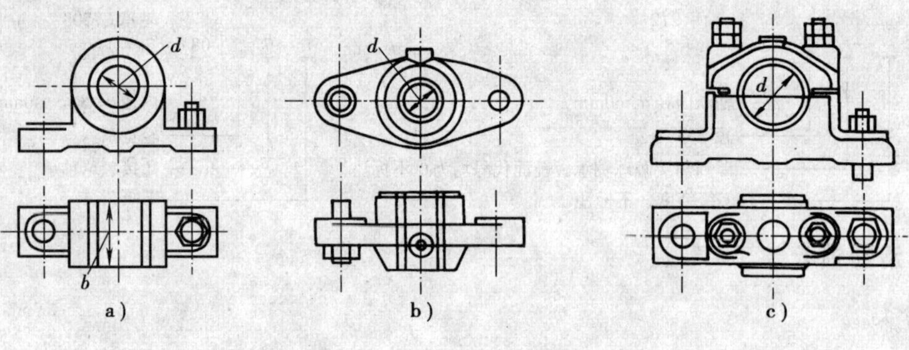

图 1—6　滑动轴承
a)，b）整体式　c）剖分式

（3）自动调心式向心滑动轴承

当轴承宽度 b 较大时，轴的弯曲变形或装配与工艺原因引起的轴承孔的偏斜，使轴瓦两端出现严重的局部接触现象（边缘接触见图 1—7），将导致两端磨损加剧。因此，宽径比 $b/d>1.5\sim1.75$ 时宜采用调心轴承。其特点是轴瓦外支撑表面制成球面以适应轴的偏斜。自动调心式向心滑动轴承如图 1—8 所示。

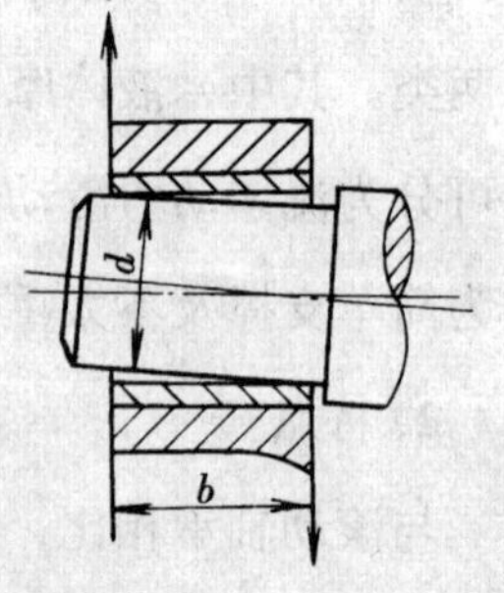

图 1—7　边缘接触

（4）间隙可调的整体式向心滑动轴承

间隙可调的整体式向心滑动轴承如图 1—9 所示。其轴瓦外表面为锥形，与一个具有

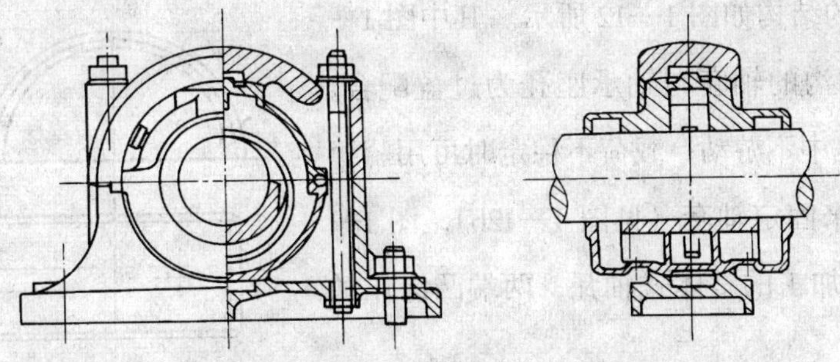

图 1—8　自动调心式向心滑动轴承

内锥形表面的套筒配合。

(5) 推力滑动轴承

推力滑动轴承如图 1—10 所示。为防止偏载，在轴瓦下面设一易变形的铅制垫块，或将轴瓦下表面制成球面，并套装在防止它转动的销子上，成为一种能承受双向推力的调心式滑动轴承。推力滑动轴承普通型如图 1—10a 所示，下端面球面型如图 1—10b 所示，双向推力与调心组合型如图 1—10c 所示。

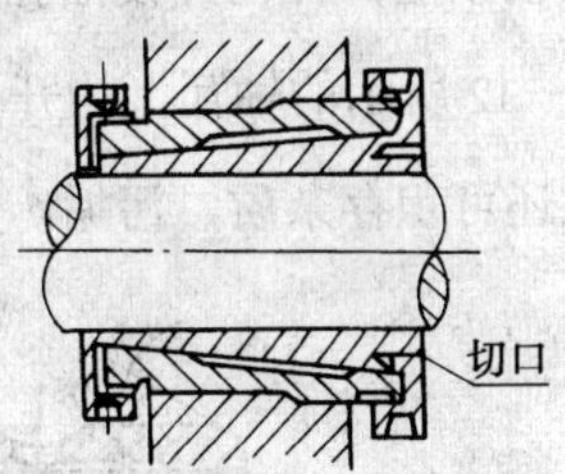

图 1—9　间隙可调的向心滑动轴承

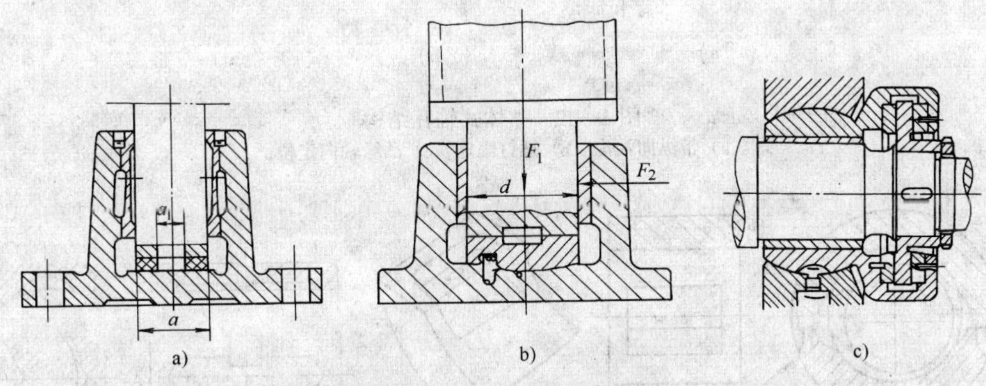

图 1—10　推力滑动轴承

a) 普通型　b) 下端面球面型　c) 双向推力与调心组合型

三、轴瓦

1. 结构

滑动轴承中采用轴瓦，既可以节省贵重金属，又便于修理时更换。常用的轴瓦有整体式和剖分式两种。在大批生产中，剖分式轴瓦常用低碳钢带经下料、冲压成形、表层附有减磨材料并精加工等工序来制造。双金属带制成的剖分式轴瓦如图 1—11 所示。

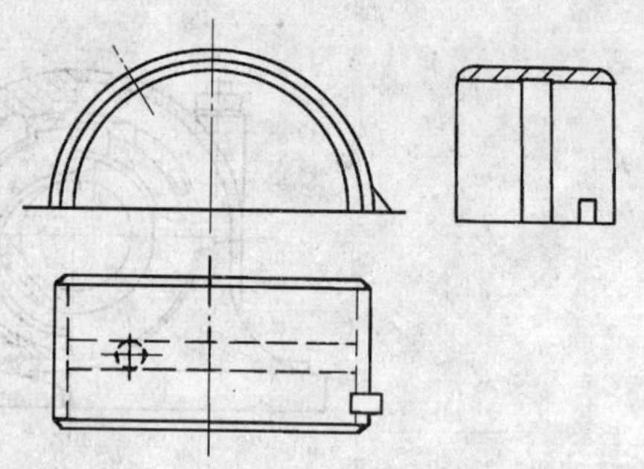

图 1—11　双金属带制成的剖分式轴瓦

整体式轴瓦的结构如图 1—12 所示。其中图 1—12a 所示带纵向油沟的轴套与轴承座孔为过盈配合，以保证轴套在座孔中不游动；载荷不稳定时可用骑缝安装的紧固螺钉来固定轴套（见图 1—12b），图 1—12c 所示为铸造后加工的整体式轴瓦，两端凸缘作轴向定位用。

为了把润滑油引入整个摩擦表面，轴瓦上（有时在轴颈上）往往开设油孔或油沟，有时还有油腔，图 1—12 所示的轴瓦上均开有油孔和油沟。油腔的作用是储存润滑油，使油顺利地进入间隙，还可积存杂质、污垢。图 1—13 所示为常见的几种油腔结构型式。

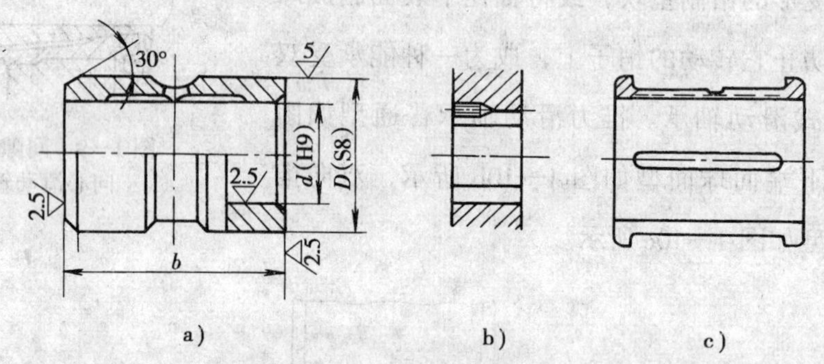

图 1—12　整体式轴瓦结构
a）带纵向油沟　b）螺钉固定　c）凸缘轴向定位

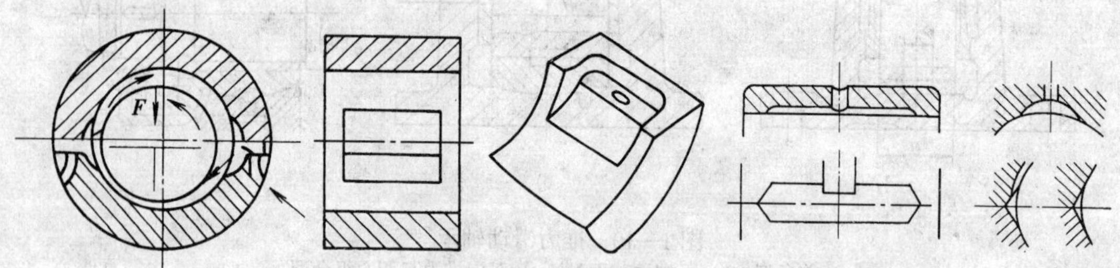

图 1—13　油腔结构型式

2. 材料

常用的轴瓦材料有锡基合金、青铜合金、铝基合金、铸铁、粉末冶金、非金属材料等。

（1）锡基合金俗称巴氏合金（英国人巴比特发明），它主要由锡、铅、锑、铜等元素组成。

(2) 青铜合金主要指锡青铜、铝青铜和铅青铜等合金。

(3) 铝基合金是在锡基合金的基础上，提高铝的含量。

(4) 铸铁有普通灰铸铁和耐磨铸铁。用于轻载、低速和不受冲击的场合。

(5) 常用的粉末冶金有铸铁－石墨和青铜－石墨两种，用于载荷平稳，转速不高，加油不方便的场合。

(6) 常用的非金属材料有各种塑料、木材、橡胶等。

习　题

1. 机械传动的功用是什么？

2. 机械传动由哪几部分组成？

3. 叙述齿轮传动的特点。

4. 齿轮传动有几种型式？

5. 带传动分为几种型式？

6. 叙述带传动的张紧方式。

7. 滚动轴承由哪些零件组成？

8. 滚动轴承分为几种类型？

9. 滑动轴承的特点是什么？

10. 滑动轴承有哪些典型结构？

11. 滑动轴承的轴瓦结构有几种？

12. 滑动轴承的轴瓦材料分为几类？

第二单元

液压传动

第一节　概　　述

液压传动的工作过程是在两个密封的容器中进行的，如图 2—1 所示。向面积小的活塞施加 1 N 的力，传递到面积大的活塞上的力变为 1 000 N，即施加在小面积活塞上的力在大面积的活塞上成比例扩大。

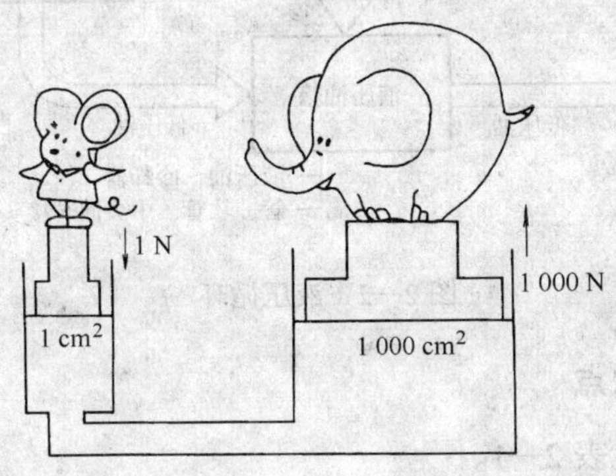

图 2—1　压力传递

液压传动的动力传递和控制很简便，而且体积小、质量轻，因此被广泛采用。

一、组成

液压传动由动力元件、执行元件、控制元件、辅助元件等组成传动系统，通常简称液压系统。

液压泵是典型的液压动力元件，它将发动机的机械能转变为流动液体的压力能。

执行元件将液体的压力能转变为机械能输出，克服负载，推动零件运动做功。液压执行元件包括液压缸和液压马达两类元件。

液压控制元件包括各类液压控制阀，其作用是控制、调节液压系统的压力、流量以及各油口的通断关系，以满足工作机构对系统参数的要求。常用的液压控制元件包括压力控制阀、流量控制阀和方向控制阀等。

辅助元件包括油管、管接头、液压油箱、滤油器、蓄能器、密封件等。虽然它们在液压系统中起辅助作用，但它们对液压系统的效率、寿命、可靠性等有重要影响。

二、液压循环

液压循环如图 2—2 所示。

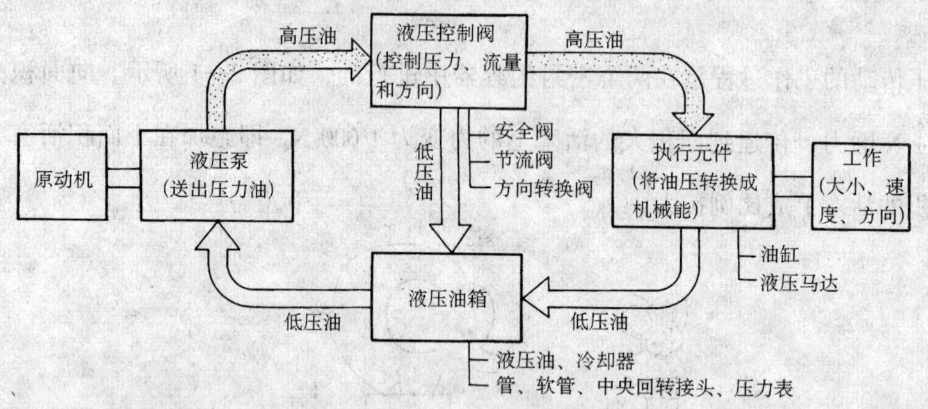

图 2—2　液压循环

三、液压传动的优、缺点

液压传动的优、缺点见表 2—1。

表 2—1　　**液压传动的优、缺点**

优　点	缺　点
1. 结构紧凑，质量轻 2. 可防止装置内超负荷 3. 可进行无级变速 4. 振动小，动作顺畅 5. 可远距离操作	1. 配管较麻烦 2. 液压油有泄漏 3. 传动效率受液压油温度的影响

第二节　动力元件和执行元件

一、动力元件

动力元件是指液压泵。液压泵是靠发动机或电动机驱动，从液压油箱中吸入油液，形成压力油排出，送到执行元件的一种元件。液压泵的种类有齿轮泵、活塞泵（柱塞泵）和叶片泵等。

齿轮泵或柱塞泵作为液压式工程建设机械的动臂、斗杆和回转等的动力源使用。

1. 齿轮泵

齿轮泵由 2 个外啮合齿轮和泵壳组成。吸入侧通过齿轮的转动，产生负压，结果就从入口吸入油液。排出侧通过齿的啮合，从齿槽推出齿轮转动送来的油液。

齿轮泵组成与工作情况如图 2—3 所示。

齿轮泵的特点：体积小、质量轻；结构简单，耐用；故障少，易维护；不能达到高压、大容量。

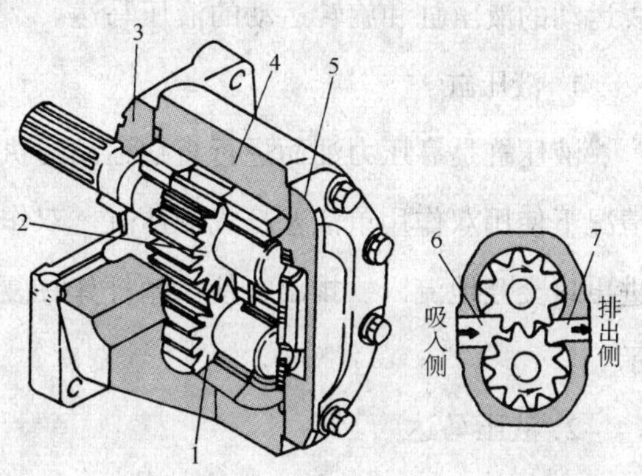

图 2—3　齿轮泵

1—从动齿轮　2—主动齿轮　3—轴承架
4—机壳　5—机盖　6—低压　7—高压

2. 柱塞泵

柱塞泵（见图 2—4）靠油缸内柱塞的往复运动，一侧容腔扩大吸入油液，另一侧容腔减小把油液排出使泵工作。

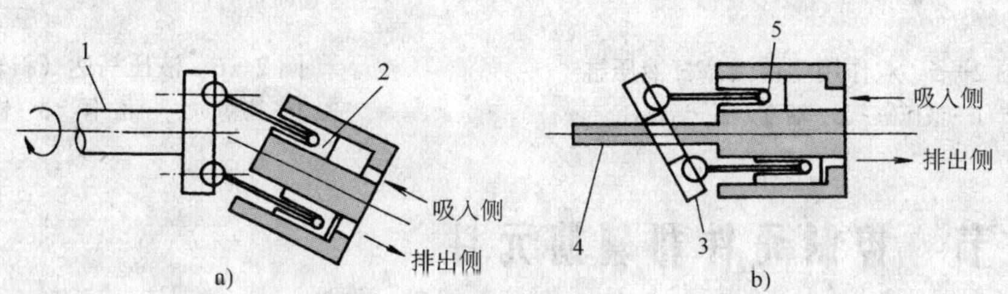

图 2—4　柱塞泵

a）斜轴式　b）斜盘式

1，4—输入轴　2，5—柱塞　3—斜盘

柱塞泵的特点：

(1) 效率高，并易获得 30 ~ 40 MPa 的高压。

(2) 可获得大容量、脉动小的压力油。

(3) 排量可调节，不需要使用节流阀和流量调节阀增减流量。

(4) 结构复杂，零件数量多。

二、执行元件

执行元件是把液压泵输送的油液压力能转换成机械能的装置，根据运动方式可分为直线运动的液压缸和旋转运动的液压马达。

1. 液压缸

液压缸是靠压力油而进行直线运动的执行元件，分为双作用和单作用两种类型。一般情况下使用双作用单活塞杆式液压缸。双作用液压缸两侧都有液压油进出口，液压油通过进出口交互地流入、排出，使活塞杆作往复运动。双作用型单活塞杆液压缸如图 2—5 所示。

2. 液压马达

液压马达（见图 2—6）的结构与液压泵相似，是利用压力油使驱动轴进行旋转运动的执行元件。工程建设机械主要使用齿轮马达和柱塞马达。

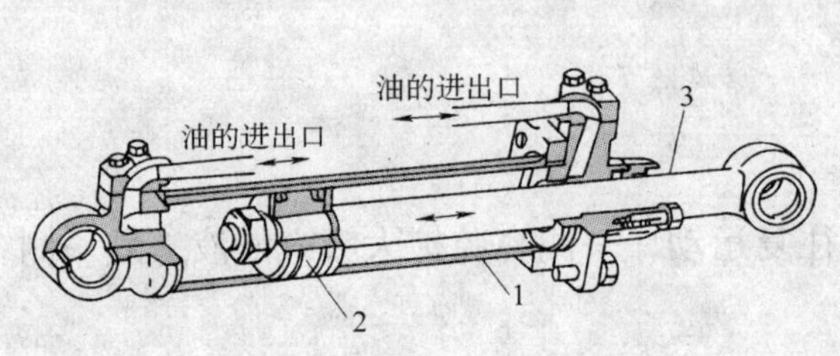

图 2—5　双作用型单活塞杆液压缸

1—液压缸　2—活塞　3—活塞杆

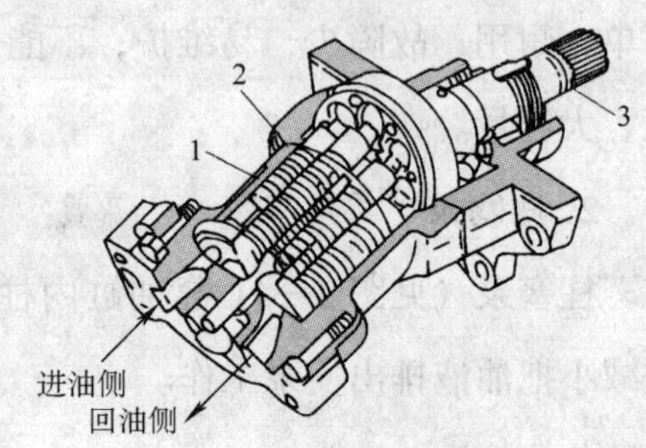

图 2—6　液压马达（斜轴式）

1—柱塞　2—油缸体　3—输出轴

第三节　控制元件和辅助元件

一、控制元件

控制元件中典型的元件是液压控制阀。液压控制阀是指控制液压油的流向、压力及流量的阀。液压控制阀包括压力控制阀、流量控制阀和方向控制阀。

1. 压力控制阀

压力控制阀是指控制液压回路内的压力并起保护作用的阀，包括溢流阀、减压阀和平衡阀等。

(1) 溢流阀（安全阀）

溢流阀的作用是：当液压回路的压力超过阀的设定压力时，液压油的一部分或者全部溢流到回油侧，以防止液压回路压力超过设定压力。溢流阀如图 2—7 所示。

（2）减压阀

减压阀适用于液压回路的局部压力比其他部分压力低的场合。减压阀如图2—8所示。

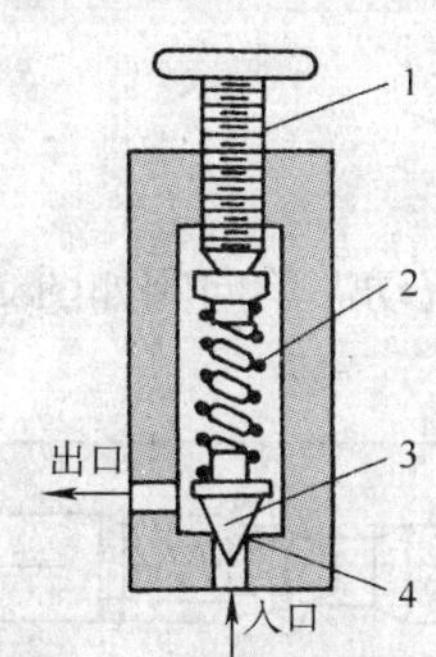

图2—7　溢流阀（安全阀）

1—调节螺钉　2—弹簧　3—锥形阀芯　4—阀座

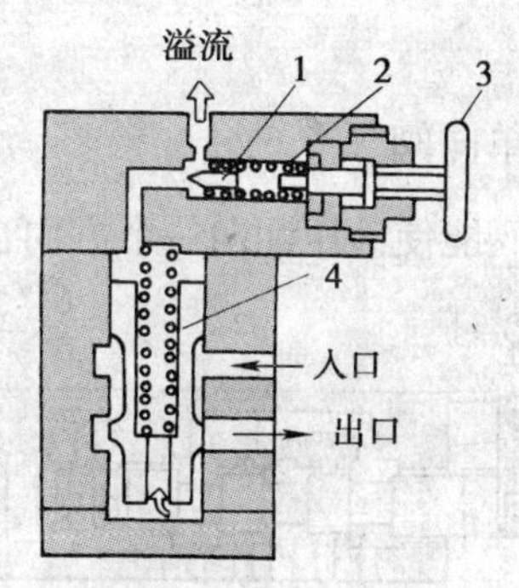

图2—8　减压阀

1—针阀　2—弹簧　3—调节手柄　4—阀柱

（3）平衡阀

平衡阀是用来防止负载下降、控制单向油液流动的压力控制阀，可使工程建设机械行走、起步与停止平稳，同时防止下坡时的溜坡现象发生。平衡阀如图2—9所示。

2. 流量控制阀

流量控制阀（节流阀）是用来调节液压系统（回路）油液流量，即操纵流量调节手柄、改变节流孔的开度而调节流量。流量控制阀如图2—10所示。

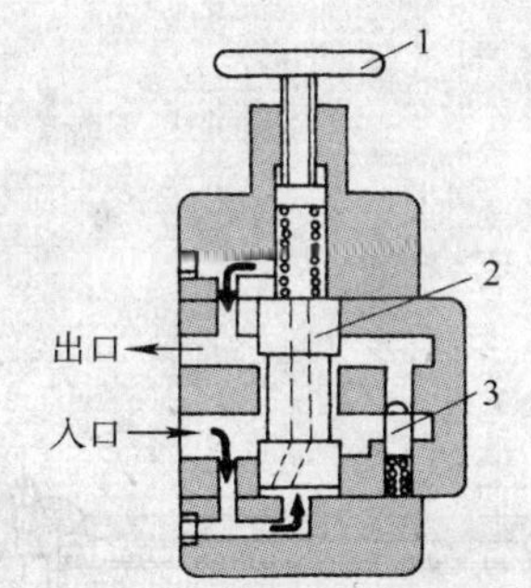

图2—9　平衡阀

1—调节手柄　2—阀柱　3—逆止阀阀芯

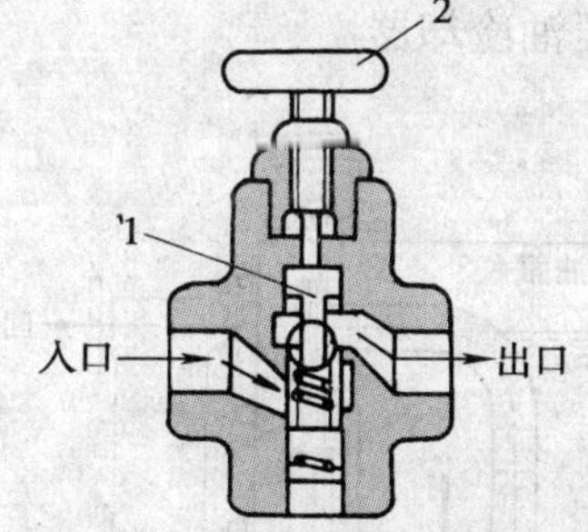

图2—10　流量控制阀

1—阀柱　2—调节手柄

3. 方向控制阀

方向控制阀在液压回路中起控制通断及抑制逆流的作用，使执行元件启动、停止，并控制其运动方向、加速、减速等。方向控制阀包括换向阀和单向阀等。

（1）换向阀

换向阀是用来切换液压油流方向，改变液压缸、液压马达的启动、停止或正反转的运动方向。当滑阀芯的移动是靠电磁力推动时，称为电磁换向阀。滑阀式换向阀如图 2—11 所示。

（2）单向阀

单向阀能使液压油向一个方向自由流动，而不能反方向流动。单向阀如图 2—12 所示。

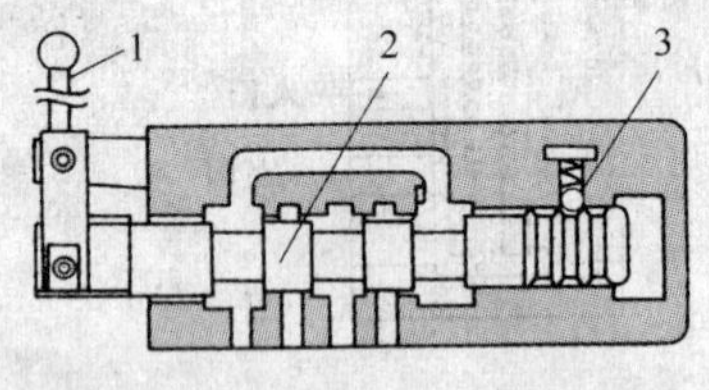

图 2—11 滑阀式换向阀

1—柄 2—阀柱 3—止动球

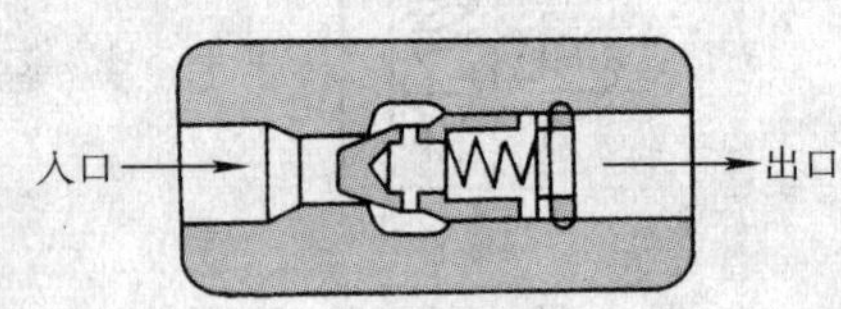

图 2—12 单向阀

二、辅助元件

1. 液压油箱

液压油箱是储存液压油的容器，提供已净化、冷却的液压油。液压油箱如图 2—13 所示。

2. 液压油滤清器

液压油滤清器的作用是过滤液压回路中的液压油，清除杂质。液压油滤清器如图 2—14 所示。

3. 液压油冷却器

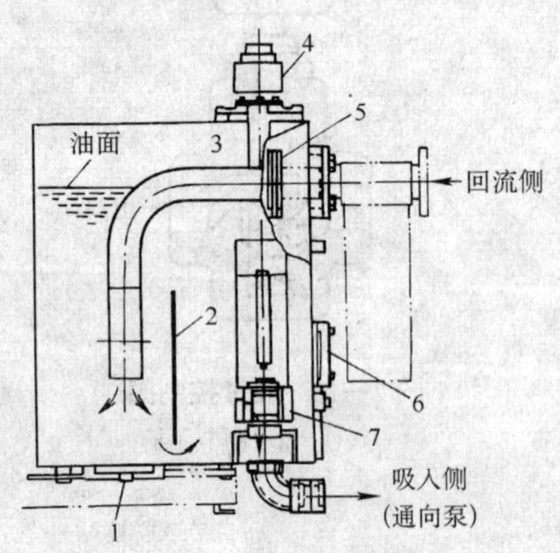

图 2—13 液压油箱

1—排放塞 2—隔板 3—空气室 4—加油口及通气装置 5—液位计 A 6—液位计 B 7—吸油滤清器

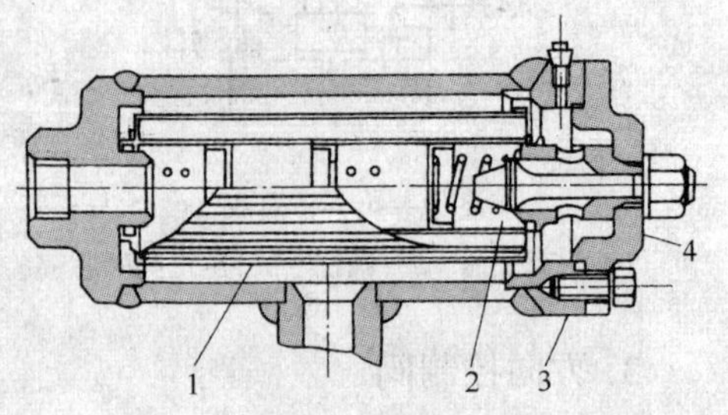

图 2—14 液压油滤清器

1—滤芯 2—旁通阀 3—壳体 4—盖

液压系统工作时油液温度会上升，油温过高将会引发各种故障。液压油冷却器的作用是当油温升高时，散发热量，使油液得到冷却。

第四节 压力表和液压油

一、压力表

压力表显示液压回路内的油液压力，沥青混合料搅拌设备中普遍采用弹簧管式压力表。弹簧管式压力表如图 2—15 所示。

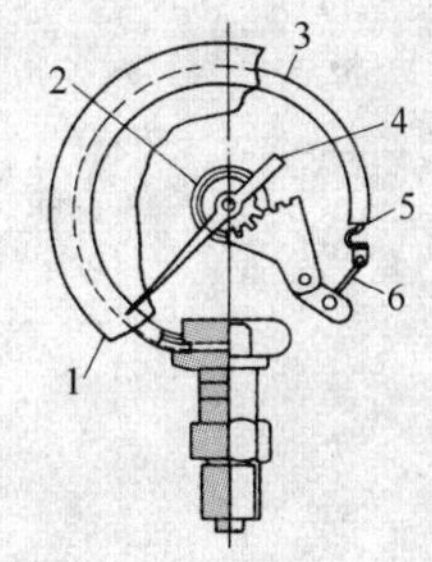

图 2—15 弹簧管式压力表

1—刻度盘 2—游丝 3—弹簧管 4—指针 5—自由端 6—叉杆销

二、液压油

1. 液压油的特性

液压油是液压装置中传递能量的工作介质，并具有润滑运动件的作用。液压油具有以下基本特征：

（1）不可压缩。

（2）黏度受温度变化的影响小。

（3）流动性好。

（4）物理性能和化学性能稳定。

（5）润滑性好。

（6）防锈、防腐。

（7）对密封材料的适应性好。

（8）可快速与水、灰尘等不溶性的杂质分离。

2. 液压油的防污染措施

（1）定期更换滤清器滤芯。

（2）滤清器壳体采取排污措施。

（3）液压油箱采取排污措施。

（4）检查或补充液压油时严防异物混入。

3. 液压油的判断基准

液压油能否继续使用的判断基准见表 2—2。

表 2—2　　液压油能否继续使用的判断基准

序号	外观	气味	状态	对策
1	透明、色浅	良	混入其他油液	检测黏度，如果没有问题，可继续使用
2	变成乳白色	良	混入气泡或水分	换油
3	变成黑褐色	恶臭	劣化	换油
4	透明但有小黑点	良	混入异物	换油或过滤后再使用
5	起泡	—	混入黄油	换油

习 题

1. 液压传动由哪几种元件组成?

2. 液压传动的优、缺点有哪些?

3. 液压泵有几种类型? 各有什么特点?

4. 简述液压缸及液压马达的作用及特点。

5. 液压控制阀有哪几种类型? 各有什么作用?

6. 液压传动包括哪些辅助元件?

第三单元

电器元件

第一节　电工学基本知识

一、直流电和交流电

直流电（DC）是指电流流动方向不随时间变化而改变的电流。

交流电（AC）是指电流流动方向和大小按一定时间作周期变化的电流。

二、电压、电流和电阻

1. 电压

电压是引起导体中电子移动的电位差，电路两端的电位差形成电压。

当电路的一点处有大量电子而在电路的另一点处缺少电子时，便可建立起电位差。由蓄电池或交流发电机施加电压。电气系统的接地电路（搭铁电路）是经工程建设机械的底盘或发动机机体来实现的。搭铁是电气系统公共负极连接处。

施加到电路的电压（U）大小用伏特（V）表示。电场力把 1 C（库仑）正电荷从一点移到另一点所做的功为 1 J（焦耳）时，该两点间的电压即为 1 V（伏特）。1 V 也是通过 1 Ω（欧姆）的电阻移动 1 A（安培）电流所需压力的数量。

电动势（E）值有时也用来表示电压值。

2. 电流

导体内电子流动形成电流（见图 3—1）。

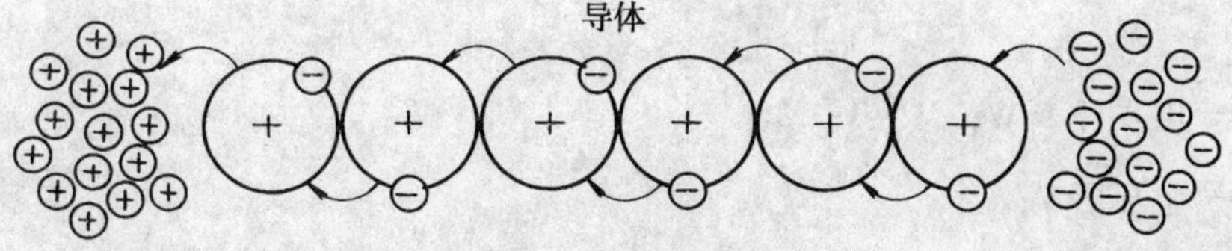

图 3—1　电子流动形成电流

规定：电子流动方向和电流流动方向相反，即电流流动方向总是从高电位端流向低电位端。

电流以安培（A）为度量单位。每秒钟流过导体横截面的电量称为电流强度，简称为电流。电流用符号 I 表示。在电路中电阻保持恒定时，电流随着电压的增大而增大。

3. 电阻

导体阻碍电流流动能力的大小称为电阻。用符号 R 表示。在常温下（25℃）可以认为一物体的电阻是一定值。电阻的单位为欧姆（Ω）。

三、欧姆定律

电压、电流和电阻之间的关系如图 3—2 所示。即：

$$I = \frac{U}{R}$$

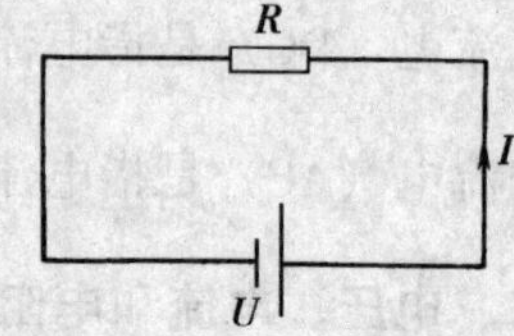

图 3—2 电压、电流和电阻之间的关系

式中 I——导体中的电流，A；

U——导体两端的电压，V；

R——导体的电阻，Ω。

当电阻 $R = 12\ \Omega$、电压 $U = 24$ V 时，流过电阻 R 的电流大小为：

$$I = \frac{U}{R} = \frac{24\ \text{V}}{12\ \Omega} = 2\ \text{A}$$

四、电功率

电做功时每秒消耗的电量称为电功率，简称功率。用字母 P 表示，单位为瓦特（W）。电功率与电压、电流的关系为：

$$P = U \times I$$

式中 P——电功率，W；

U——电压，V；

I——电流，A。

1 W（瓦特）的 1 000 倍为 1 kW（千瓦）。

电能发光、发热，驱动电动机做功。

五、电路

电路是电流的通路，是为了某些需要由一些电气设备或元件按照一定的方式组合起来的。为使电流流动，必须具备从源电压至负载的元件，以及回到源电压的环行通路。电路一般由电源（蓄电池）、导体（导线）、负载（灯、电动机、喇叭）等部分构成。

图 3—3 所示为基本电路示意图，包括接通或断开电路的开关、负载、保护装置（熔断器）等。从电源正端至负载元件的电路称为电路不搭铁边；从负载元件至电源负端的电路称为电路搭铁边。

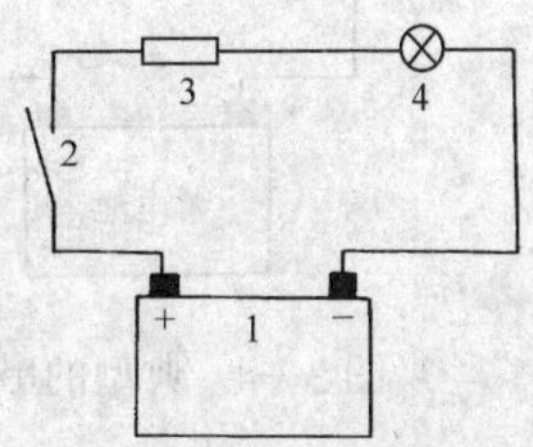

图 3—3　基本电路示意图
1—蓄电池　2—开关
3—熔断器　4—灯泡（负载）

电路一般分为串联电路、并联电路和串 - 并联电路。

1. 串联电路

串联电路是指多个电源正负极首尾相连构成一个整体电源，或者多个电阻一个接一个而形成一串电阻。前者称为电源串联，后者则为电阻串联。

图 3—4 所示为典型的串联电路。

串联电路具有以下一些特点：

（1）串联电路的总电阻等于所有串联电阻之和。

（2）串联电路中每点的电流都相同，即流过每个电阻的电流都相同。

（3）当各个串联电阻的阻值不同时，其两端的电压也不同，每个串联电阻两端的电压之和等于总的源电压。

（4）串联电源中每个电源两端的电压之和等于总的源电压。

串联电路提供的电流从电源流过所有电路元件，然后返回电源。

2. 并联电路

并联电路是指电源与电源之间、电阻与电阻之间，首首相连、尾尾相连所构成的具有多个支路的电路。在并联电路中的每条电路有各自的负载电阻，每条电路可以单独运行，也可以互相连在一起。在并联电路中，电流可以同时流过一个以上的元件。其中一条支路中的元件损坏不会影响其他支路中的元件运行。图 3—5 所示为并联电路。

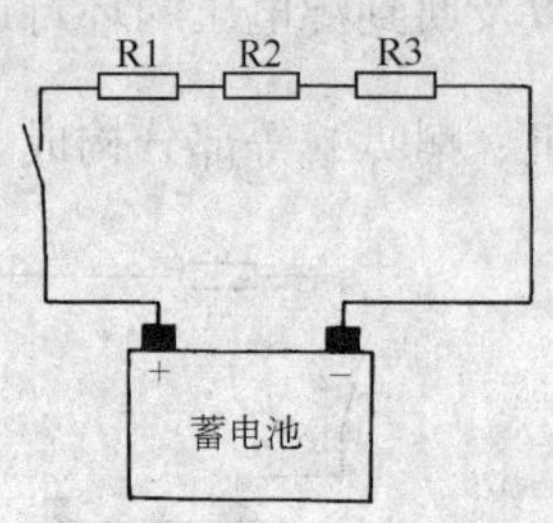

图 3—4　典型的串联电路

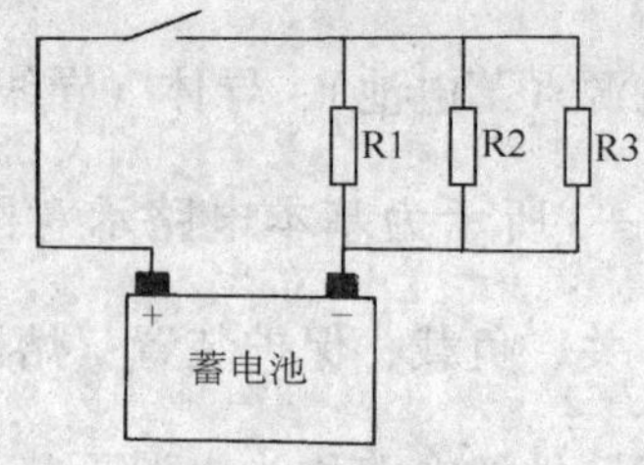

图 3—5　并联电路

若并联电路中所有电阻阻值相等，则并联电路总电阻阻值 = 单个电阻阻值/电阻个数。并联电路中因为电流沿着一条以上的通路流动，因此，总阻值总是小于最小的那个电阻阻值。并联的电阻越多，总阻值越小。

在并联电路中，由于是同一电压加到所有支路，源电压除以支路电阻便是支路电流，总电流是各支路电流之和。

并联电路具有以下特点：

（1）并联电路中各条支路的电压相等。

（2）并联电路的总电阻值小于最小的支路电阻阻值。

（3）并联电路中若各支路的电阻值不同，则流过每条支路的电流也不同，电阻小的支路电流大。

（4）并联电路中每条支路的电流之和等于并联电路的总电流。

3. 串 – 并联电路

串 – 并联电路是串联电路与并联电路的组合，其中既有互相串联的负载，也有互相并联的负载，如图 3—6 所示。

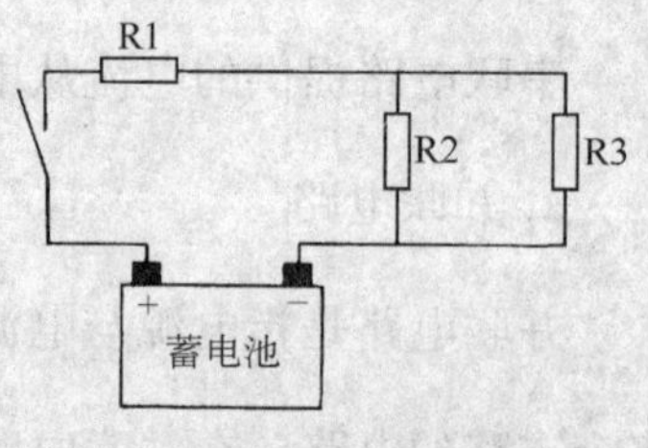

图 3—6　串 – 并联电路

六、磁场

磁场是一种无形的场，存在于磁铁和通电的导体周围，其大小常用磁感应强度或磁场强度表示。

磁场能吸引铁、钢等金属材料，它具有极性，自由悬吊的磁铁会指向地球的南和北。朝北端称为北极（N），朝南端称为南极（S）。磁铁和磁铁之间同极相斥，异极相吸，极顶处吸力最强。

磁铁产生看不见的磁感应线，磁铁外部的磁感应线从北极出来再进入南极，而在磁铁内部磁感应线则从南极通到北极。磁感应线的密集程度称为磁通密度。

磁铁的磁阻用来表示材料抵抗磁感应线通行的程度。图 3—7 所示为磁铁磁场示意图。

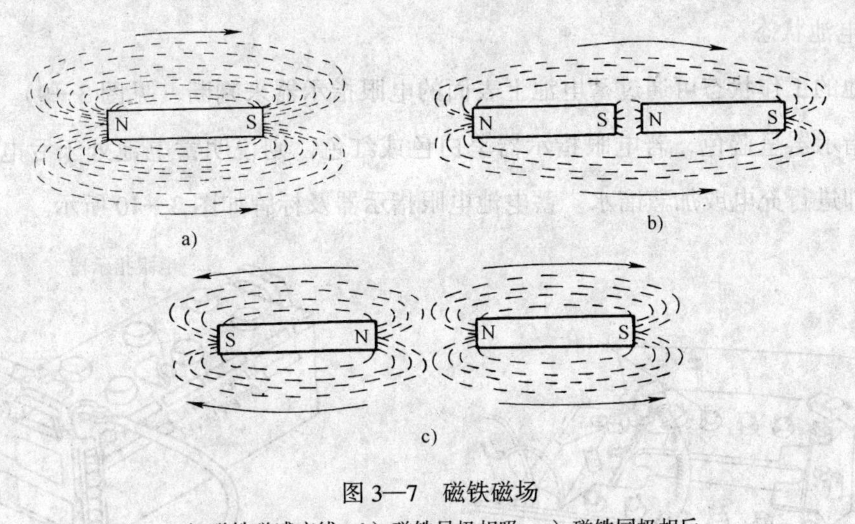

图 3—7　磁铁磁场

a）磁铁磁感应线　b）磁铁异极相吸　c）磁铁同极相斥

第二节　基本电器元件

一、蓄电池

蓄电池是在启动发动机时向启动电动机提供电能，而发动机正常工作后又能储存发电机输出的电能的电器元件。

1. 蓄电池电解液液位

电解液液位应在高位线与低位线之间。可以从蓄电池的侧面检查电解液液位，具体检查步骤如下：

（1）用湿布清洁电解液液位线的周围，检查电解液液位是否处在高位线与低位线之间。

注意：禁止用干布擦拭蓄电池。使用干布擦拭蓄电池容易产生静电，可能导致火灾或爆炸。

（2）如果电解液的液位低于高位线与低位线之间的中部，应拆下盖子，并添加蒸馏水至高位线位置。加注电解液如图 3—8 所示。

注意：若蒸馏水加到高位线以上，则要用吸管将液位降至高位线以下。可用碳酸氢钠（小苏打）中和排出的液体，然后用大量的水将其冲走或与产品经销商、蓄电池厂家联系进行处理。

（3）添加蒸馏水后将盖拧紧。

2. 蓄电池状态

蓄电池的工作状态可通过蓄电池上表面的电眼指示器来判断（见图 3—9）。在正常状态下电眼指示器呈蓝色，若电眼指示器呈白色或红色，则说明蓄电池处于亏电或缺液状态，需立即进行充电或加蒸馏水。蓄电池电眼指示器及标牌如图 3—10 所示。

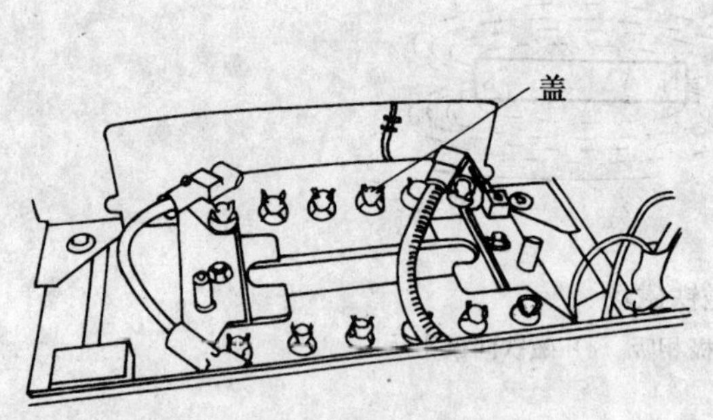

图 3—8　加注电解液

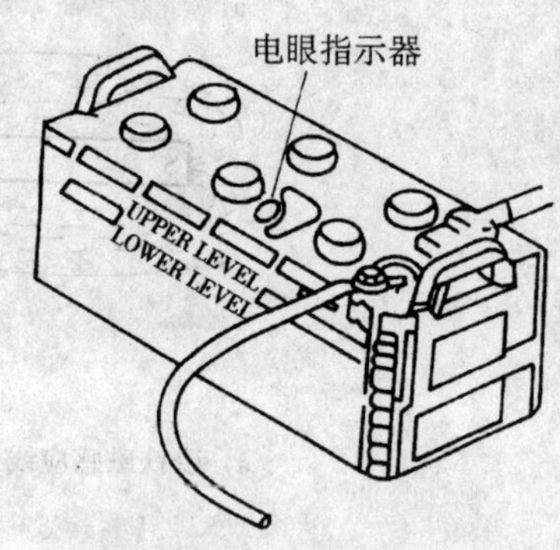

图 3—9　检查蓄电池状态

3. 蓄电池安全使用

蓄电池电解液含有硫酸，蓄电池能产生易燃、可爆炸的氢气。错误的操作会导致严重伤害或火灾，因此，一定要遵守下列注意事项：

（1）如蓄电池电解液低于低位线，禁止使用蓄电池或给蓄电池充电。要定期检查蓄电池电解液液位，并补充蒸馏水，使电解液液位接近高位线。

（2）当操作蓄电池时，应戴安全眼镜和橡胶手套。

（3）在蓄电池附近不准吸烟或使用明火（见图 3—11）。

二、发电机

发电机是将机械能转变为电能的电器元件（见图 3—12），其前端为带轮，其上安装有传动带；后端有接线柱（一般有 4 个接线柱），每个接线柱的符号和意义见表 3—1。

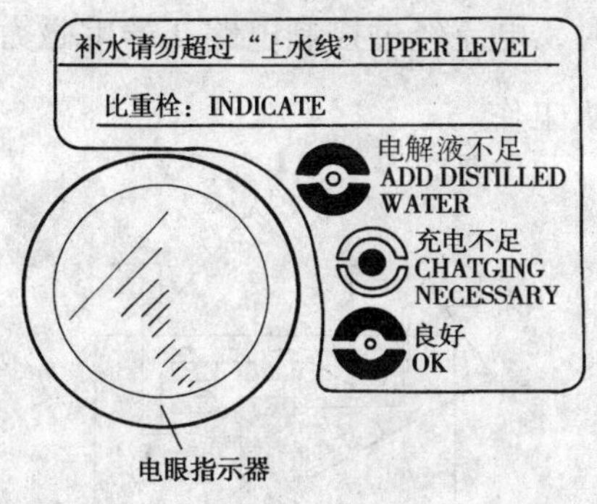

图 3—10　电眼指示器及标牌

图 3—11　安全使用蓄电池

表 3—1　　**接线柱的符号和意义**

B（+）	F	N	—
发电电压	激磁电路	中性点	搭铁

三、启动电动机

启动电动机（简称启动机）是将电能转变为机械能的电器元件。启动机的接线柱有两个正极，如图 3—13 所示，A 是蓄电池正极引线，B 是点火开关接线。

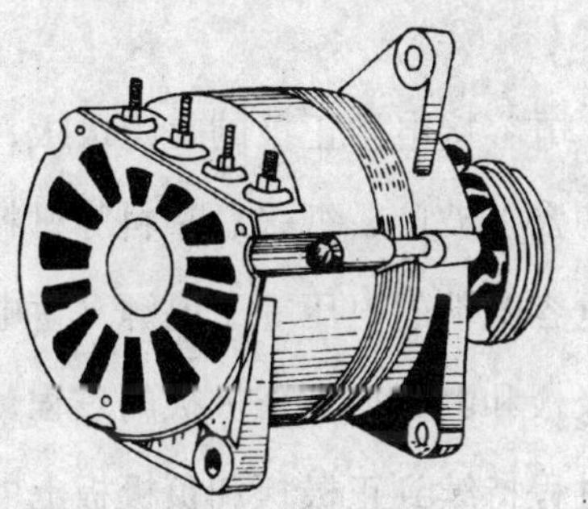

图 3—12　发电机

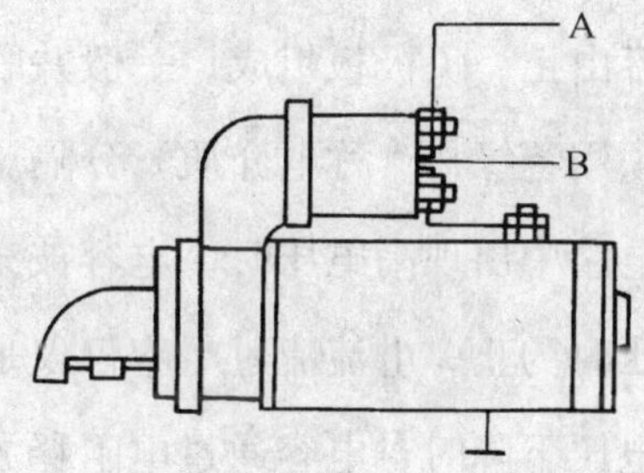

图 3—13　启动电动机

四、继电器

继电器是利用小电流来控制大电流的电器元件。

1. 电源继电器

电源继电器如图 3—14 所示。

电流 I_1 从 C 流向 D，绕组产生磁力并将触点吸下，从而接通 A 到 B 的电流 I_2。

电流 I_1 为控制电流（或电路），电流 I_2 为工作电流（或电路）。

2. 喇叭继电器

喇叭继电器如图 3—15 所示。当喇叭开关闭合时，电流经过控制电路 2 产生磁力，吸合触点。电源电流经负载接线柱 5 流向喇叭，使喇叭工作。

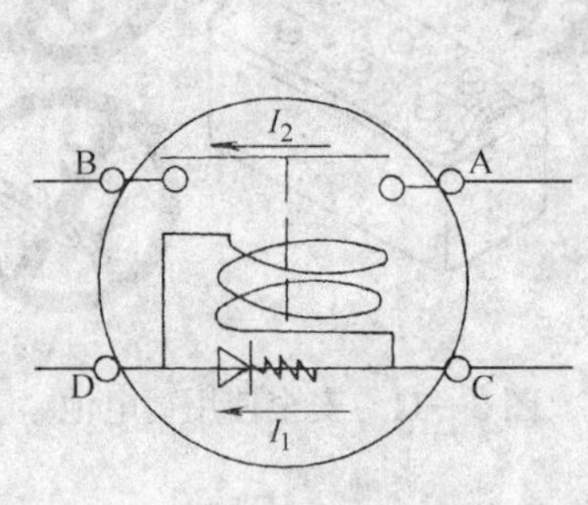

图 3—14　电源继电器

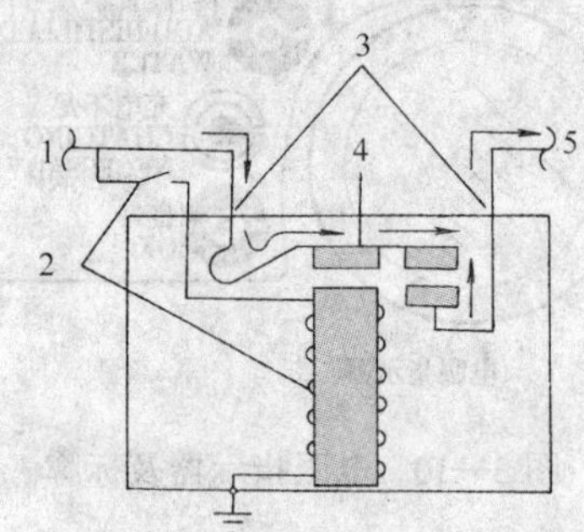

图 3—15　喇叭继电器

1—电源接线柱　2—控制电路　3—供电电路

4—衔铁　5—负载接线柱

五、电容

电容是一种聚集电荷的电器元件，其聚集的电荷量与其两端的电压成正比。电容本身不消耗电能，储存的电荷会在放电时返回电路。电容还能吸收电路中的电压变化，利用电压的储存作用来吸收危险的电压尖峰。

电容由正、负极板组成，一般并联在电路两端。电容接电源正极的是正极板，两极板之间必须用绝缘物（称电介质）分隔。电介质可由陶瓷、玻璃、纸张、塑料等材料制造。

当电路中出现高电压时，电容被充电，一直到电容两端的电压等于电源（蓄电池）两端的电压时为止。电流流过电容仅仅是电子进入负极板和电子离开正极板的过程，当电容两端的电压下降时，电容通过电阻释放电子，放电过程持续到正极板和负极板上的电子恢复平衡状态时停止。

即使电路中出现高的电压峰值，电容会在电压峰值损坏电器元件之前将其吸收。电容还能用来吸收迅速停止电路断开时的自感电流，电容储存高压电荷后可根据需要释放。电容的表示符号为┤├。

六、二极管、三极管和稳压管

1. 二极管

图 3—16 所示为 3 种常见二极管的结构示意图。阳极为电流输入端，阴极为电流输出端。各种结构的二极管，均具有单向导电性。

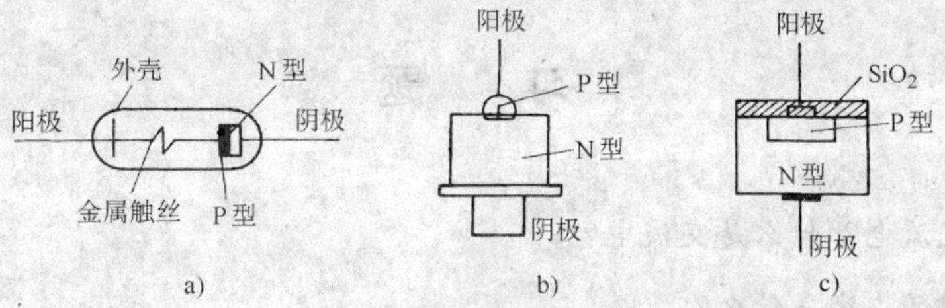

图 3—16　3 种常见二极管的结构示意图

a）点接触型　b）面接触型　c）平面型

2. 三极管

三极管的结构如图 3—17 所示。

三极管上有 3 个电极。中间区域引出的电极叫基极，用字母 *b* 表示。两边的电极一个叫发射极，用字母 *e* 表示；另一个叫集电极，用字母 *c* 表示。

发射极的功用是发出载流子以形成电流，集电极的功用是收集发射极发出的载流子，基极起控制多数载流子流动的作用。

三极管具有电流放大作用，放大电路如图 3—18 所示。其中各极的电流关系为 $I_E = I_B + I_C$。I_C 与 I_B 的比值称为三极管的电流放大系数。

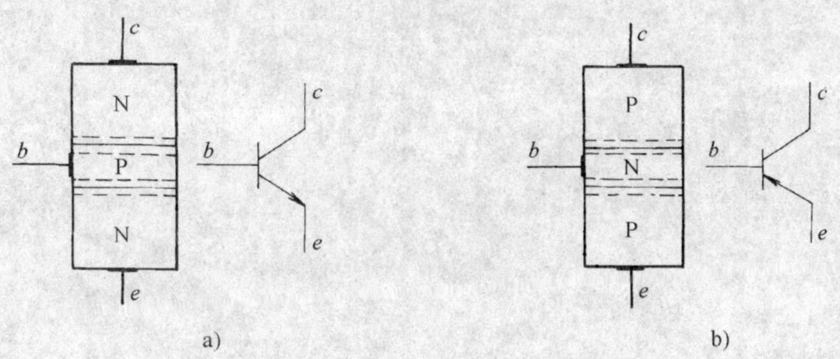

图 3—17　三极管的结构示意图

a）NPN 型　b）PNP 型

3. 稳压管

稳压管也是一种二极管，其特点是工作在反向电压击穿状态。当反向电压小于其击穿电压时，稳压管具有极大的内阻，电流近似为零。当外加电压超过其反向击穿电压时，电流急剧增大。击穿后电流能在较大的范围内变化，而电压只有很小的波动，此电压称为稳定电压，其表示符号为 ⊣▷⊢ 。

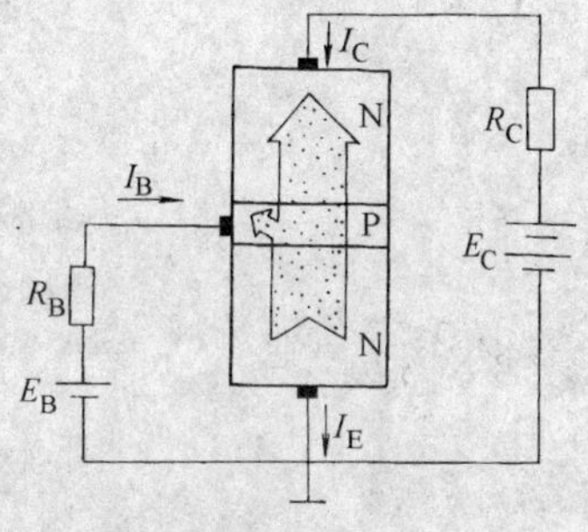

图 3—18　三极管放大电路

习　　题

1. 什么是直流电？什么是交流电？

2. 欧姆定律的内容是什么？

3. 电功率的计算公式包括哪些要素？其单位是什么？

4. 一个基本的电路由哪几部分组成？

5. 电路的连接方式有哪几种？

6. 分别叙述串联电路和并联电路的主要特点。

7. 使用蓄电池时需要注意哪些事项？

8. 发电机的接线柱一般有几个（分别用字符表示出来）？启动机的外接线柱分别起什么作用？

9. 继电器的作用是什么？画出两种继电器的简图。

10. 分别叙述电容、二极管、三极管和稳压管的作用，并画出其符号。

第四单元

柴　油　机

第一节　概　　述

将自然界能源转化为人们所需要的机械能的装置称为动力机械，俗称发动机。燃料在汽缸内部燃烧，通过活塞的往复运动使热能转化为机械能的发动机称内燃机。沥青混合料搅拌设备采用柴油发动机（简称柴油机），它具有热效率高、故障少、使用成本低、功率范围宽等优点。

一、柴油机分类（见表 4—1）

表 4—1　　柴油机分类

分类方式	型　式
按工作循环活塞的冲程数	四冲程、二冲程
按汽缸的排列形式	直立式、卧式、V 型等
按冷却方式	水冷式、风冷式
按空气进入汽缸的方式	增压式、非增压式
按用途	车用、工程建设机械用、船用、发电机用等
按燃烧室类型	直喷式、预燃室式、涡流室式等
按汽缸数	单缸和多缸，多缸有 2 缸、4 缸、6 缸、8 缸、12 缸等

沥青混合料搅拌设备柴油发电机组广泛采用单列、直立、水冷、多缸、四冲程柴油机。

二、柴油机的组成及作用

1. 组成

柴油机由曲柄连杆机构、配气机构、供给系、润滑系、冷却系、启动系、充电系组成。柴油机总体结构如图 4—1 所示，柴油机系统图如图 4—2 所示。

2. 作用

(1) 曲柄连杆机构

曲柄连杆机构是柴油机完成热功转换，产生并输出动力的机构。曲柄连杆机构中的活塞在汽缸内气体压力作用下运动，并通过连杆推动曲轴旋转。反之，曲轴旋转带动活塞在汽缸内作往复运动。曲柄连杆机构还为配气机构、润滑系、冷却系及附属装置提供动力。

曲柄连杆机构的要求是具有足够强度和刚度，良好的耐磨、耐热、耐腐蚀性及零件运动的平稳性等。

（2）配气机构

按照柴油机工作循环与着火顺序，定时地使空气进入汽缸；使燃烧后的废气排出汽缸；在压缩和做功冲程中使汽缸密闭。

对配气机构的要求是进、排气阻力小，进、排气门的开闭时刻、持续时间适当，使进、排气充分。

（3）供给系

供给系包括进排气装置和燃油供给装置，它向汽缸提供燃油和空气，并引导汽缸内燃烧后的废气排入大气。

（4）润滑系

1）向运动零件的摩擦表面提供润滑油，减少零件的摩擦和磨损，保证柴油机正常工作，减少功率消耗。

2）冷却高温零件或维持其正常工作温度。

3）冲洗、带走摩擦表面的磨屑，避免其加速零件磨损。

4）减轻零件的氧化和锈蚀，提高密封效果。同时，润滑油膜在相互冲击的零件间起到减振作用。

润滑系的润滑方式有飞溅法、定期注油法、压力法和综合法等。

（5）冷却系

1）对柴油机高温零件进行冷却，维持其正常的工作温度。

2）保持零件的正常配合间隙，避免摩擦和磨损加剧。

3）保持机油黏度，避免润滑油的性能变差。

4）减少发动机高温部件对进气温度的影响。避免柴油机充气效果、动力性和经济性变坏等。

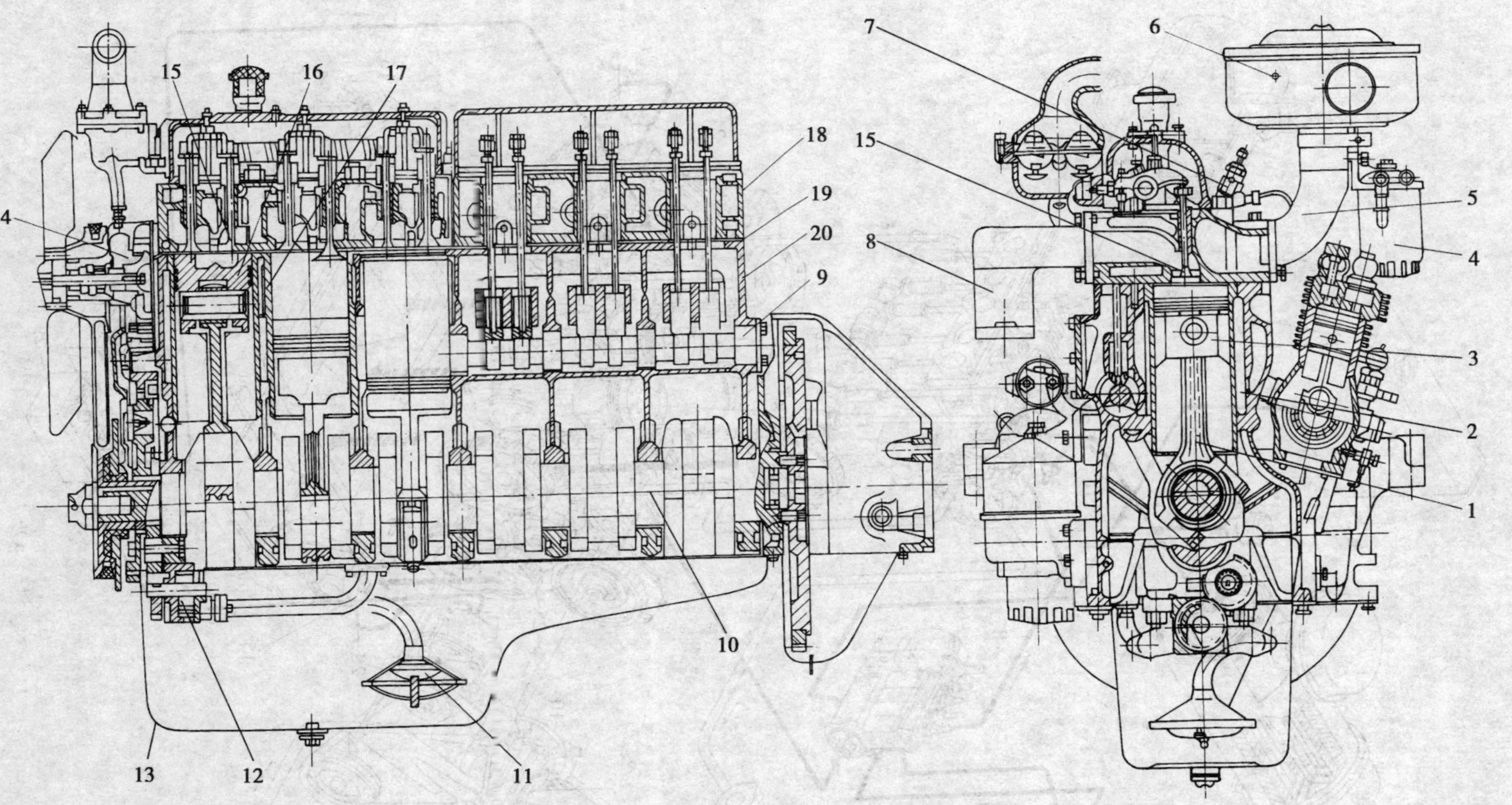

图 4—1　往复活塞式柴油机

1—连杆　2—水套　3，16—活塞　4—燃油滤清器　5—进气管　6—空气滤清器　7—喷油器　8—排气管　9—凸轮轴　10—曲轴
11—集滤器　12—机油泵　13—油底壳　14—水泵　15—气门　17—汽缸套　18—汽缸盖　19—汽缸垫　20—汽缸体

1
6
5
24
7
9
8
4
3
2
22
23
12
18
11
21
27
13
10
25
20
17
19
30
26
28
16
15
14
29

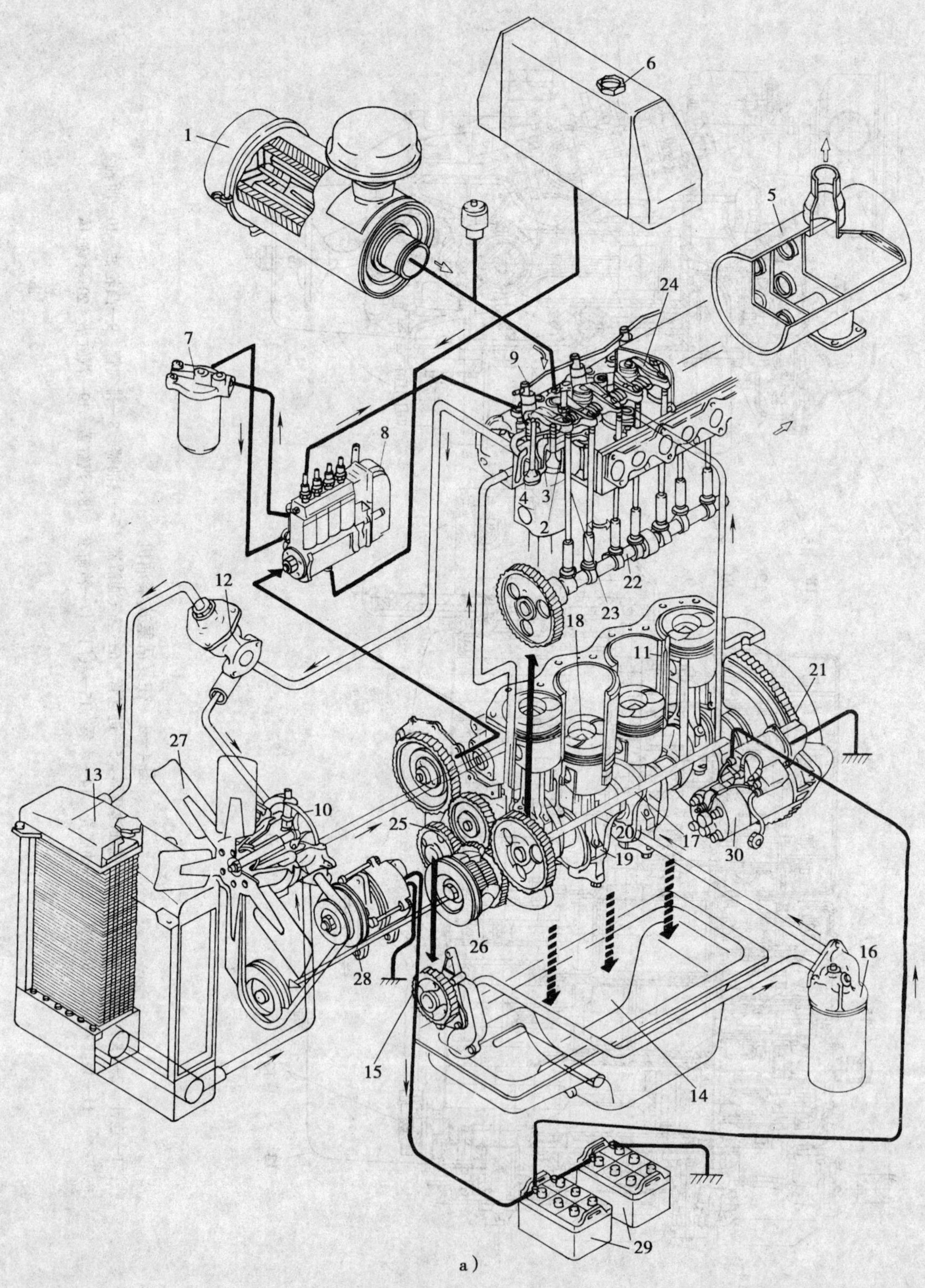

a）

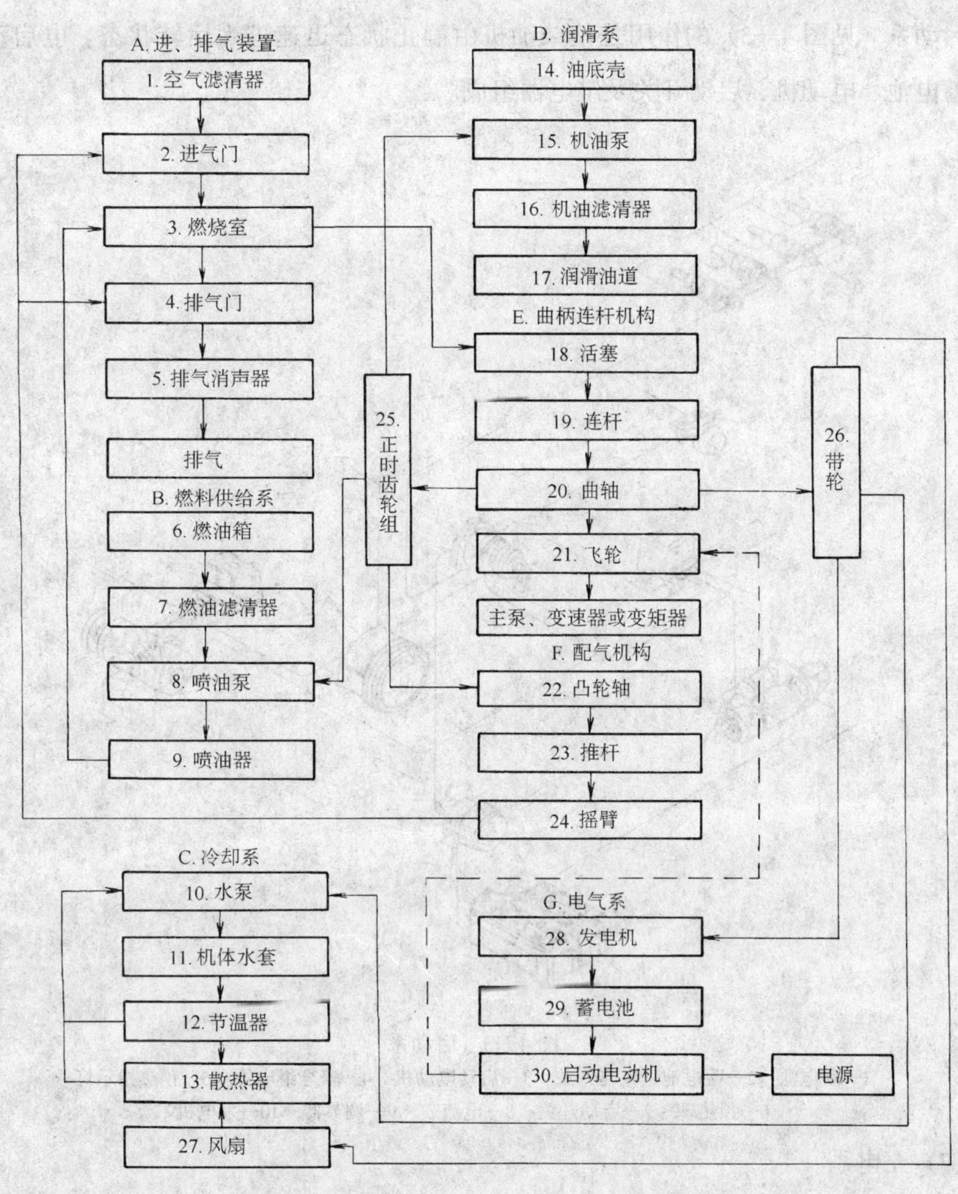

b）

图 4—2　柴油机系统

a）柴油机系统图　b）柴油机系统框图

1—空气滤清器　2—进气门　3—燃烧室　4—排气门　5—排气消声器　6—燃油箱　7—燃油滤清器　8—喷油泵　9—喷油器　10—水泵　11—机体水套　12—节温器　13—散热器　14—油底壳　15—机油泵　16—机油滤清器　17—润滑油道　18—活塞　19—连杆　20—曲轴　21—飞轮　22—凸轮轴　23—推杆　24—摇臂　25—正时齿轮组　26—带轮　27—风扇　28—发电机　29—蓄电池　30—启动电动机

（6）启动系

启动系（见图 4—3）的作用是使柴油机由静止状态迅速进入运转状态。电启动系主要由蓄电池、电动机、启动开关及继电器组成。

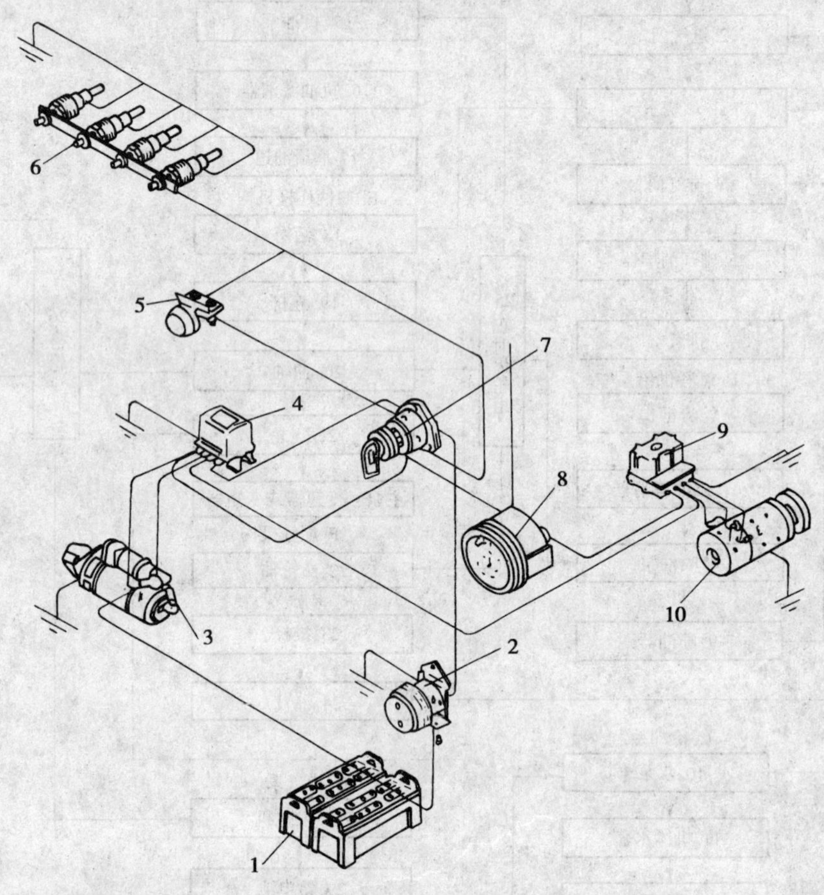

图 4—3　启动系

1—蓄电池　2—蓄电池继电器开关　3—启动电动机　4—安全继电器　5—预热指示灯　6—预热塞　7—启动开关　8—电流表　9—调节器　10—发电机

（7）充电系

及时补充蓄电池因使用而消耗的电力。充电系包括发电机、电压调节器、电流表等。

三、四冲程柴油机工作原理

1. 常用术语

以单缸柴油机（见图 4—4）为例叙述。

（1）上止点

活塞在汽缸中运动到离曲轴回转轴线最远点时，汽缸壁上与活塞顶平面所对应的位

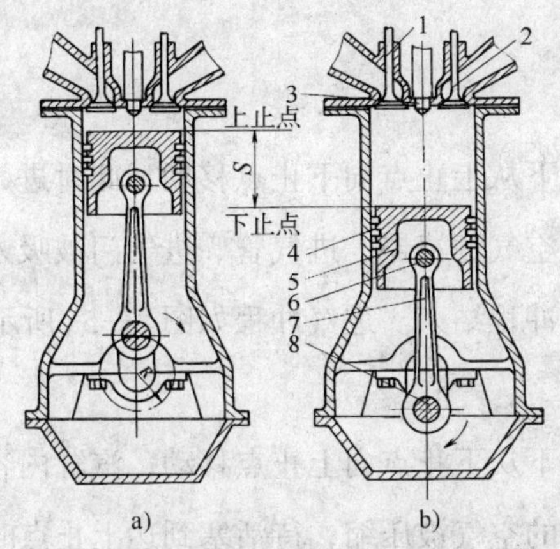

图 4—4 单缸柴油机结构简图

a）活塞位于上止点 b）活塞位于下止点

1—排气门 2—进气门 3—喷油器 4—汽缸体

5—活塞 6—活塞销 7—连杆 8—曲轴

置，称为活塞运动的上止点。

（2）下止点

活塞在汽缸中运动到离曲轴回转轴线最近点时，汽缸壁上与活塞顶平面所对应的位置，称为活塞运动的下止点。

（3）活塞行程

活塞在上、下止点间的运动距离，称为活塞行程 S。活塞行程是曲轴的连杆轴颈旋转半径 R 的 2 倍，即 $S=2R$。

（4）活塞冲程

活塞在上、下止点间运动的动作或过程，称为活塞冲程。

（5）燃烧室

活塞处于上止点位置时，活塞顶面以上的空间，称为燃烧室。

（6）工作容积

活塞在上、下止点之间运动时所扫过的空间，称为汽缸工作容积。

（7）压缩比

汽缸总容积（汽缸工作容积与燃烧室容积之和）与燃烧室容积的比值，称为压缩比。

2. 四冲程柴油机工作循环

四冲程柴油机工作循环包括进气冲程、压缩冲程、膨胀冲程和排气冲程，如图 4—5

所示。

（1）进气冲程

活塞在曲轴、连杆带动下从上止点向下止点移动，此时进气门开启，排气门关闭。随着活塞下移，外界空气经过空气滤清器、进气管、进气门被吸入汽缸。待活塞到达下止点位置时，进气门关闭，进气冲程结束。进气冲程如图4—5a所示。

（2）压缩冲程

活塞在曲轴、连杆带动下从下止点向上止点移动，汽缸内容积逐渐减少，由于进、排气门均关闭，密封在汽缸内的空气被压缩，待活塞到达上止点时，压缩冲程结束。压缩冲程如图4—5b所示。

（3）膨胀冲程

压缩冲程接近终了时喷油器将高压柴油喷入燃烧室，细小油雾蒸发后与空气混合并迅速燃烧而产生高温，汽缸内气体迅速膨胀推动活塞从上止点向下止点迅速移动，进而推动曲轴旋转做功，活塞到达下止点时膨胀冲程结束。膨胀冲程如图4—5c所示。

（4）排气冲程

排气冲程开始时排气门打开，活塞在曲轴、连杆的带动下，由下止点向上止点运动，燃烧后的废气被活塞排出汽缸，待活塞到达上止点时，排气门关闭，排气冲程结束。排气冲程如图4—5d所示。

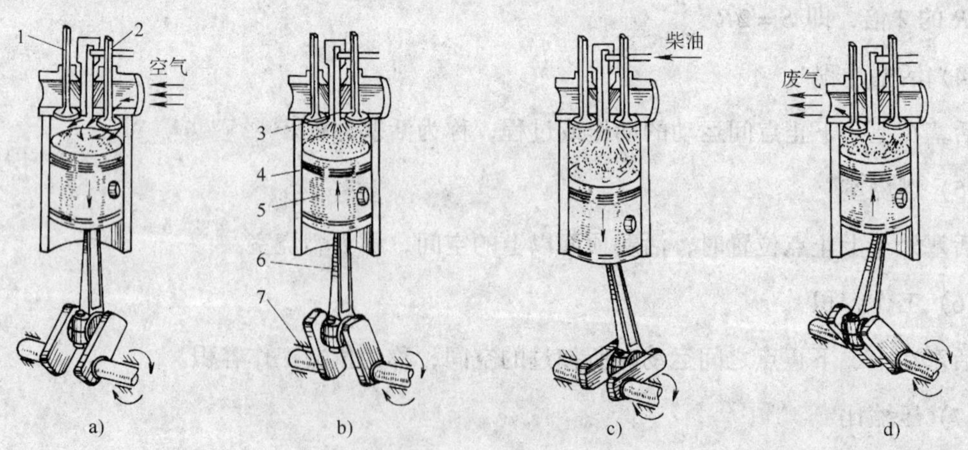

图4—5　单缸四冲程柴油机工作循环（非增压）

a）进气冲程　b）压缩冲程　c）膨胀冲程　d）排气冲程

1—排气门　2—进气门　3—喷油器　4—汽缸　5—活塞　6—连杆　7—曲轴

第二节　曲柄连杆机构

曲柄连杆机构主要由机体组、活塞连杆组、曲轴飞轮组 3 部分组成，具体如下：

曲柄连杆机构
- 机体组：汽缸体、汽缸盖、曲轴箱、汽缸垫与油底壳等
- 活塞连杆组：活塞、活塞环、活塞销、连杆、连杆轴承等
- 曲轴飞轮组：曲轴、曲轴轴承、飞轮、扭转减振器等

一、机体组

机体组是柴油机安装零部件并保证零件正常运行的基础，应具有足够的刚度、强度、耐磨性、耐腐蚀性和吸振性。

1. 汽缸体

汽缸体是柴油机各零部件的装配基础件。直立水冷整体式汽缸体结构如图 4—6 所示。

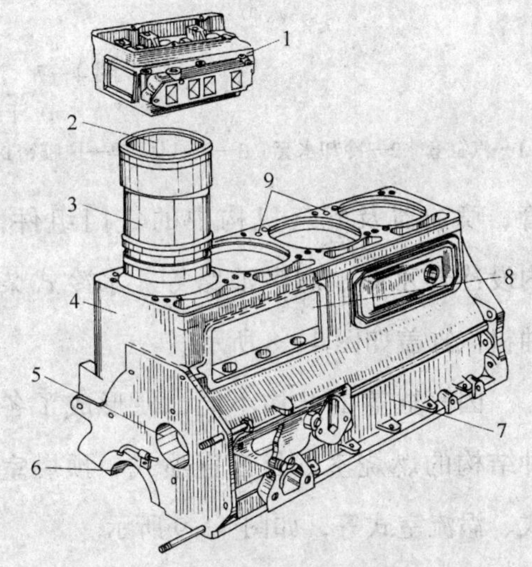

图 4—6　直立水冷整体式汽缸体结构

1—汽缸盖　2—汽缸孔　3—汽缸套　4—汽缸体
5—凸轮轴轴承孔　6—曲轴轴承孔　7—曲轴箱
8—挺杆室　9—冷却水孔

（1）上部安装汽缸盖、汽缸垫；下部安装机油泵和油底壳。

（2）内部装有活塞连杆组、曲轴飞轮组、凸轮轴、挺杆和推杆等。

（3）前端装有正时齿轮、水泵和风扇等；后端装有飞轮壳。

（4）两侧安装进排气歧管、发电机、启动机和喷油泵等附件。

汽缸体与汽缸套之间的空腔是冷却水套，如图 4—7 所示。

工程建设机械用柴油机的汽缸体通常与曲轴箱的上半部分（称上曲轴箱）连成一体，仍统称为汽缸体。曲轴箱的下半部分（称下曲轴箱）构成油底壳。

2. 汽缸盖

汽缸盖用来密封汽缸上部，并与汽缸、活塞等共同构成燃烧室。汽缸盖通过缸盖螺栓固定在汽缸体上，由汽缸垫保证其与汽缸体的气、水、油密封。汽缸盖上安装进、排气歧

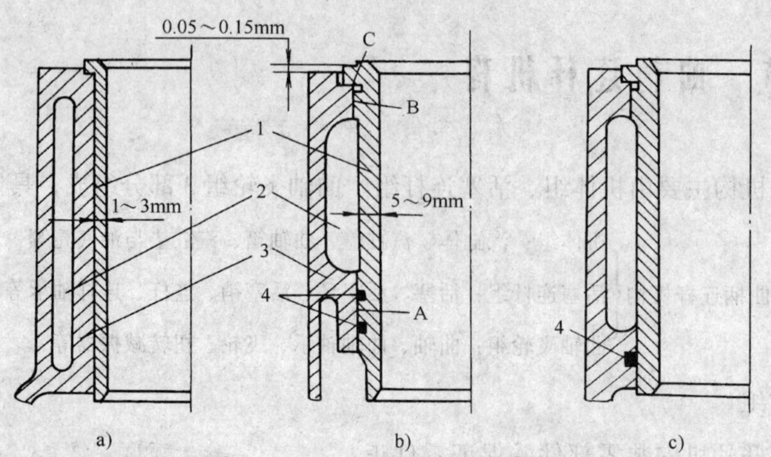

图 4—7　汽缸体与汽缸套组合

a）干式　b），c）湿式

1—汽缸套　2—冷却水套　3—汽缸体　4—橡胶密封圈　A—下支撑密封带　B—上支撑定位带　C—缸套凸缘平面

管、喷油器及配气机构中的气门组件，内设冷却水路、润滑油路等。水冷式柴油机汽缸盖如图 4—8 所示。

因汽缸盖的结构不同，便形成了各种结构的燃烧室，分为直喷式、预燃室式、涡流室式等，如图 4—9 所示。

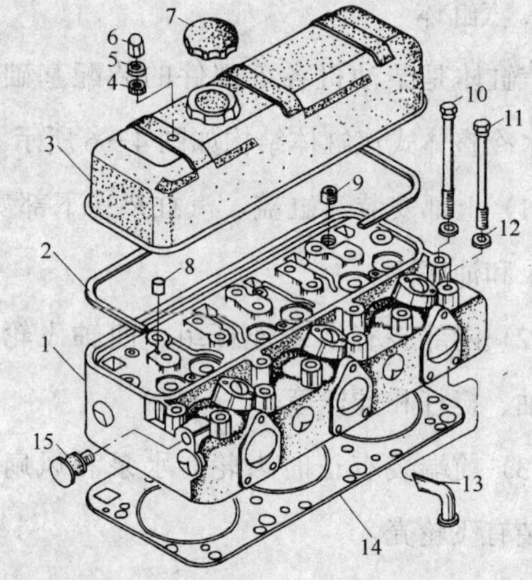

图 4—8　水冷式柴油机汽缸盖

1—汽缸盖　2—汽缸盖罩垫片　3—汽缸盖罩　4，12—垫圈　5—垫圈盘　6—盖形螺母　7—加油孔盖　8—圆柱销　9—方孔锥形螺塞　10，11—汽缸盖螺栓　13—喷水管　14—汽缸垫　15—起重螺栓

3. 汽缸垫和油底壳

图 4—8 中汽缸垫 14 是多孔薄片状零件，其作用是用于弥补结合面的粗糙度，保证汽缸密封，防止漏气、漏水和漏油。

图 4—1 中油底壳 13 是薄壁长盆形零件，安装在曲轴箱下面。作用是密封曲轴箱，储存润滑油等，其内装有润滑系的集滤器、机油泵等零部件，其侧面设有检测机油油面高低的油尺。

二、活塞连杆组

活塞连杆组（见图 4—10）的作用是承受汽缸内气体压力，使活塞产生直线往复运动，通过连杆转变为曲轴的旋转运动。

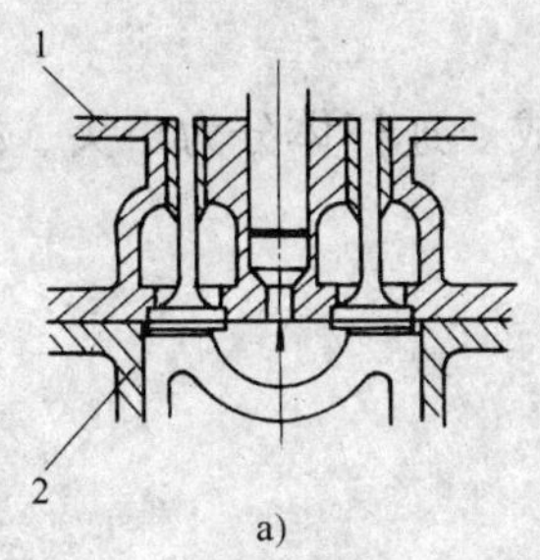

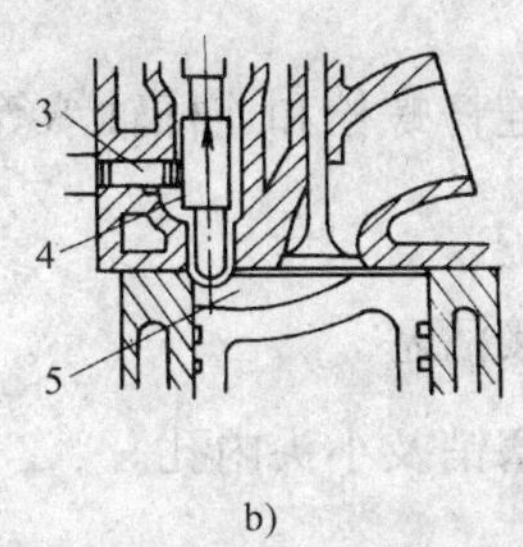

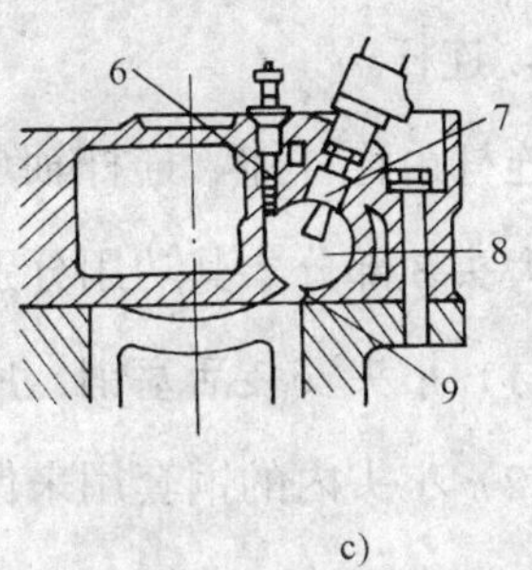

图 4—9　燃烧室种类

a）直喷式　b）预燃室式　c）涡流室式

1—汽缸盖　2—汽缸体　3，6—预热塞　4—预燃室　5—主燃烧室　7—喷油器　8—涡流室　9—喷孔

1. 活塞

活塞是带顶面的筒形零件，与汽缸盖等共同形成燃烧室，承受燃气压力，在汽缸内作往复直线运动，并通过活塞销将力和运动传给连杆和曲轴。活塞上设有活塞环槽、销孔、裙部等，制造材料为铝合金。

2. 活塞环

活塞环是一开口环状物。开口的目的是为了便于活塞环装入活塞的环槽内。根据作用，活塞环分为气环和油环。

活塞环的作用有以下 3 个：

(1) 阻止汽缸内的气体从活塞与汽缸壁的间隙中泄漏，以保持汽缸的密封性。

(2) 将润滑油均匀涂布在汽缸壁上，并将多余的润滑油刮回油底壳。

(3) 帮助活塞散热，即热量→活塞→活塞环→汽缸壁→冷却水。

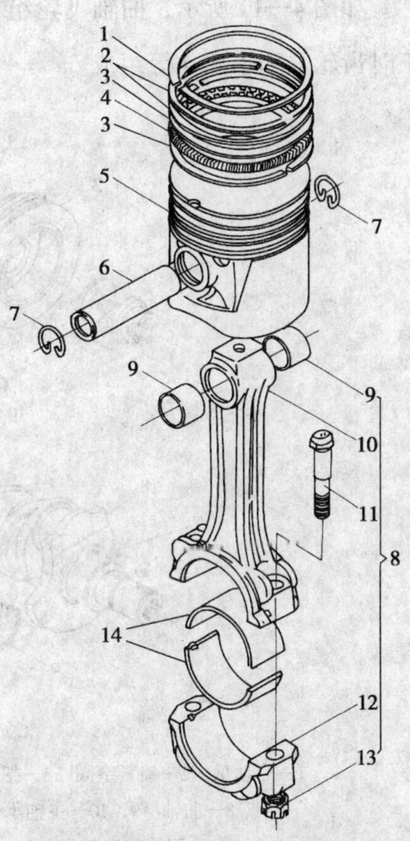

图 4—10　活塞连杆组

1，2—气环　3—油环刮片　4—油环衬簧　5—活塞　6—活塞销　7—活塞销卡环　8—连杆组　9—连杆衬套　10—连杆体　11—连杆螺栓　12—连杆轴承盖　13—连杆螺母　14—连杆轴承

3. 活塞销

活塞销是一厚壁管状零件（见图 4—10 中 6），用来连接活塞和连杆，并将活塞所受的力传给连杆。

4. 连杆

连杆由连杆体、连杆轴承盖、连杆螺栓和连杆轴承等零件组成。连杆体分为小头、杆身、大头 3 部分。其功用分别是：

（1）小头安装活塞销，用来连接活塞。

（2）小头内的铜套用来保护活塞销及小头内孔。

（3）大头连接曲轴。

（4）大头内的连杆轴承用来保护曲轴轴颈。

三、曲轴飞轮组

如图 4—11 所示，曲轴飞轮组主要由曲轴 8，飞轮 15，扭转减振器 3，主轴承 9、10，正时齿轮 6 和带轮 4 等组成。

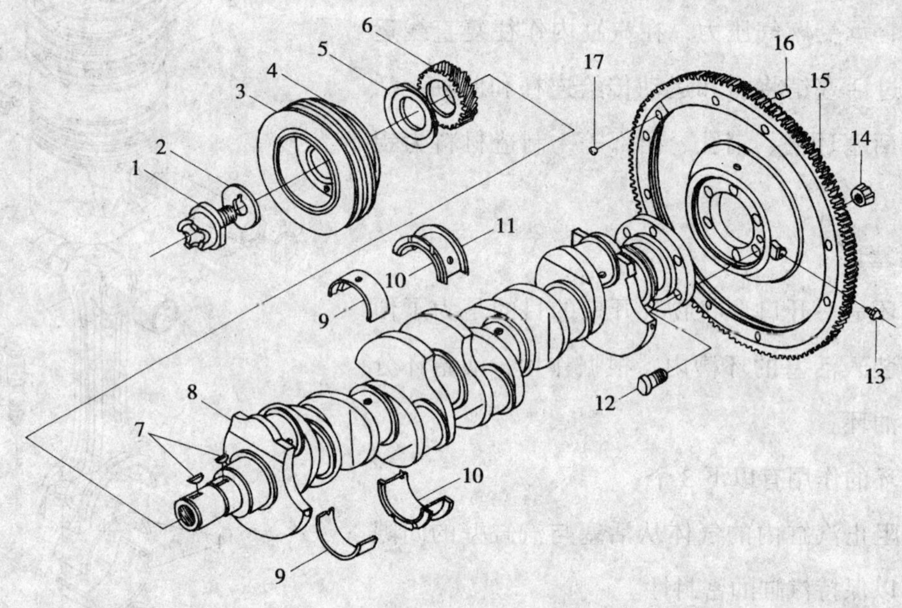

图 4—11　曲轴飞轮组

1—启动爪　2—锁紧垫圈　3—扭转减振器　4—带轮　5—挡油片　6—正时齿轮　7—半圆键　8—曲轴　9，10—主轴承　11—止推凸缘　12—螺栓　13—滑脂嘴　14—螺母　15—飞轮与启动齿圈　16—圆柱销　17—第一、六缸活塞上止点记号用钢球

1. 曲轴

曲轴因形状弯曲而得名，其功用是把活塞连杆组传来的气体压力转变为转矩、对外输出动力。另外还通过正时齿轮、带轮驱动配气机构及其他辅助装置工作。曲轴通过主轴承及主轴颈安装在曲轴箱上的主轴承孔内。其连杆轴颈分别与各缸的连杆大头连接，前端装

有正时齿轮、带轮和减振器，后端装有飞轮等。

2. 飞轮

飞轮是一边缘厚中间薄的圆盘形零件（见图 4—11 中 15），其作用是将发动机的动力向外传递，并暂时储存或释放一部分动能，以提高曲轴旋转的匀速性。飞轮外圈上装有启动齿圈。

3. 扭转减振器

扭转减振器如图 4—11 中 3 所示。其功用是吸收曲轴振动能量，消除扭转振动。

第三节　配　气　机　构

顶置气门式配气机构如图 4—12 所示，主要零件有气门 3，气门弹簧 4、5，摇臂轴 9，摇臂 10，锁紧螺母 11，调整螺钉 12，推杆 13，挺杆 14，凸轮轴及凸轮 15 等组成。

一、气门

气门的组成如图 4—13 所示，气门由头部和杆部组成。头部用来封闭汽缸的进、排气通道，常用的气门头部形式如图 4—14 所示。杆部主要为气门的运动导向。根据作用，气门可分为进气门和排气门。

二、气门座

汽缸盖的进、排气道与气门锥面相结合的部位称为气门座，它的作用是与气门一起实现进、排气通道的开、闭。有的气门座是气门座圈（见图 4—12 中 18）镶在进、排气道上形成的。气门座与气门锥角如图 4—15 所示。

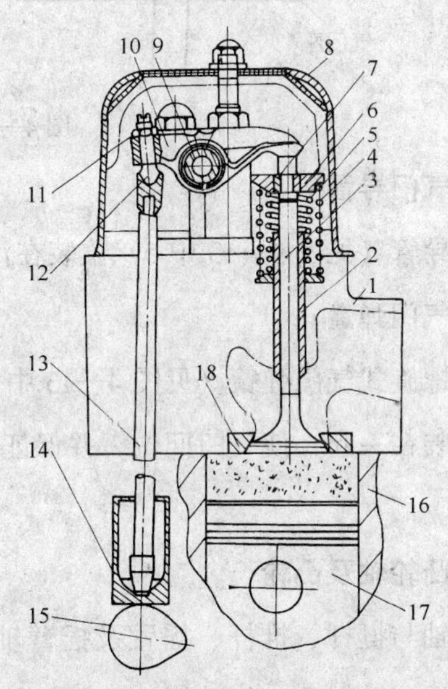

图 4—12　顶置气门式配气机构

1—汽缸盖　2—气门导管　3—气门　4，5—气门弹簧　6—弹簧座　7—锁片　8—摇臂室罩　9—摇臂轴　10—摇臂　11—锁紧螺母　12—调整螺钉　13—推杆　14—挺杆　15—凸轮　16—汽缸体　17—活塞　18—气门座圈

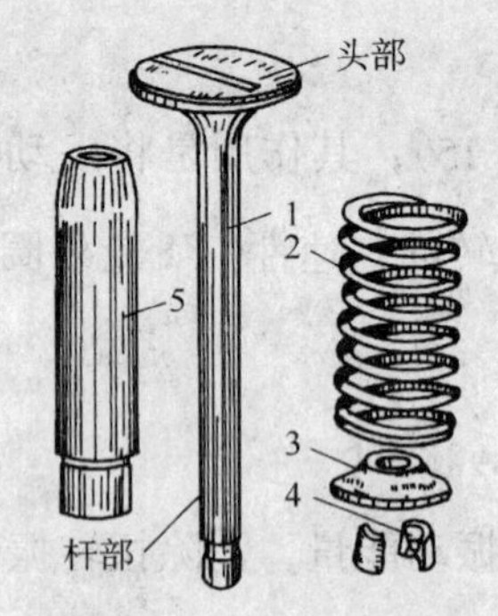

图 4—13　气门的组成
1—气门　2—气门弹簧　3—气门弹簧座
4—锁片　5—气门导管

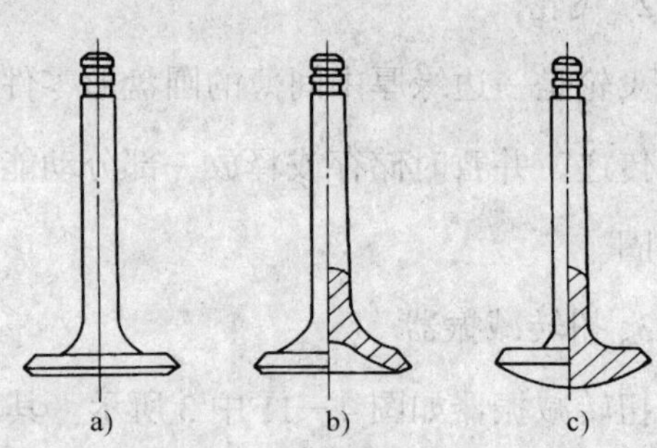

图 4—14　气门头部结构
a）平顶　b）凹顶　c）凸顶

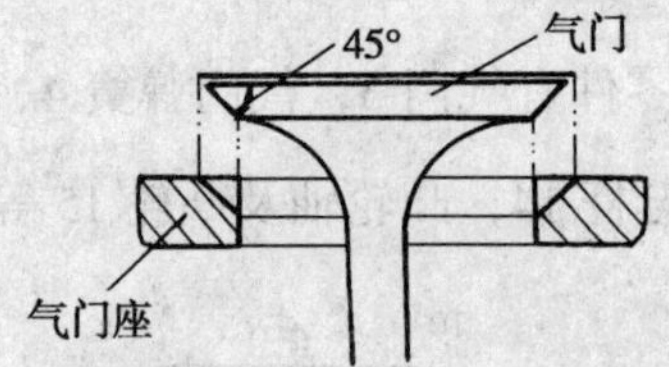

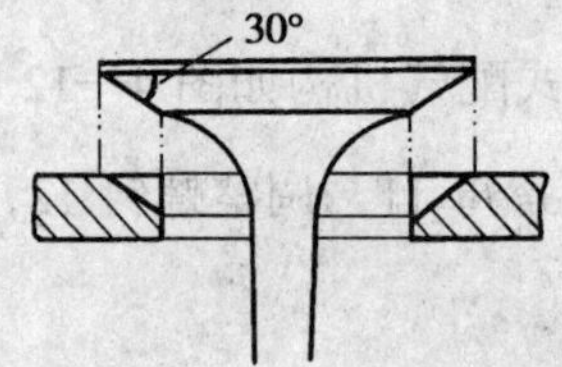

图 4—15　气门锥角

三、气门导管

气门导管（见图 4—13 中 5）镶装在汽缸盖上，为进、排气门运动导向。

四、气门弹簧

圆柱螺旋式气门弹簧（见图 4—13 中 2）的作用是：通过气门弹簧座 3 和锁片 4 与气门杆尾端装在一起，使气门回位，并保证气门与气门座的结合压力，从而保证对汽缸的密封。

五、凸轮轴及凸轮

凸轮轴与挺杆、推杆、摇臂及摇臂轴等组成气门的驱动装置。凸轮轴（见图 4—16）主要由凸轮 1、轴颈 2 等组成，通过其轴颈安装在汽缸体一侧，并与曲轴平行。

凸轮的作用是在曲轴正时齿轮的驱动下旋转，并通过挺杆、推杆（见图 4—17）、调整螺钉、摇臂压缩气门弹簧，使气门沿气门导管上、下移动，实现气门的开、闭。摇臂组合件如图 4—18 所示。

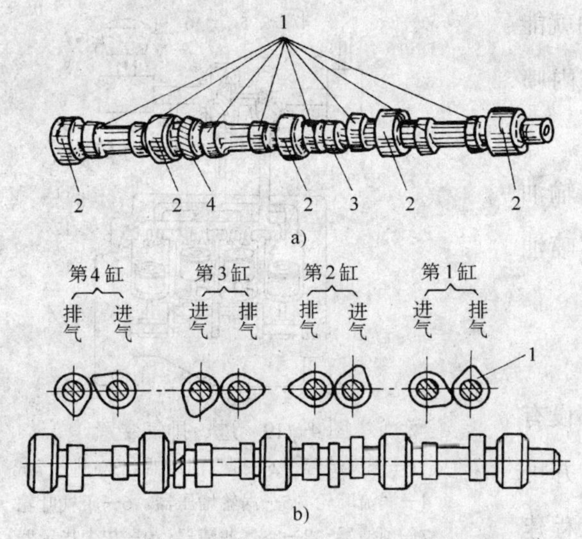

图 4—16　凸轮轴

a）4 缸发动机的凸轮轴　b）各凸轮的相对角位置

1—凸轮　2—凸轮轴轴颈　3—偏心轮　4—螺旋齿轮

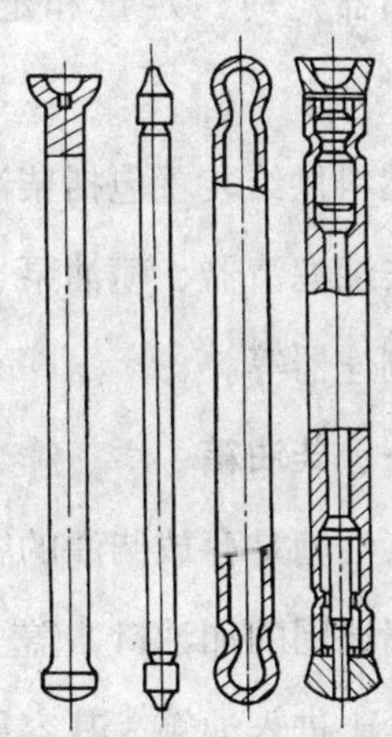

图 4—17　推杆

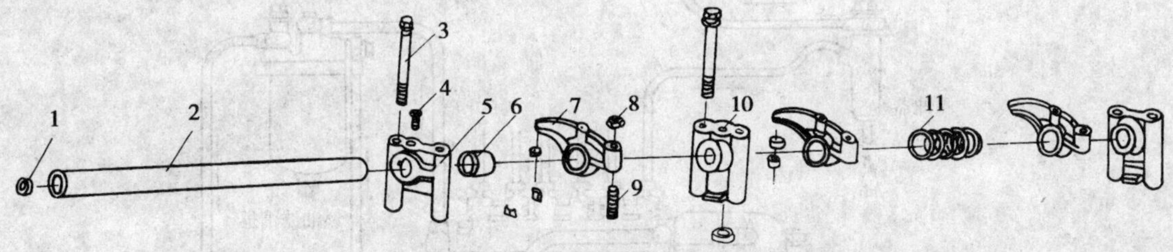

图 4—18　摇臂组合件

1—碗形塞　2—摇臂轴　3—螺栓　4—摇臂轴紧固螺钉　5—摇臂轴前后支座

6—摇臂衬套　7—摇臂　8—锁紧螺母　9—调整螺钉　10—摇臂轴中间支座　11—定位弹簧

第四节　供　给　系

供给系包括进、排气装置（见图 4—19）和燃料供给装置（见图 4—20）。

进、排气装置的作用：一是将空气滤清并分配到每个汽缸中，二是引导燃烧后的废气经消声器排入大气中。

进、排气装置包括空气滤清器、进气歧管、排气歧管、排气消声器、进气管、排气管，增压柴油机还包括废气涡轮增压器等。

燃料供给装置的作用是：输油泵将柴油从燃油箱中吸出，经燃油滤清器输入喷油泵，再经喷油泵形成高压供给喷油器。柴油就能经喷油器定时、定量和定压地向汽缸内喷入。

燃料供给装置包括柴油箱、油管、输油泵、柴油滤清器、喷油泵、高压油管、喷油器和调速器等。

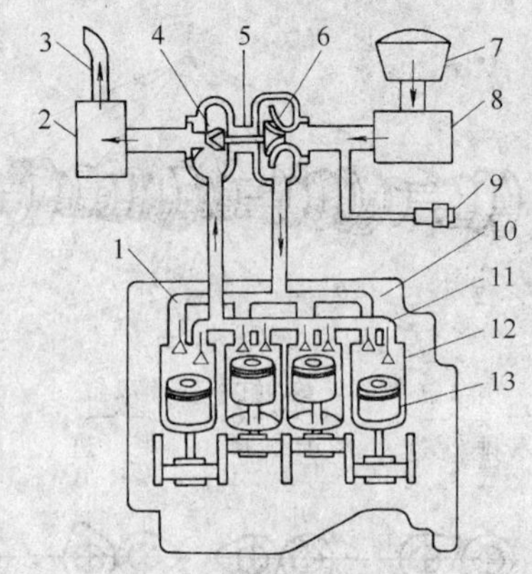

图 4—19　进、排气装置

1—进气歧管　2—排气消声器　3—排气管
4—涡流叶轮　5—涡轮增压器　6—压气叶轮
7—预清器　8—空气滤清器　9—灰尘指示器
10—汽缸盖　11—排气歧管　12—汽缸体　13—活塞

一、柴油箱

柴油箱是存放柴油的容器，其上部设有带金属滤网的加油口，盖上有通气孔，并可防止尘土进入油箱。其容量应能保证工程建设机械连续工作 10 h 以上。为了便于显示油量的多少，柴油箱上装有油面高度传感器（仪表板上设有燃油表），油箱最下部装有放油开关。

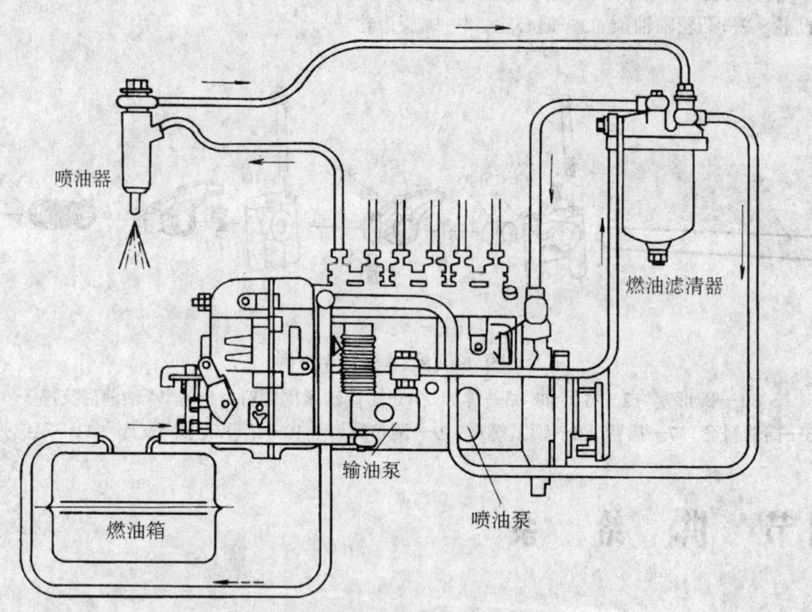

图 4—20　燃料供给装置

二、输油泵

输油泵作用是：一方面，自柴油箱将足量的柴油经进油接头吸入泵内，再经出油接头以一定压力供给柴油滤清器；另一方面，在喷油泵放气螺钉的配合下，由输油泵上的手油泵排除低压油路内的空气。活塞式输油泵如图 4—21 所示。

三、柴油滤清器

柴油滤清器的作用是除去柴油在储存、运输过程中混入的尘土、水分和其他杂质，减少各精密偶件的磨损，保证供油系正常工作和喷雾质量。

由图 4—22 可见，柴油被输油泵从油箱中吸出，以一定压力输送到滤清器进油口，然后进入壳体 5 与纸质滤芯 6 之间。这时杂质被留下，清洁的柴油进入滤清器中心，最后从柴油出口经管路流向喷油泵。

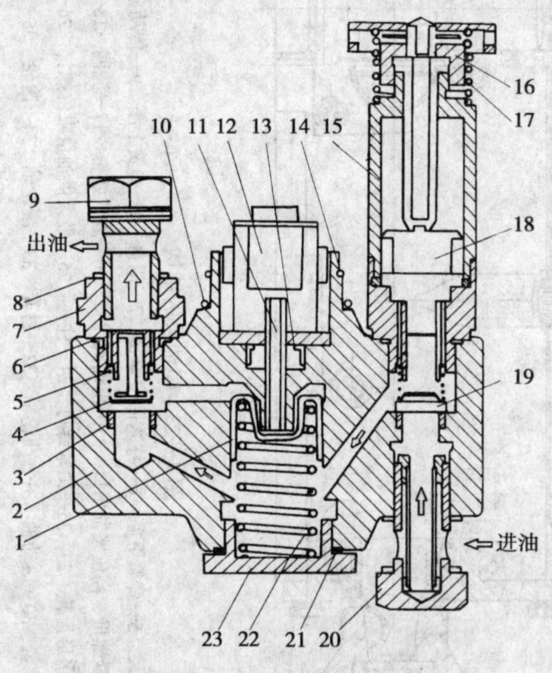

图 4—21　活塞式输油泵

1—输油泵活塞　2—输油泵体　3—压套　4—出油止回阀　5—止回阀弹簧　6，21—密封垫片　7—出油管接头　8—垫片　9，20—空心螺栓　10—O 形密封圈　11—顶杆　12—滚轮元件　13—橡胶密封环　14—卡环　15—手油泵体　16—手柄　17，22—弹簧　18—手油泵活塞　19—进油止回阀　23—螺塞

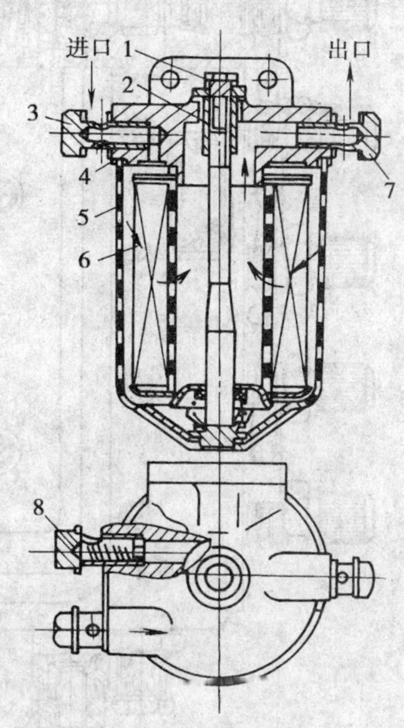

图 4—22　柴油滤清器

1—放气螺钉　2—拉杆螺母　3，7—油管接头　4—盖　5—壳体　6—纸质滤芯　8—溢流阀

四、喷油泵

喷油泵的结构如图 4—23 所示，它是柴油机供油系中的关键组合件，是柴油机的心脏。喷油泵安装在柴油机机体一侧，其凸轮轴由曲轴正时齿轮驱动。

喷油泵的作用是：

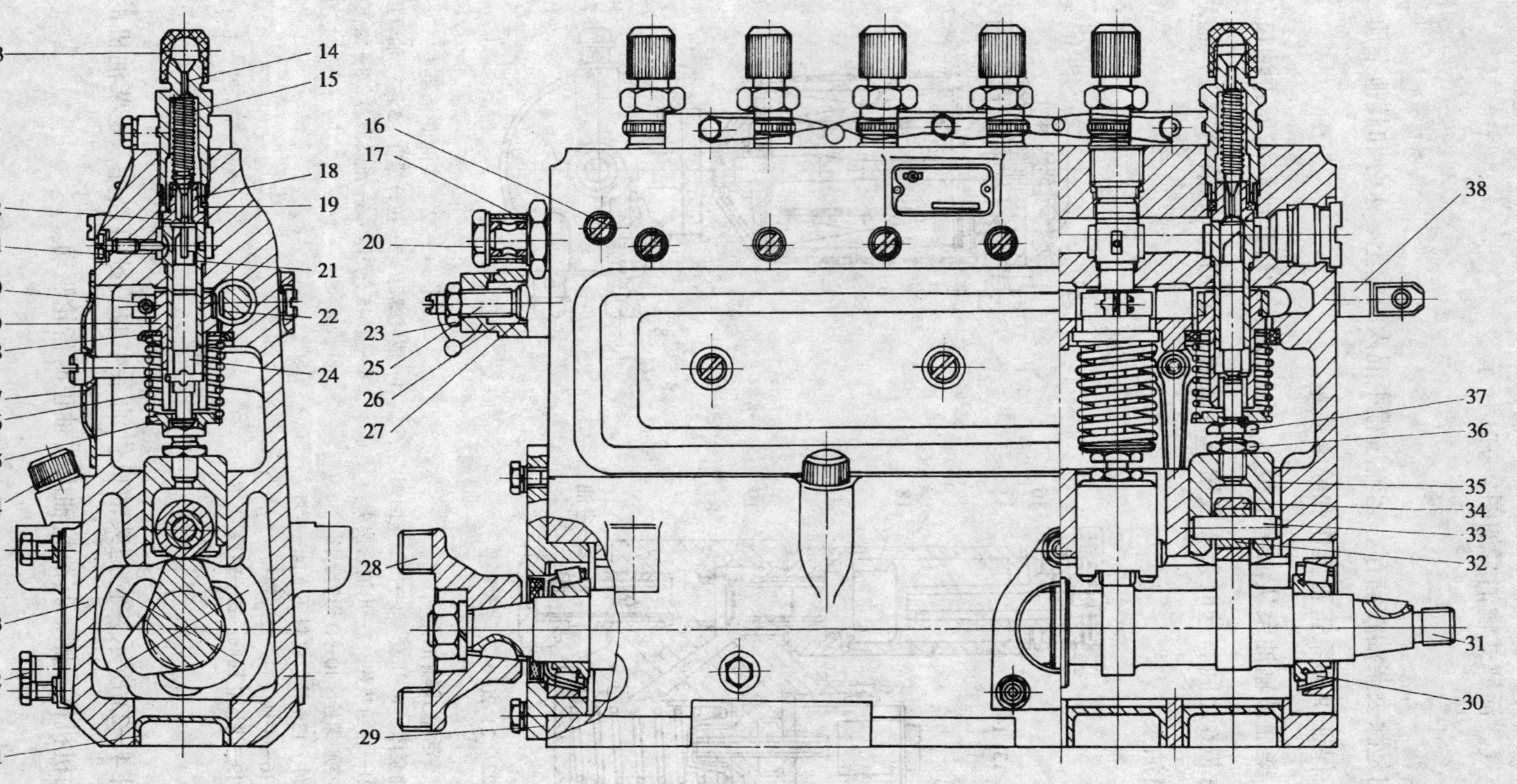

图 4—23 喷油泵的结构

1—下盖 2—放油螺钉 3—泵体 4—油尺 5—弹簧下座 6—柱塞回位弹簧 7—侧盖 8—弹簧上座 9—传动套 10—紧固螺钉 11—定位螺钉 12—出油阀座 13—护罩 14—压紧螺母、高压柴油出口 15—出油阀弹簧 16—放气螺钉 17—滤网 18—出油阀芯 19—密封垫圈 20—进油管接头 21—柱塞套筒 22—扇形齿轮 23，36—锁紧螺母 24—柱塞 25—最大供油量限位螺钉 26—限位器套 27，38—供油齿杆 28—联轴器从动盘 29—前轴承盖 30—滚动轴 31—凸轮轴 32—衬套 33—滚轮轴 34—滚轮 35—滚轮架 37—调整螺钉

1. 使柴油压力提高到 10～20 MPa，然后经高压油管提供给喷油器。

2. 根据柴油机的工作情况，受操作人员和调速器控制，改变喷油量，以调节柴油机的转速和功率。

3. 按规定的时间供油或停止供油。

五、调速器

调速器安装在喷油泵的后端，并与喷油泵形成一体，由凸轮轴驱动。调速器的作用是：在柴油机的负荷（阻力矩）变化时，自动地改变喷油泵的供油量，维持柴油机的转速。当加速踏板（油门）不动时，若柴油机的阻力矩减少，则调速器自动使喷油泵供油量减少，防止柴油机转速突然升高；若柴油机阻力矩增大，则调速器自动使喷油泵供油量增加，防止柴油机转速急剧下降而导致柴油机熄火。

六、喷油器

喷油器定位安装在汽缸盖上，其头部伸入高温、高压的燃烧室内。喷油器的作用是：将喷油泵供给的高压柴油喷射成细小的颗粒，并按照不同燃烧室的可燃混合气形成与燃烧过程的具体情况，合理地将雾化燃油分布在燃烧室内。

孔式喷油器的结构如图 4—24 所示。喷油泵供给的高压柴油经喷油器进油口流入喷油器壳体 9、针阀体 12 内的油道，顶起针阀 11 后以雾状从喷孔喷到燃烧室内。喷油泵的喷油压力大小是由喷油器调压弹簧 7 的预紧力决定的。

七、进气管和排气管

进、排气管或安装在柴油机的同一侧，或分别安装在柴油机的两侧，后者居柴油多，以免进气密度受到排气温度的影响。同侧安装的进、排气管如图 4—25 所示。分置柴油机两侧的进、排气管如图 4—26 所示。

进、排气管的作用是：进气管将空气均匀地分配到各汽缸中；排气管将各汽缸的废气汇集起来，并经排气消声器排出。

八、排气消声器

图 4—27 所示为空气滤清器及进、排气装置。其中排气消声器 5 与排气管相连接，废气由此排入大气中。排气消声器的作用是减少排气噪声和消除废气中的火星及火焰，从而保证柴油机安全工作和保护环境。

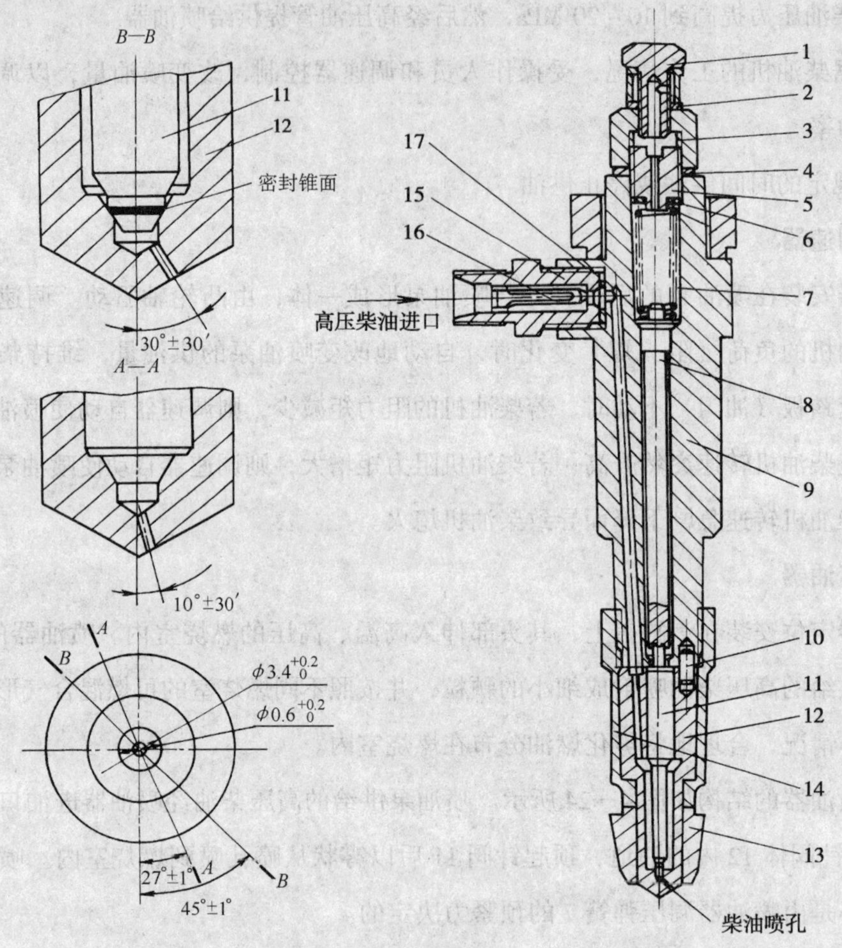

图 4—24　孔式喷油器的结构

1—回油管螺栓　2—回油管衬垫　3—调压螺钉护帽　4—调压螺钉垫圈　5—调压螺钉　6—调压弹簧垫圈　7—调压弹簧　8—推杆　9—壳体　10—定位销　11—针阀　12—针阀体　13—密封铜锥体　14—紧固螺套　15—进油管接头　16—滤芯　17—进油管接头衬垫

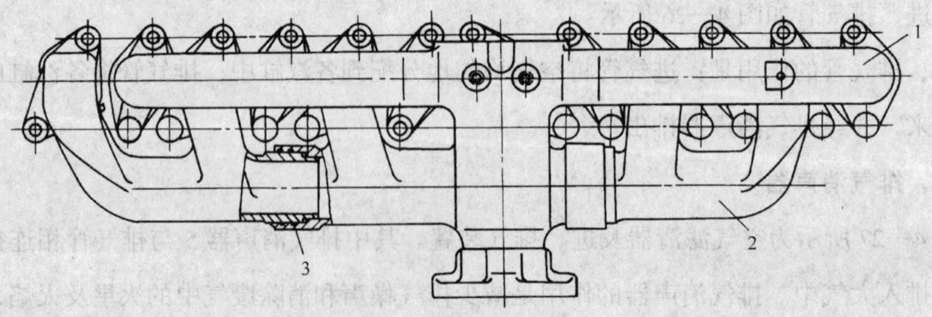

图 4—25　同侧安装的进、排气管

1—进气管　2—排气管　3—连接套

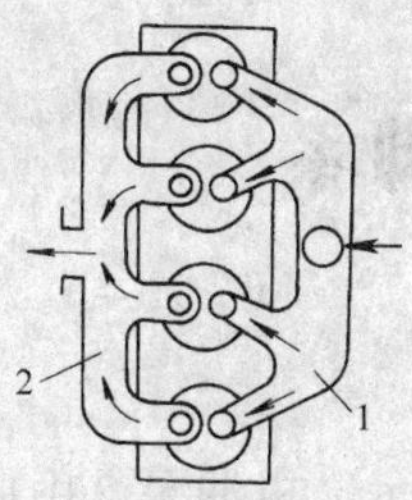

图 4—26　分置柴油机两侧的进、排气管

1—进气管　2—排气管

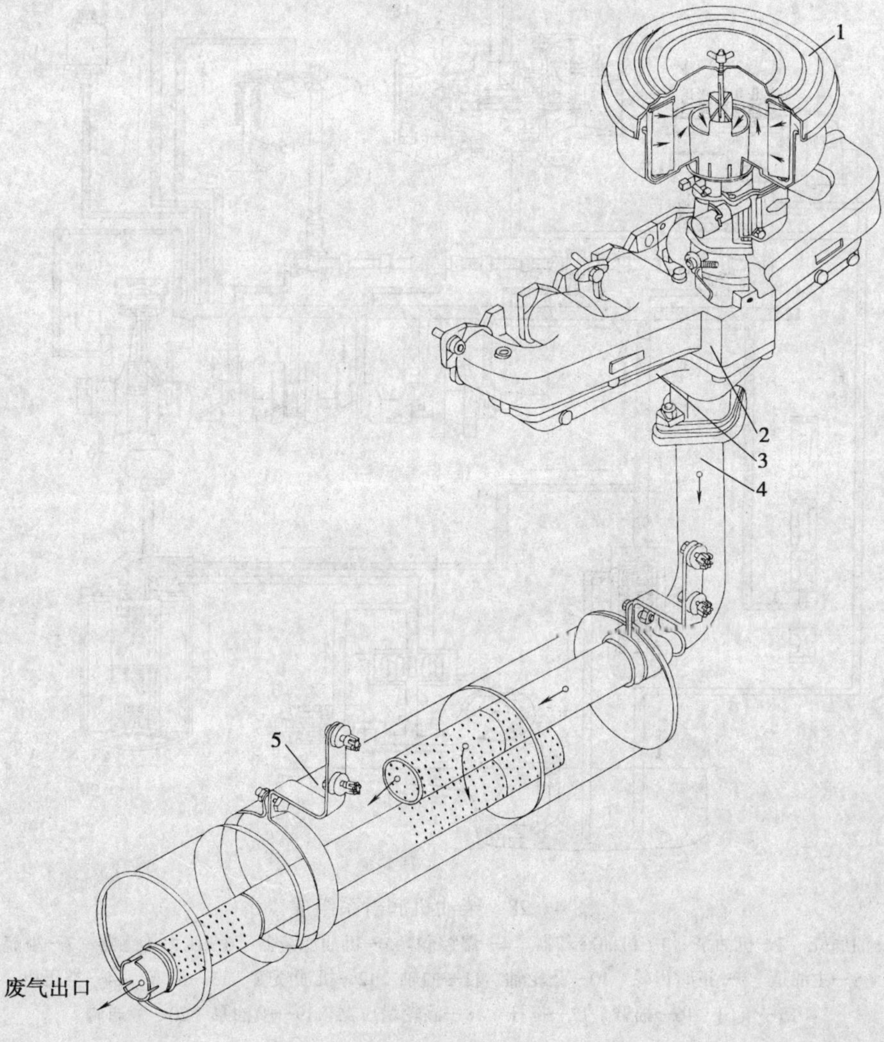

图 4—27　空气滤清器及进、排气装置

1—空气滤清器　2—进气歧管　3—排气歧管　4—排气管　5—消声器

第五节 润滑系和冷却系

一、润滑系

柴油机润滑系组成如图 4—28 所示。机油泵 2 由曲轴正时齿轮驱动，润滑系的主要零部件有润滑油泵、润滑油滤清器和润滑油散热器等。

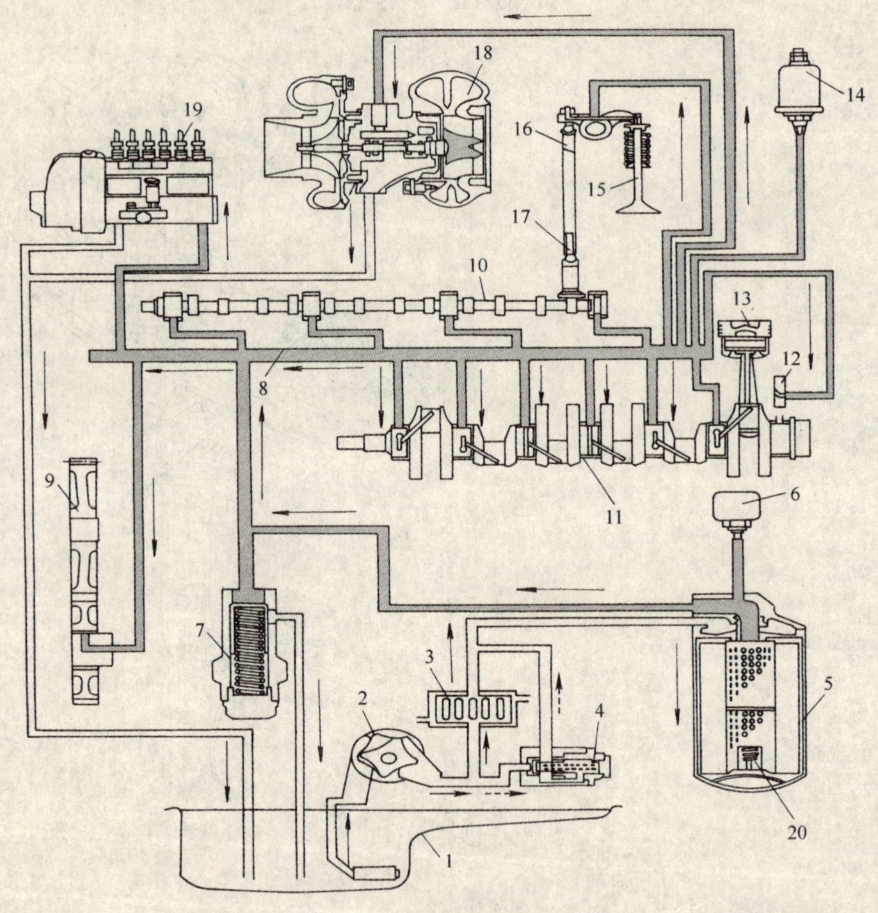

图 4—28 柴油机润滑系组成

1—油底壳 2—机油泵 3—机油冷却器 4—温控阀 5—机油滤清器 6—压力传感器 7—溢流阀 8—主油道 9—正时齿轮 10—凸轮轴 11—曲轴 12—机油喷嘴 13—活塞 14—空压机 15—气门 16—摇臂 17—挺杆 18—涡轮增压器 19—喷油泵 20—旁通阀

润滑油从油底壳 1 中被机油泵 2 吸出，以一定压力经机油冷却器 3 或温控阀 4 流向机油滤清器 5，滤清后的清洁机油流到主油道 8 内。

主油道将润滑油分配到下列各润滑部位：正时齿轮 9 的啮合点；曲轴 11 各主轴轴承及连杆轴承；凸轮轴 10 各支撑轴承；喷油泵 19 里的传动件；涡轮增压器 18 的轴承；摇臂 16、气门 15 组件；利用喷嘴 12 使润滑油喷向活塞及缸壁上，冷却、润滑汽缸和活塞及活塞环；空气压缩机上的运动件；机油压力传感器，通过电路将信号传到油压表上，显示机油压力值，以便操作人员了解润滑系的工作状态等。

1. 润滑油泵

润滑油泵俗称机油泵，安装在柴油机汽缸体前端下方。图 4—29 所示的转子式机油泵主要由驱动齿轮 3、主动轴 10、外壳 9、内转子 8 和外转子 7 等组成。

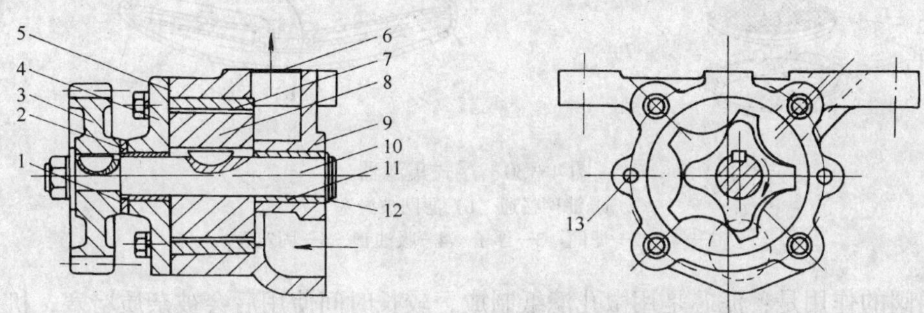

图 4—29 转子式机油泵

1—止推垫 2，11—轴套 3—驱动齿轮 4—盖板 5，6—调整垫片
7—外转子 8—内转子 9—外壳 10—主动轴 12—卡环 13—定位销

由柴油机曲轴正时齿轮驱动主动轴和内转子、外转子旋转，通过进油口吸油，出油口泵油。

2. 润滑油滤清器

润滑系中通常装有若干个不同滤清能力的滤清器，如集滤器、粗滤器和细滤器等。

(1) 集滤器

浮式集滤器如图 4—30 所示。集滤器通常是滤网式的，装在机油泵之前。它的作用是对机油进行第一次滤清，防止颗粒较大及纤维状的杂质进入机油泵。

(2) 粗滤器

纸质滤芯式粗滤器如图 4—31 所示，它安装在机油泵之后，与主油路串联。其作用是除去机油中较大颗粒（直径 0.05 ~ 0.1 mm）的杂质。机油从进油口进入外壳 3 与纸质滤芯 4 之间的空腔，经滤芯过滤后流到滤芯内腔，滤清的机油通过上盖 1 的中心油道、出油口流到主油路中。

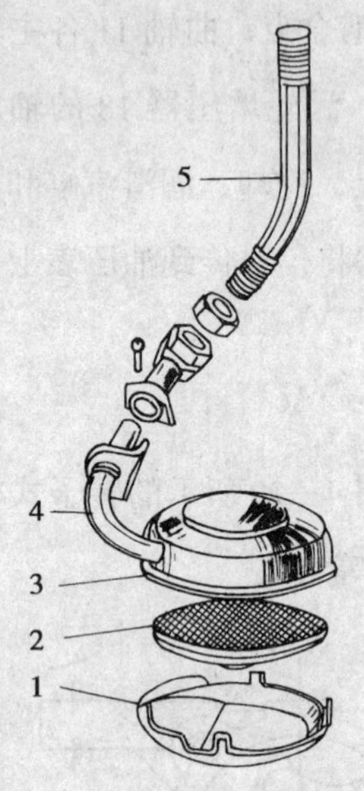

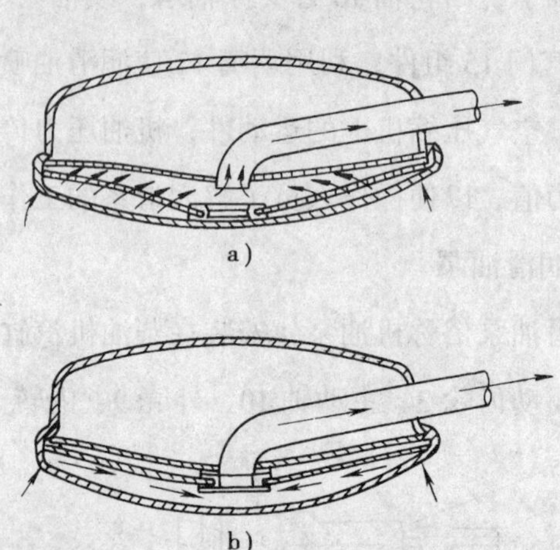

图 4—30　浮式集滤器

a）滤网畅通　b）滤网被淤塞

1—罩　2—滤网　3—浮子　4—吸油管　5—固定管

旁通阀的作用是：滤芯是用微孔滤纸制成，较长时间使用后会被杂质堵塞，机油通过滤芯的阻力增大，甚至不能通过滤芯。此时便在机油压力作用下将旁通阀打开，机油经出油口直接流向主油道。

（3）细滤器

图 4—32 所示为不可拆式细滤器，其结构原理与机油粗滤器相似。细滤器的作用是清除微小的杂质（直径 0.01 mm 以上）、胶质和水分。细滤器与主油路并联，经它滤清的机油不参加润滑而流回油底壳。经粗滤器过滤的部分机油进入细滤器，经细滤芯 6 过滤后从出油孔 2 流回油底壳。

3. 机油散热器

功率较大或负荷较重的柴油机，为维持机油正常工作温度、润滑性能，常设置机油散热器。机油散热器如图 4—33 所示，安装在柴油机主油道一侧。

二、冷却系

强制循环式水冷却系的组成如图 4—34 所示，主要部件有散热器 1、节温器 2、水泵 3 和风扇 10 等。散热器下水室较冷的水经水管 9、机油冷却器 8 被水泵 3 吸出并泵入汽缸体水套内，再经喷水嘴 5 流到汽缸盖水套内，冷却汽缸套和燃烧室后的冷却水通过出水管 4、

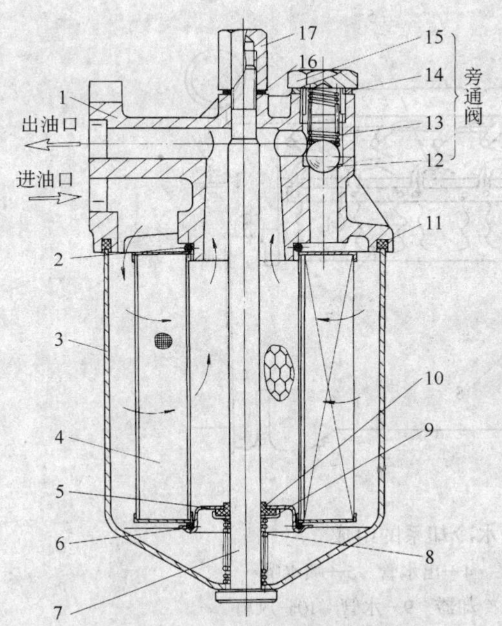

图 4—31　纸质滤芯式粗滤器

1—上盖　2—滤芯密封圈　3—外壳　4—纸质滤芯　5—托板　6—滤芯密封圈　7—拉杆　8—滤芯压紧弹簧　9—压紧弹簧垫圈　10—拉杆密封圈　11—外壳密封圈　12—球阀　13—旁通阀弹簧　14，16—密封垫圈　15—阀座　17—螺母

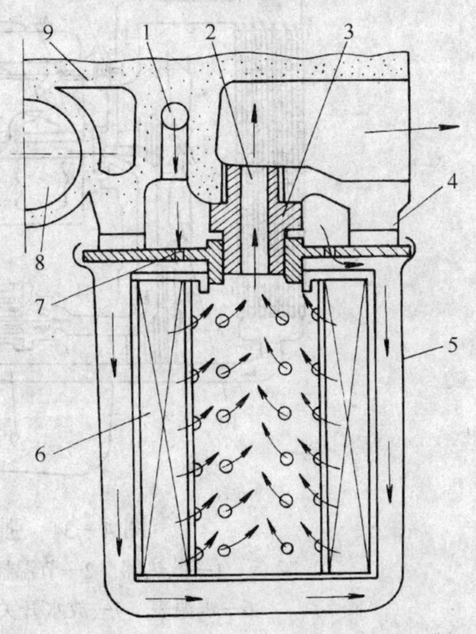

图 4—32　不可拆式细滤器

1—主油道　2—出油孔（回油底壳）　3—连接螺母　4—橡胶密封圈　5—外壳　6—细滤芯　7—量孔　8—凸轮轴座孔　9—机体

节温器 2 流回散热器或水泵，完成冷却水循环。

1. 散热器

散热器，俗称水箱，如图 4—35 所示，其作用是：将水套中流出的热水分成许多小股，使水的热量扩散到周围的空气中，水温降低后经其底部流向水泵。散热器上水室 1 上装有加水口和进水口 A、平衡水箱压力的压力阀 3。散热器芯子由管道 4 和散热片 5 组成，冷却水从管道中流过，热量通过散热片扩散到大气中。下水室 6 接收从散热器芯子冷却后的水，其上有冷水出口 B。

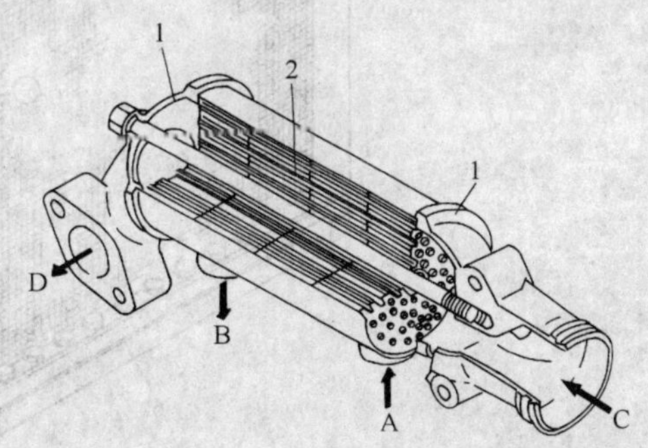

图 4—33　机油散热器

1—盖　2—滤芯　A—机油入口　B—机油出口　C—冷却水入口　D—冷却水出口

2. 水泵

水泵的作用是强制冷却水在冷却系中循环流动。图 4—36 所示为水泵的组成与结构，

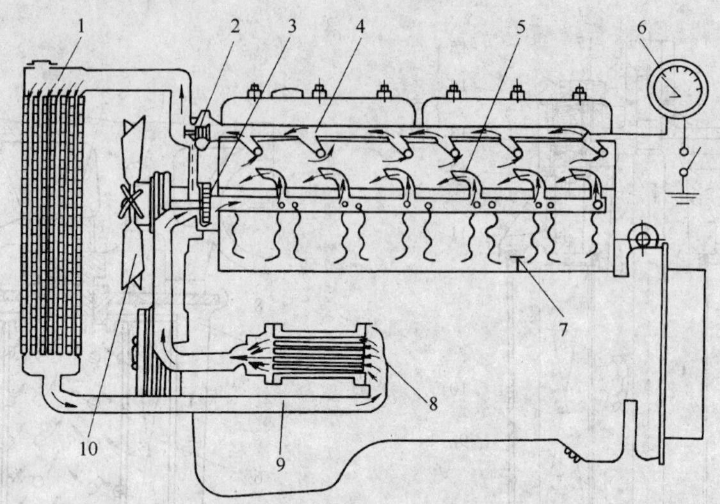

图 4—34　强制循环式水冷却系的组成

1—散热器　2—节温器　3—水泵　4—出水管　5—喷水嘴

6—水温表　7—放水开关　8—机油冷却器　9—水管　10—风扇

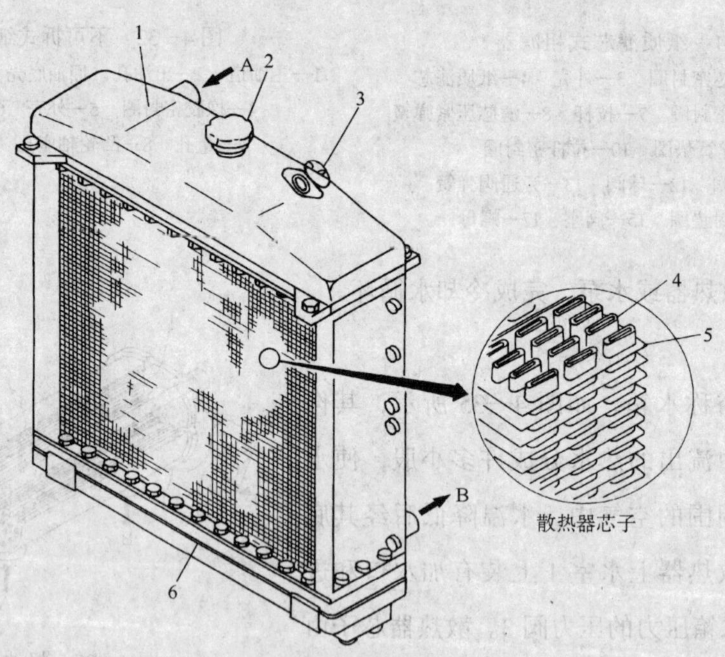

图 4—35　散热器

1—上水室　2—加水口盖　3—压力阀　4—管道　5—散热片

6—下水室　A—热水进口　B—冷水出口

它安装在汽缸体前端，其上的风扇带轮 2 由曲轴前端带轮通过带驱动旋转，再由与带轮键连接的水泵轴带动叶轮旋转使水泵工作。

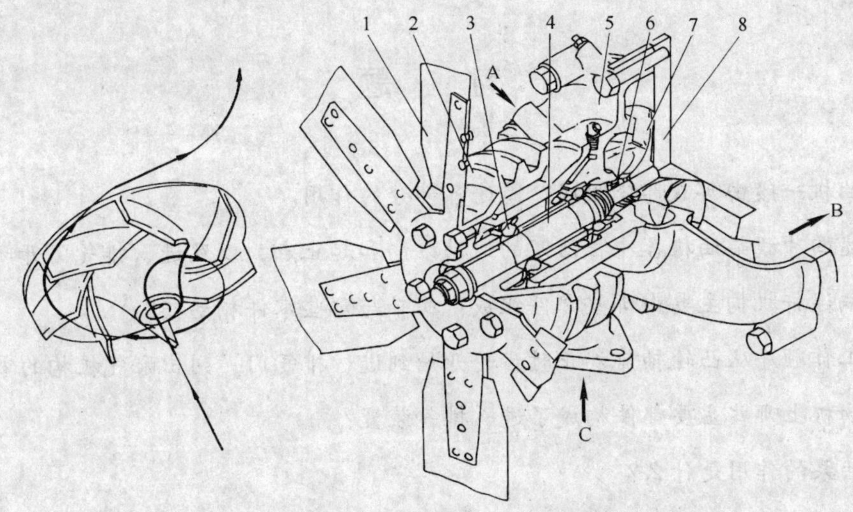

图 4—36 水泵及风扇

1—风扇 2—风扇带轮 3—滚动轴承 4—水泵轴 5—水泵壳 6—水封 7—叶轮 8—盖 A—自节温器 B—至汽缸体 C—自散热器

散热器下水室的水从 C 口吸入水泵，经出水口 B 泵向汽缸体水套，从而强制冷却水在冷却系中循环流动。

3. 节温器

节温器（见图 4—37）位于汽缸盖出水管处，作用是通过控制进入散热器的冷却水量，自动调节水冷却系的冷却强度。当冷却水温度低于某一温度（如≤70℃）时，旁通阀 5 开启，主阀门关闭，来自出水管的冷却水经旁通阀出水口 B 流至水泵，不到散热器，这种循环称为小循环。当冷却水温度达到某一温度（如≥70℃）时，主阀门和旁通阀均部分开启，来自柴油机的较高温度的冷却水一部分经出水口 C 到散热器降温，另一部分继续经出水口 B 完成小循环。当水温超过某一温度（如≥85℃）时，旁通阀关闭，主阀门全开启，来自柴油机的高温水全部经主阀门、出水口 C 流到散热器降温，这种循环称为大循环。

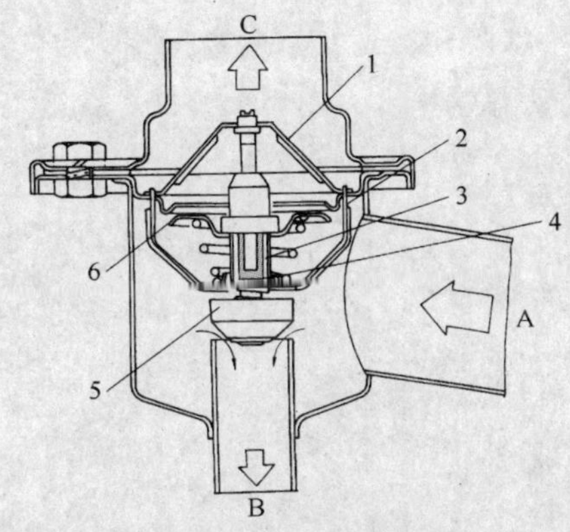

图 4—37 节温器

1—上支架 2—下支架 3—石蜡箱 4—石蜡 5—旁通阀 6—主阀门 A—自发动机 B—至水泵 C—至散热器

习　题

1. 柴油机一般由哪6部分组成？简述各部分的作用。

2. 简述四冲程柴油机各冲程活塞的运动方向和起止点，以及进、排气门开闭情况。

3. 曲柄连杆机构主要由哪些零件组成？曲轴与哪些零件相连接？

4. 按工作顺序从凸轮轴前端正时齿轮开始到进、排气门，列出配气机构的零件名称。

5. 柴油机上哪些主要部件构成了进、排气装置？

6. 喷油泵的作用是什么？

7. 润滑油在柴油机里有何作用？

8. 水冷却系有哪些主要部件？

9. 简述节温器在冷却水大、小循环过程中的工作情况。

第五单元

沥青混合料搅拌设备总体结构

第一节　概　　述

一、功用

沥青混合料搅拌设备的功用是：将不同粒径的骨料和填料按规定的比例掺和在一起，用沥青做结合剂，在规定的温度下搅拌成均匀的混合料。常用的沥青混合料有沥青混合料、沥青碎石、沥青沙等，它适用于公路、城市道路、机场、码头、停车场、货场等工程建设。

二、分类

沥青混合料搅拌设备的分类、特点及适用范围见表 5—1。

表 5—1　　沥青混合料搅拌设备的分类、特点及适用范围

分类形式	分　类	特点及适用范围
生产能力	小型	生产能力 30 t/h 以下
	中型	生产能力 40～350 t/h
	大型	生产能力 350 t/h 以上
搬运方式	移动式	装置在拖车上，可随施工地点转移，多用于公路施工
	半固定式	装置在几个拖车上，在施工地点拼装，多用于公路施工
	固定式	不搬迁，又称沥青混凝土工厂，适用于集中工程、城市道路施工
工艺流程	间歇强制式 连续滚筒式	按我国目前规范要求，高等级公路建设应使用间歇强制式搅拌设备，连续滚筒式搅拌设备用于普通公路建设

三、工艺流程

由于机型不同，其工艺流程也不同。目前国内外常用的是间歇强制式和连续滚筒式。沥青混合料搅拌设备的工艺流程如图 5—1 所示。

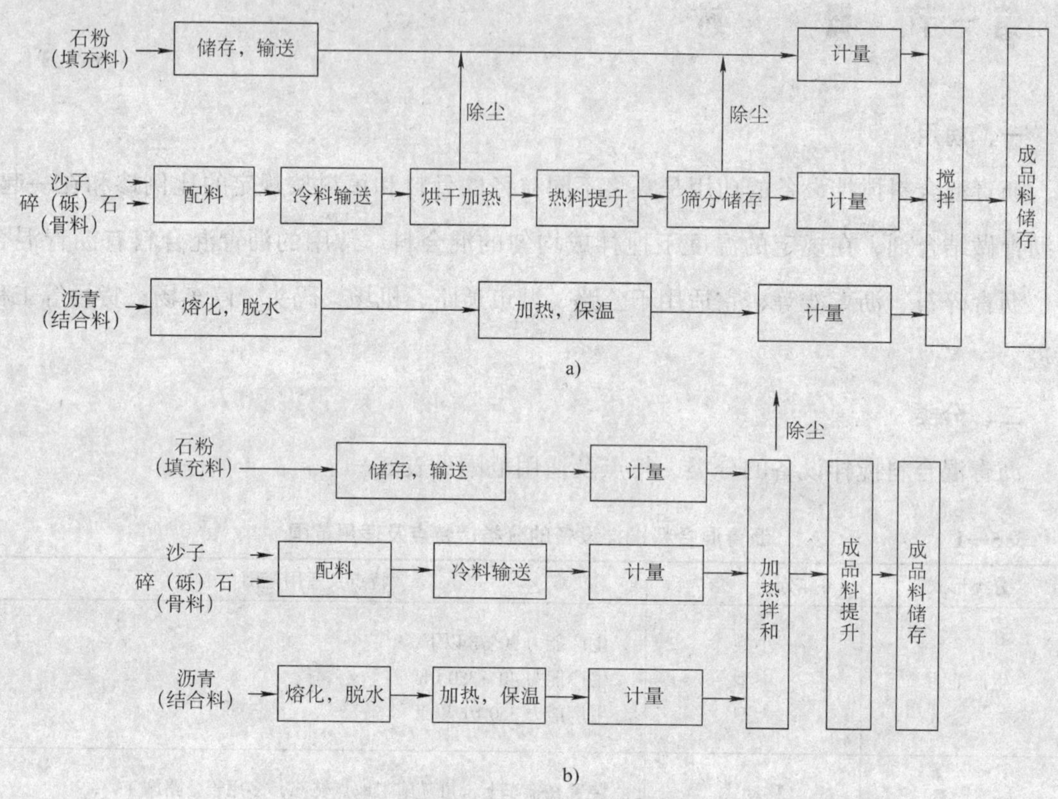

图 5—1　沥青混合料搅拌设备的工艺流程
a）间歇强制式　b）连续滚筒式

第二节　总 体 结 构

一、间歇强制式沥青混合料搅拌设备

间歇强制式沥青混合料搅拌设备的总体结构如图 5—2 所示，它由冷骨料储仓及配料装置 1、除尘装置 2、热骨料提升机 3、热骨料筛分及储存装置 4、沥青供给系统 5、成品料储仓 6、石粉储仓及计量装置 7、热骨料计量装置 8、搅拌器 9、冷骨料烘干加热筒 10 等组成。其特点是：初级配的冷骨料在干燥滚筒内采用逆流加热方式烘干加热，然后筛分、计量，在搅拌器内与按质量计量的石粉、热态沥青混合成沥青混合料。

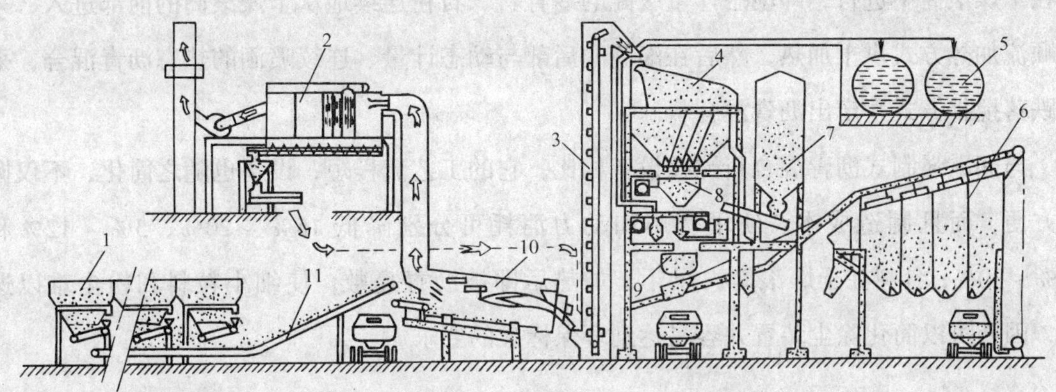

图 5—2　间歇强制式沥青混合料搅拌设备的总体结构

1—冷骨料储仓及配料装置　2—除尘装置　3—热骨料提升机　4—热骨料筛分及储存装置
5—沥青供给系统　6—成品料储仓　7—石粉储仓及计量装置　8—热骨料计量装置
9—搅拌器　10—冷骨料烘干加热筒　11—冷骨料带式输送机

由于结构的特点，间歇强制式沥青混合料设备能保证骨料的级配、骨料与沥青的比例达到相当精确的程度，也容易根据需要随时变更骨料级配和油石比，所以搅拌的沥青混合料质量好，可满足各种工程的施工要求。因此，这种搅拌设备在国内外使用较为普遍。其缺点是工艺流程长，设备庞杂，建设投资大，耗能高，搬迁较困难，对除尘装置要求高。

二、连续滚筒式沥青混合料搅拌设备

连续滚筒式沥青混合料搅拌设备的总体结构如图 5—3 所示，除热骨料提升机、热骨料筛分及储存装置、搅拌器外，其余的与间歇强制式的基本相同。其特点是沥青混合料搅

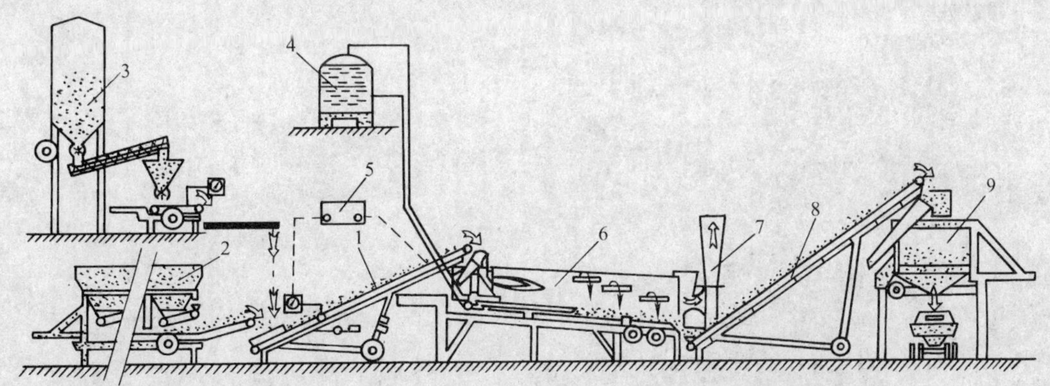

图 5—3　连续滚筒式沥青混合料搅拌设备的总体结构

1—冷骨料带式输送机　2—冷骨料储仓及配料装置　3—石粉供给装置　4—沥青供给装置
5—油石比控制仪　6—干燥拌和筒　7—除尘装置　8—成品料输送机　9—成品料储仓

拌在干燥滚筒中进行，即动态计量级配的冷骨料、石粉连续地从干燥滚筒的前部进入，采用顺流加热方式烘干加热，然后在滚筒的后部与动态计量、连续喷洒的热态沥青混合，采取跌落搅拌方式生产出沥青混合料。

与间歇强制式沥青混合料搅拌设备相比，它的工艺流程短，设备也随之简化，不仅搬迁方便，而且制造成本、使用费用和动力消耗可分别降低 15% ~ 20%、5% ~ 12% 和 25% ~ 30%；骨料在干燥滚筒内烘干、加热后即被沥青裹敷，使细小粒料和粉尘难以逸出，因而可以简化除尘装置并容易达到环保标准的要求。

习　题

1. 叙述沥青混合料搅拌设备的功用及分类。

2. 叙述间歇强制式沥青混合料搅拌设备的工艺流程。

3. 叙述连续滚筒式沥青混合料搅拌设备的工艺流程。

4. 叙述间歇强制式沥青混合料搅拌设备的总体结构组成。

5. 叙述连续滚筒式沥青混合料搅拌设备的总体结构组成。

第六单元

沥青混合料搅拌设备工作装置

第一节　冷骨料配给装置

冷骨料配给装置包括冷骨料给料器和冷骨料输送机。冷骨料给料器是冷骨料进行计量并按沥青路面施工的要求进行级配；冷骨料输送机是将级配后的冷骨料集积、输送至烘干滚筒。冷骨料给料器有电磁振动式给料器、往复式给料器、带式给料器、板式给料器等多种结构型式。

一、电磁振动式给料器

电磁振动式给料器（见图 6—1）是在冷骨料储仓（俗称冷料斗）下部弹性地悬挂一个倾斜一定角度的卸料槽，其上装有电磁振动器，依靠高频振动把冷骨料均匀地从冷料斗中卸出，给料量的多少可通过改变电磁振动器的振幅或冷料斗出料口闸门的开度来调整。

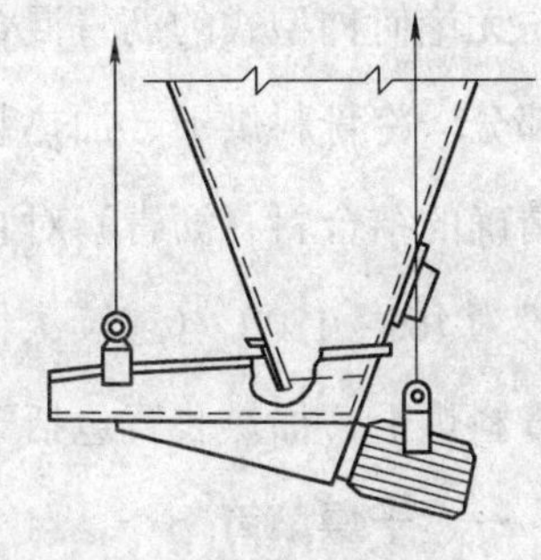

图 6—1　电磁振动式给料器

二、往复式给料器

往复式给料器（见图 6—2）是依靠料槽的往复运动将冷骨料卸出，给料量的多少是通过调整往复运动的行程 a 或冷料斗出料口闸口的开度 b 来实现的。

三、带式给料器

带式给料器（见图 6—3）依靠位于冷料斗下方的带式输送机的连续运转将冷骨料送出，送出冷骨料的数量是通过改变带式输送机的速度或冷料斗出料口闸门的开度来调整。

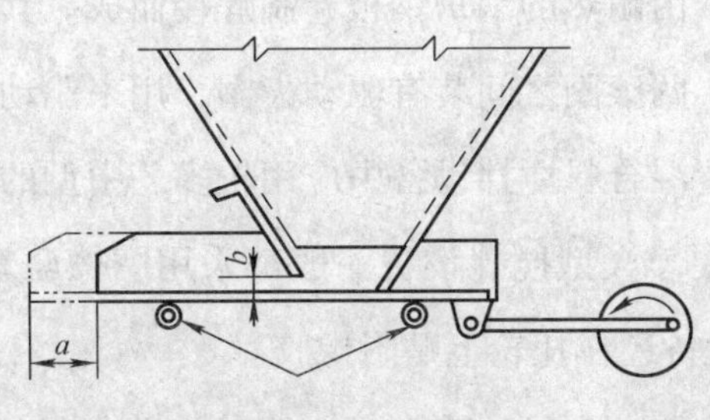

图 6—2　往复式给料器

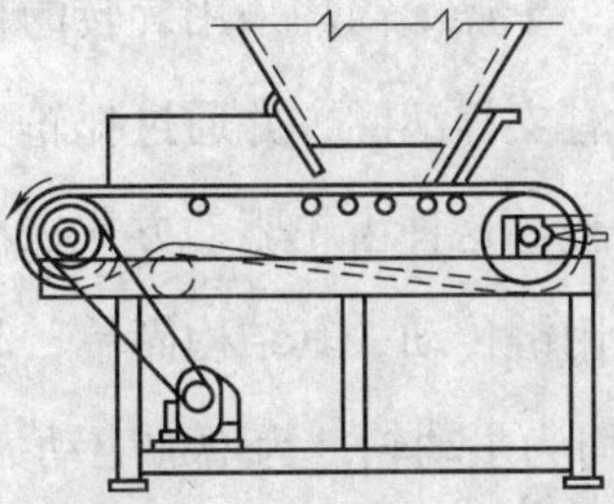

图 6—3　带式给料器

四、板式给料器

板式给料器的工作原理与带式给料器的基本相同，只是在结构上将输送带换成带链板的链条，滚筒换成链轮。因为板式给料器较往复式给料器、电磁振动式给料器工作稳定，也不存在带式给料器因输送带打滑而影响给料量的情况。实践证明，只要各种冷骨料符合规定要求（粒径和含水量），通过板式给料器进行冷骨料级配计量是能达到规范指标要求的。

第二节　冷骨料烘干、加热装置

无论何种型式的沥青混合料搅拌设备，冷骨料烘干、加热装置都是不可缺少的重要组成部分。冷骨料烘干、加热装置的功用是将冷骨料充分脱水并加热到一定温度，以保证计量精确的结合料（沥青）对它的裹敷，使成品料具有良好的摊铺性能。冷骨料的加热温度一般为 160 ~ 180℃（连续滚筒式沥青混合料搅拌设备可略低一些，一般为 140 ~ 160℃）。冷骨料烘干、加热装置包括干燥滚筒和加热装置两部分。

一、干燥滚筒

干燥滚筒（见图 6—4）是对冷骨料进行烘干、加热的装置，将冷骨料在较短的时间内用较低的燃料消耗充分脱水、升温。对它的基本要求是：冷骨料在干燥滚筒内应均匀分散，并在筒内有足够的运行时间；冷骨料在干燥滚筒内应直接与燃气充分接触；干燥滚筒应有足够空间，不致使内部空气受热膨胀后压力过大等。对于连续滚筒式搅拌设备，因为搅拌工艺在干燥滚筒内后半部分完成，所以还应考虑热骨料与沥青的搅拌空间和搅拌时间。

目前，干燥滚筒均采用旋转的长圆柱筒结构，由耐热的锅炉钢板卷制焊接而成。其外壁前后装有支撑滚圈，并通过托轮支撑在底架上。两滚圈之间装有驱动齿圈，用来驱动干燥滚筒旋转。这种齿轮驱动方式在小型及早期沥青混合料搅拌设备中应用较多。中型的搅拌设备多用链传动，其结构简单，制造安装较方便。大型搅拌设备一般都采用摩擦驱动，4 个托轮均为主动轮。为增加驱动力，有的搅拌设备还在托轮上贴附橡胶。

干燥滚筒内骨料的受热方法有两种：火焰自滚筒的出料口喷入，热气逆着料流方向穿过滚筒；火焰自滚筒的进料口喷入，热气顺着料流方向穿过滚筒。热气在滚筒内被骨料吸走热量后从烟囱排出。顺料流加热的烟气温度为 350 ~ 400℃，而逆料流加热的烟气温度为 180 ~ 200℃。由于逆料流加热方式的热量利用效果好，所以得到了广泛应用。

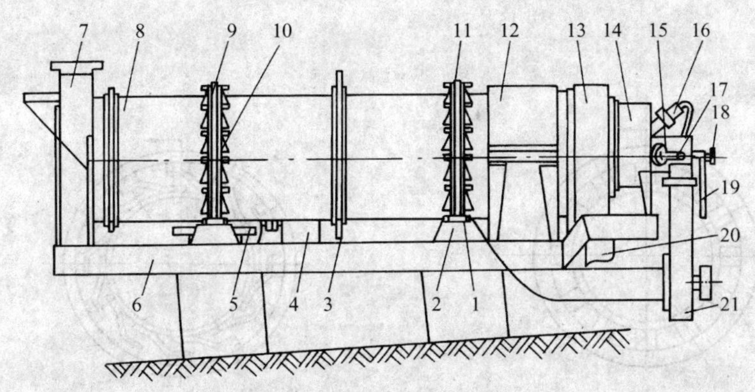

图 6—4　干燥滚筒

1—支撑滚轮　2—防护罩　3—传动齿圈　4—减速器　5—止推、定位滚轮　6—机架
7—加料箱及排烟箱　8—筒体　9，11—筒箍　10—胀缩件　12—滚筒冷却罩
13—卸料箱　14—火箱　15—点火喷头　16—燃料燃烧传感器　17—喷燃器
18—燃油调节器　19—燃油管　20—卸料槽　21—滚筒冷却、燃料喷射用鼓风机

为了补偿筒体和筒箍的温差变形，在两者之间安置胀缩件 10，它有 4 种结构型式：弹性椭圆式胀缩件（见图 6—5a）仅用于小直径干燥滚筒的排烟箱一端；弹性切线式胀缩件（见图 6—5b）广泛用于任何直径的干燥滚筒上，可焊接在筒体上，亦可用螺栓固定在筒体上，后者更可靠些；刚性调整式胀缩件（见图 6—5c）的调整垫片 7 在热态时调整间隙较困难，但其结构简单，仍得到较普遍的应用。在大直径的干燥滚筒上，为了避免筒体变形，该胀缩件在周向布置的距离应不超过其宽度的 2 ~ 2.5 倍。调整垫片 7 的宽度为筒箍宽度的 4 ~ 5 倍，厚度为筒体 3 壁厚度的 1.5 ~ 2 倍，铰接切线式胀缩件（见图 6—5d）仅用于特大生产率的干燥滚筒。

为了便于进料和排烟，在干燥滚筒进料端设有开孔的端壁，并安装进料装置和烟箱，如图 6—6 所示。其中图 6—6a 所示为用得最广泛的倒料槽式进料装置和烟箱。冷骨料穿过烟箱，并安置成与水平面成 60° ~ 70°，以免湿料阻滞。为了改善烟气的排出条件，应使冷骨料进入干燥滚筒的位置降低，图 6—6b 所示的输送带从干燥滚筒下部水平方向送入冷骨料；图 6—6c 采用低位的水平振动槽，将冷骨料送入干燥滚筒。后两种形式都可改善排烟条件，但目前应用最多的是在干燥滚筒进料端法兰盘上安装旋转式提升器。在该提升器的内环腔上均匀地装有许多叶片，它们在随干燥滚筒一起旋转时，将倾卸在内环腔底部的冷骨料带向上方，然后再抛撒在滚筒内。

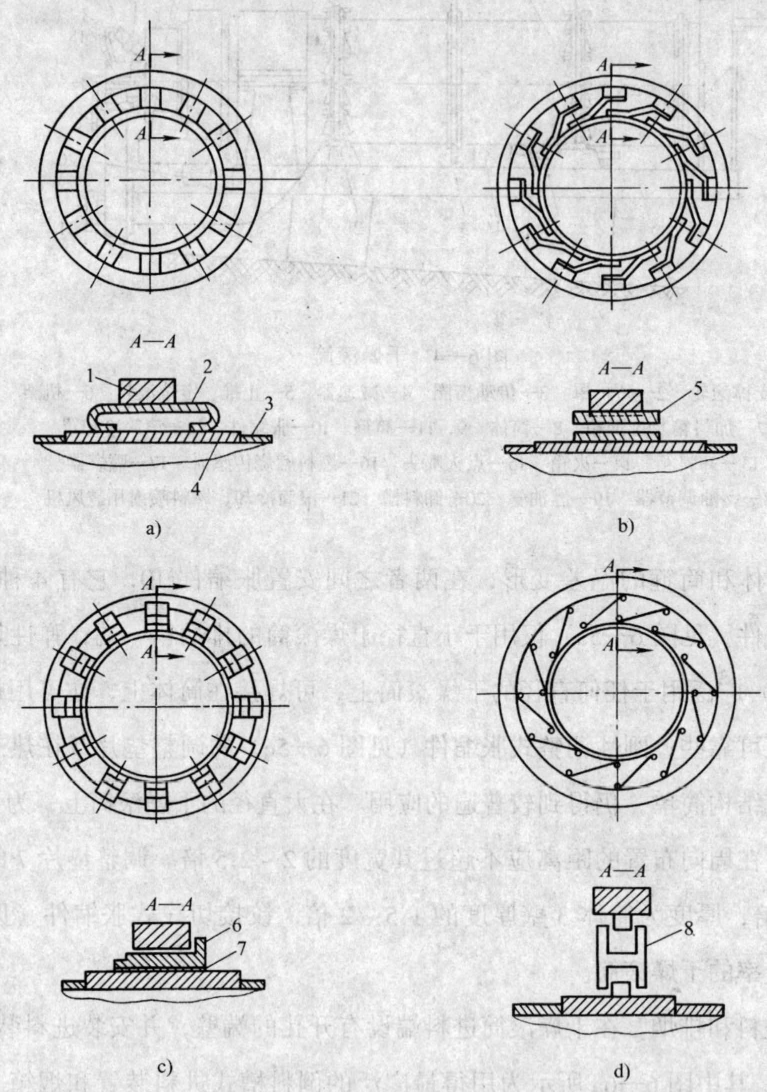

图 6—5　胀缩件的结构型式

a）弹性椭圆式　b）弹性切线式　c）刚性调整式　d）铰接切线式

1—筒箍　2—弹性椭圆式胀缩件　3—筒体　4—垫片　5—弹性切线式胀缩件

6—支撑底片　7—调整垫片　8—铰接切线式胀缩件

干燥滚筒的内腔分为 3 个结构区，如图 6—7 所示。

第一区是接料区。为了使骨料能自滚筒进料端较快地向里移动，多采用螺旋线形叶片。螺旋线形叶片相对滚筒纵向轴线的升角为 45°～60°。

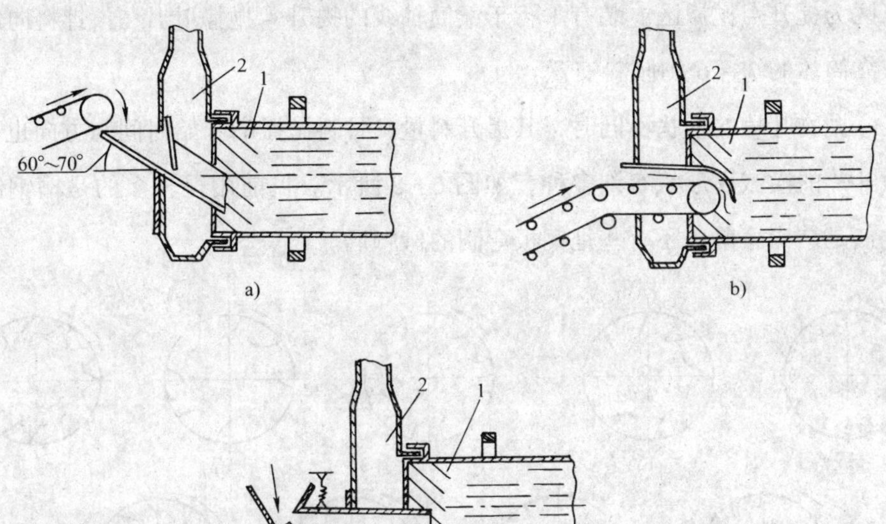

图 6—6　干燥滚筒进料装置和烟箱

a）倒料槽式　b）输送带式　c）振动槽式

1—干燥滚筒　2—烟囱

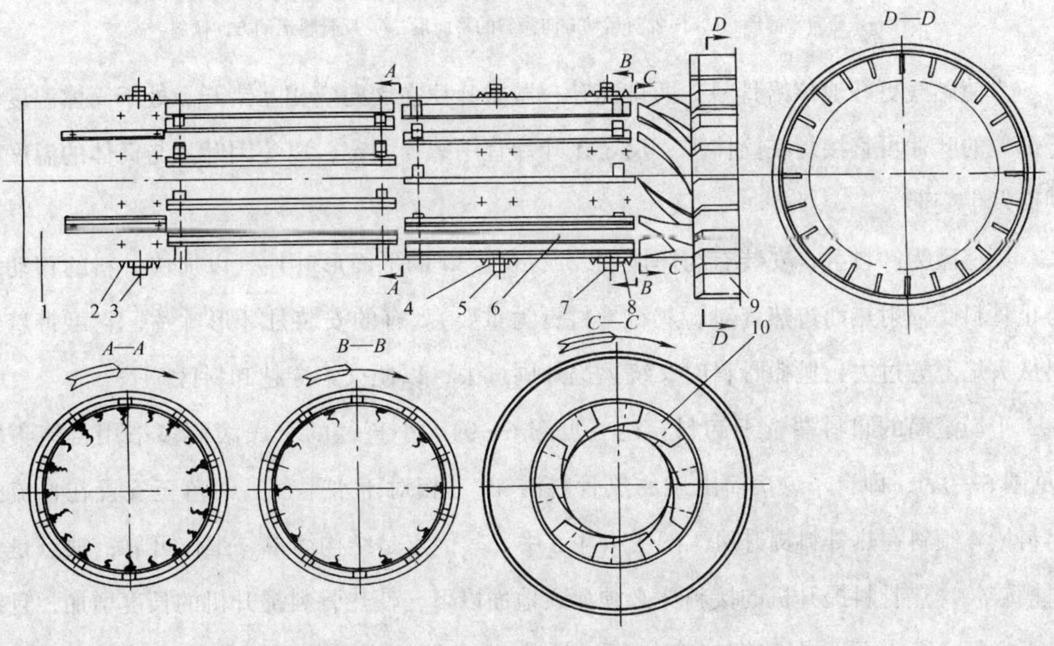

图 6—7　干燥滚筒内腔结构

1—筒体　2，8—胀缩件　3，7—筒箍　4—齿圈座　5—齿圈

6—提升—抛撒叶片　9—旋转式提升器　10—螺旋叶片

第二区为提升－抛撒区。装有平行于滚筒轴线的提升－抛撒叶片 6。骨料向卸料方向移动是依靠筒体的 3°～6°的倾斜安置。

提升－抛物叶片的形状不同时，其提升料量、骨料抛撒的开始时间与方向也不同。提升－抛撒叶片的横截面形状有许多种，如图 6—8 所示。目前用得较多的是槽钢制成的槽形，其优点是结构简单；还有些是钢板弯制的弯脚形。

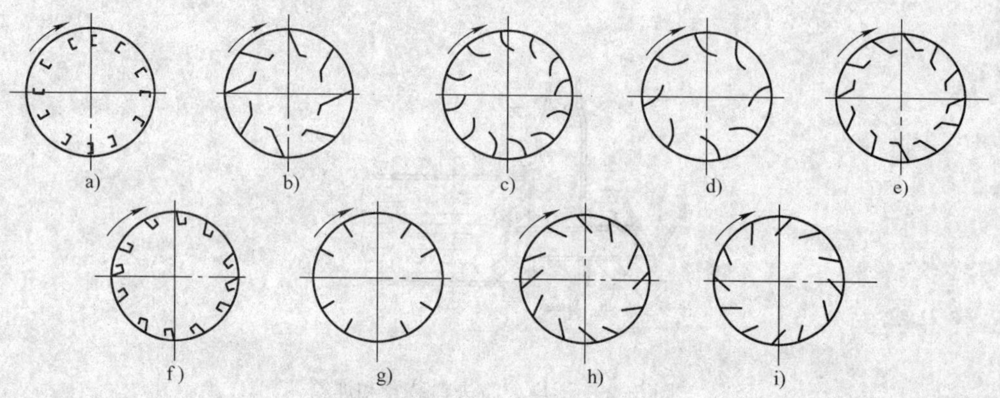

图 6—8　提升—抛撒叶片形状

a）小槽形　b）长弯脚形　c）小曲线形　d）月牙形　e）短弯脚形　f）汤匙形
g）径向平面形　h）向骨料运动方向倾斜的平面形　i）反骨料运动方向倾斜

为使燃气更好地传给骨料，两排提升—抛撒叶片在周向应相互错开。处于筒体温度较低部位的叶片可直接焊在筒体上；反之，叶片宜用螺栓固定，以免因叶片与筒体的温度不同而发生变形。

第三区为卸料区，安装有与筒体轴线成 20°～30°的平面形叶片，以加快骨料的移动和防止骨料受辐射热而过热（对石灰石骨料更为重要）。有的安装月牙形叶片，它可带着骨料从火焰上方过去，抛撒骨料时又绕火焰外周过去，以便火焰穿越卸料区。

干燥滚筒的卸料端位于卸料箱内（见图 6—9）。小直径的干燥滚筒多采用自流集料（见图 6—9a），即自干燥滚筒出来的热骨料沿 45°（相对于水平面）滑落至安置在自流式集料槽 4 倾斜在热骨料提升机 1 的受料斗 5 中。其优点是结构简单、工作可靠；缺点是集料槽较长，热骨料提升机的接料斗必须深入地面以下，使热骨料提升机的长度增加，且维修不方便。大直径干燥滚筒的卸料，采用旋转提升器式卸料装置（见图 6—9b），从干燥滚筒 3 出来的热骨料，由螺旋式提升器 2 提升到高于滚筒轴线的上方，抛入漏斗 6 内，再沿集料槽 4 落入热骨料提升机的接料斗 5 内。采用螺旋提升器卸料，可以使热骨料提升机的受料斗高出地面，还可直接安装在干燥滚筒的机架上，既便于热骨料提升机的维护，又可减少搅拌设备转场时的拆装工作量。

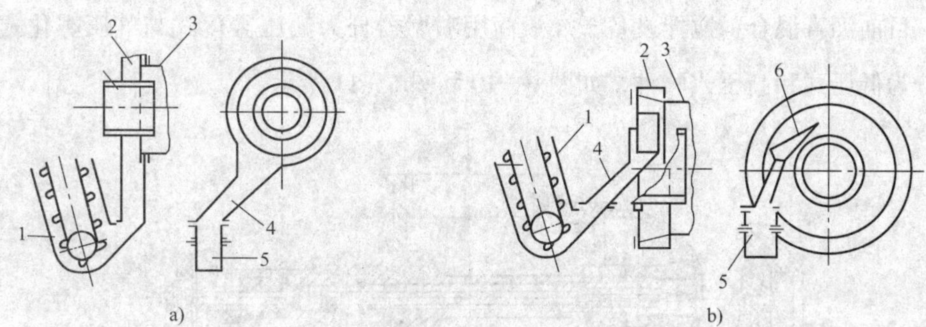

图 6—9　干燥滚筒的卸料装置

a）自流集料槽式　b）螺旋提升器式

1—热骨料提升机　2—集料箱或螺旋式提升器　3—干燥滚筒　4—集料槽　5—接料斗　6—漏斗

干燥滚筒的进料箱和卸料箱的料槽内表面都要衬垫耐磨钢板。旋转的筒体和固定的烟囱罩壳、火箱之间装有耐磨和耐热橡胶制做的密封件，以保证其密封性。

干燥滚筒的内壁，特别是靠近火箱的区段可能被加热到很高的温度，为了避免筒壁过度受热并减少热量损失，用罩壳将滚筒封闭起来，用鼓风机向火箱内送入空气时使罩壳附近受热，可降低筒壁的热损失和改善燃料的燃烧过程。

二、加热装置

沥青混合料搅拌设备的加热装置用来烘干骨料并将其加热到设定温度。另外，还用来对沥青罐内的沥青进行保温。

加热装置用的能源有燃油、煤炭和电等。其中的燃油加热装置包括燃油箱、油泵、管道、喷燃器、鼓风机和火箱等。燃油箱中应带有加热管，以便将重油加热到 70 ~ 80℃的使用温度，这样有利于其雾化和燃烧。油泵为一般的齿轮泵。鼓风机和喷燃器可根据需要而选用现成产品。火箱与干燥滚筒毗邻，对燃油的燃烧质量影响很大，需要很好的设计；煤粉加热装置在国内外均有采用。小型沥青混合料搅拌设备配备磨煤、粗细分离和燃烧室为一体的加热装置，大型沥青混合料搅拌设备采用制粉及燃烧两种装置组合，但成本较高，很少使用。

1. 喷燃器

燃油加热装置的核心部件是喷燃器，其作用是将燃油（重油或柴油）雾化，并与空气均匀混合，以利于完全燃烧。选择喷燃器时应注意的问题有：喷燃器喷出的燃油迅速着火燃烧的火焰应是短火矩；在燃烧区域的火焰不应被抛撒的骨料扑灭，尚未燃烧的燃油微粒不应被骨料带走；火焰周围必须有足够的高温空气，以便促使燃油充分燃烧；与火箱尺寸配合等。目前沥青混合料搅拌设备干燥滚筒用喷燃器分为油压雾化式与气压雾化式两类，后者又分为低压式和高压式两种，如图 6—10 和图 6—11 所示。

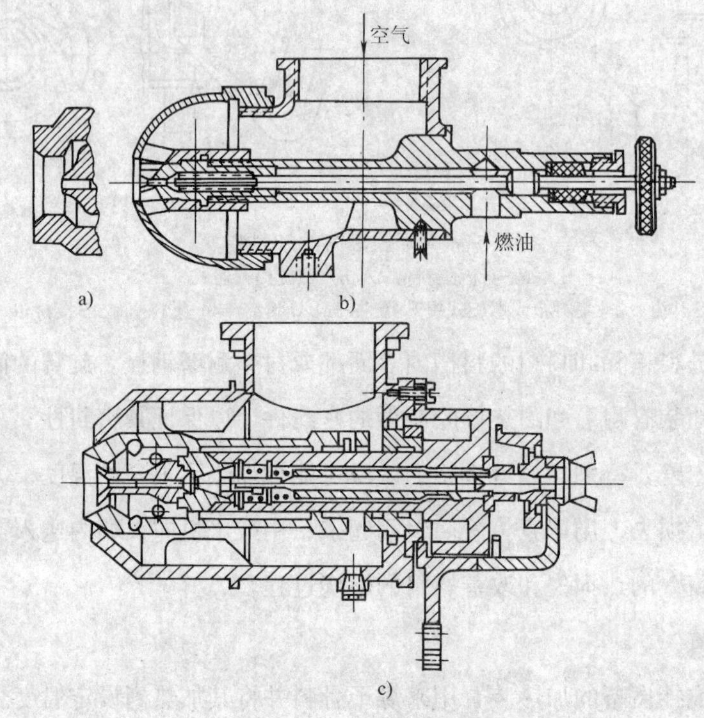

图 6—10　低压式喷燃器

a）直压式　b）放置式　c）比例式

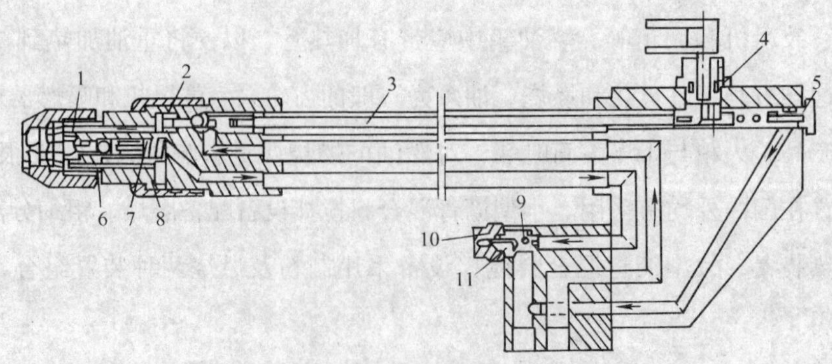

图 6—11　新型低压式喷燃器

1—阀座　2—前阀座　3—阀芯挺杆　4—偏心轴　5—后阀座　6—球阀
7，11—弹簧　8—杯形螺母　9—分开阀　10—螺母

2. 火箱

火箱毗邻干燥滚筒卸料端，是燃料燃烧的地方。因为燃烧的火焰有一部分延伸到干燥滚筒内，所以在干燥滚筒毗邻火箱处的周围，一般要用耐热钢板衬砌。火箱一般由薄钢板制成，里面衬砌耐火砖，其结构如图 6—12 所示，也可采用没有衬砌的耐热钢板制作。衬砌和各耐热砖之间的缝隙应不大于 1 mm，缝隙中填以掺有镁粉的耐火泥。若有两排衬砌，则两排衬砌的砖缝要错开。

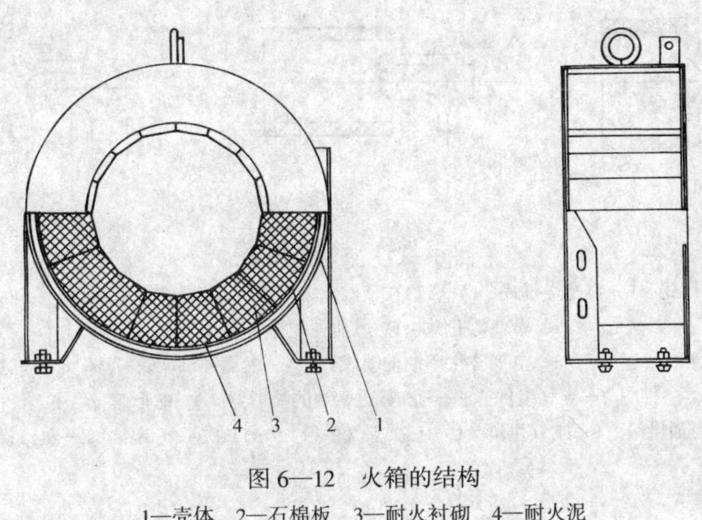

图 6—12　火箱的结构

1—壳体　2—石棉板　3—耐火衬砌　4—耐火泥

可将火箱视为干燥滚筒的一个重要组成部分，它与喷燃器的配合决定着燃油燃烧的完善程度、燃料的消耗率以及沥青混合料的拌和质量。

火箱的外形有扁圆形和后部带锥形的扁圆形两种。它与干燥滚筒之间衬垫着石棉板，以补偿两者在工作过程中的膨胀差。为了增强火箱衬砌的使用寿命，火箱采用专门的支撑安装在干燥滚筒的机架上，并允许转动，衬砌的一边损耗后（一般顶部损坏较快），可以绕火箱轴线转过一个角度继续使用。

火箱的型式有闭式、带燃烧罩式、燃油在预燃室内汽化式、燃油在主室内汽化式、蒸汽雾化式和燃油在蛇形管内预热式等，如图 6—13 所示。

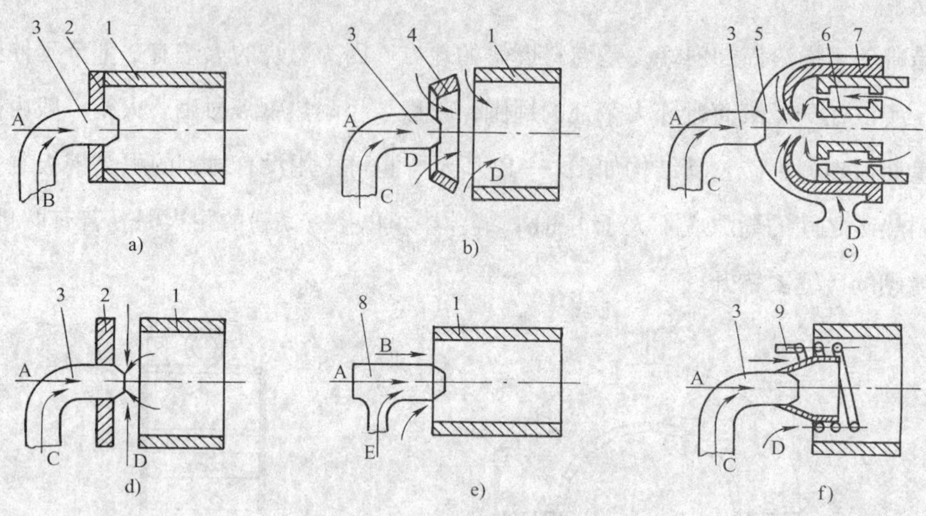

图 6—13　火箱的型式

a）闭式　b）带燃烧罩式　c）燃油在预燃室内汽化式　d）燃油在主室内汽化式

e）蒸汽雾化式　f）燃油在蛇形管内预热式

1—火箱　2—端壁　3—空气雾化燃油的喷燃器　4—燃烧锥罩　5—壳体　6—燃烧室

7—导气组件　8—蒸汽雾化燃油的喷燃器　9—蛇形管

A—燃油供给　B—空气供给　C—一次空气供给　D—二次空气供给　E—蒸汽供给

第三节　骨料筛分装置

一、冷骨料筛分装置

冷骨料是沥青混合料的主要原材料之一，它的筛分、分级通常在采石场进行。

开采出来的碎石由大小不同的颗粒组成，在使用或进一步加工前，要对它按粒度大小分成若干个级别，即分级作业。根据碎石的特性及粒度尺寸的不同，分级作业采用不同的方法，对于细粒度的石粉可采用水力分级或风力分级；对于粒度较大的骨料，如 3 ~ 300 mm 的骨料可用筛分机在筛面上进行分级。粒度小于筛孔尺寸的颗粒，穿过筛孔（筛下物），粒度大于筛孔尺寸的颗粒，留在筛面上（筛上物）。

在采石场对骨料进行筛分的装置有固定格筛、圆筒筛、滚轴筛、摇动筛、圆振动筛、直线振筛、共振筛等多种结构型式。

二、热骨料提升装置

热骨料提升装置是间歇强制式沥青混合料搅拌设备的必备装置，其功能是将干燥滚筒卸出的热骨料提升到一定的高度，并送入筛分装置内。它通常采用深形料斗、离心卸料方式的链斗提升机，如图 6—14 所示。但在大型沥青混合料搅拌设备上多采用导槽斗、重力卸料方式（见图 6—15），其链条运动速度低，可减少磨损及噪声。此外，热骨料提升机运转中途停止时，链条负载侧在骨料的重力作用下有可能倒转，使骨料积存在提升机底部，使提升机再次启动困难，因此，必须设置防倒转机构。

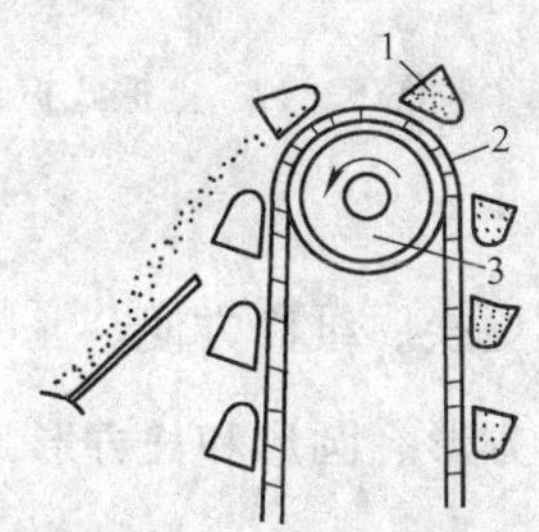

图 6—14　离心卸料式链斗提升机

1—深形料斗　2—牵引链　3—链轮

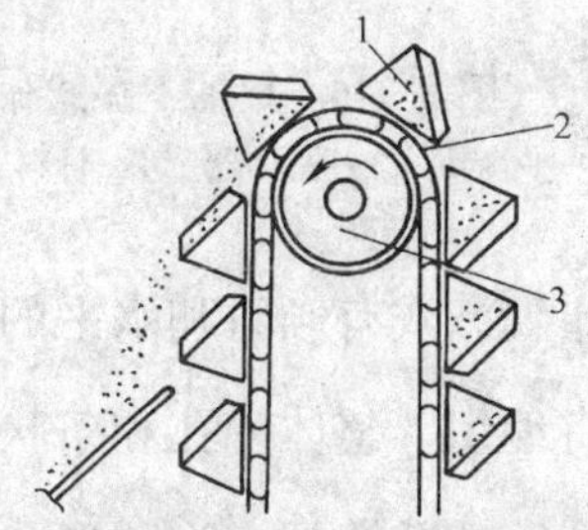

图 6—15　重力卸料式链斗提升机

1—导槽料斗　2—牵引链　3—链轮

三、热骨料筛分装置

热骨料筛分及储料计量装置是间歇强制式沥青混合料搅拌设备的特有装置。

热骨料筛分装置的功能是：将经干燥滚筒烘干加热后混杂在一起的不同规格的骨料按粒径大小重新分开，以便在与沥青搅拌之前进行精确的计量和级配。

热骨料筛分装置主要是振动筛型。振动筛按其结构和作用原理可分为单轴振动筛、双轴振动筛和共振筛等几种类型。前一种振动筛在沥青混合料搅拌设备中应用比较广泛，尽管共振筛生产效率高，但由于结构复杂，使用维修很不方便，因此，在沥青混合料搅拌设备中使用不多。

根据振动机构的布置位置，振动筛可分为下振式和上振式（见图 6—16、图 6—17）。早期沥青混合料搅拌设备上用的振动筛的振动轴或电动机布置在筛体的中下部，属下振式，安装、维修不方便，驱动带时紧时松，效率低；轴承位于高温环境，容易损坏。上振式振动筛的电动机和振动轴均布置在筛体上方，克服了下振式振动筛的缺点，有的还直接采用振动电动机，结构更为简单。

单轴振动筛通过单根偏心轴的旋转运动，使倾斜放置的筛网产生振动。振幅通常为 4 ~ 6 mm，振动频率为 20 ~ 25 Hz。双轴振动筛是通过两根倾斜布置的偏心轴的同步旋转，使水平放置的筛网产生定向振动而进行筛分。振幅通常是 9 ~ 11 mm，振动频率为 18 ~ 19 Hz。

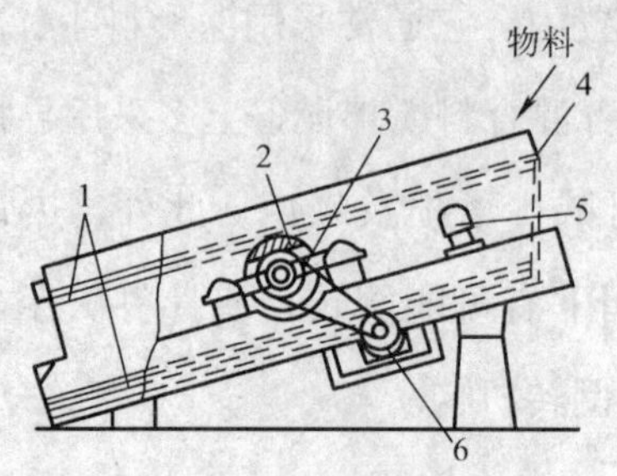

图 6—16　单轴下振式振动筛

1—筛网　2—平衡块　3—振动器　4—骨料　5—弹簧　6—电动机

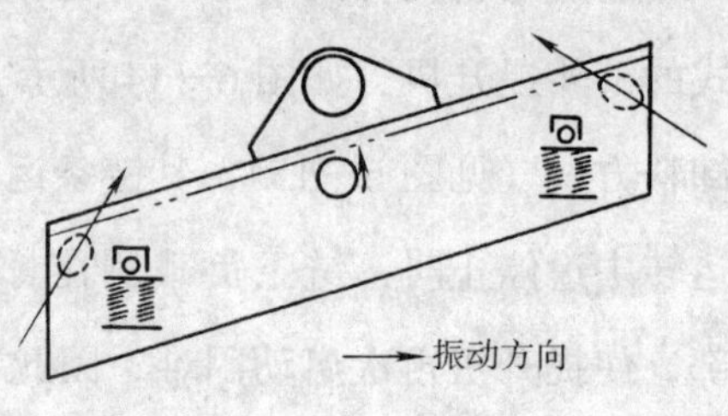

图 6—17　上振式振动筛

筛体布置方式有倾斜和水平的两种，其中水平式筛体更换、维修方便。

筛网有编织、整体冲孔和条状 3 种型式。筛孔形状有方形、圆形和长方形。编织筛网多为方形孔，冲孔筛网多为圆形孔，条状筛网均为长方形孔。

热骨料筛分装置通常安装在密闭的箱体内，以防粉尘逸散。筛箱与除尘管道相通，以便将粉尘收集起来，减少对环境的污染。另外，热骨料振动筛应有隔振措施，以保证其他机构和操作人员的正常工作，生产能力应大于热骨料提升机的生产能力，以保证充分筛分。

四、热骨料储仓

对热骨料筛分的目的是为了对不同规格的骨料进行分别计量。按骨料的规格种类设置 3 ~ 5 个储仓。根据需要，它们分别储存沙子、细碎石、中粒度碎石和大粒度碎石。在每一储仓上均装有溢料口，以免热骨料过度充盈而损坏筛分装置的筛网。各溢料口用管子与溢料集料斗相连，该集料斗定期打开卸出溢料。对不能通过筛孔的大粒石料也用同样方法收集起来。

此外，石粉一般用石粉提升机输送到单独的石粉料斗中。石粉料斗与热骨料储仓平行布置。各储仓具有搅拌器连续工作 10 ~ 15 min 所需热骨料的储备能力。对于采用给料器和成品料储仓的沥青混合料搅拌设备，其热骨料储仓的储备能力可适当减小，这对大生产率的搅拌器尤为重要。

各储仓下面都装有扇形闸门式的卸料装置，它们由远距离操纵的气压缸或自动装置来启闭。根据作业需要也可用机械操纵。

热骨料储仓内装有高、低料位传感器，可将信号及时传给操作人员，以便发现问题采取必要的措施。

热骨料仓如图 6—18 所示。

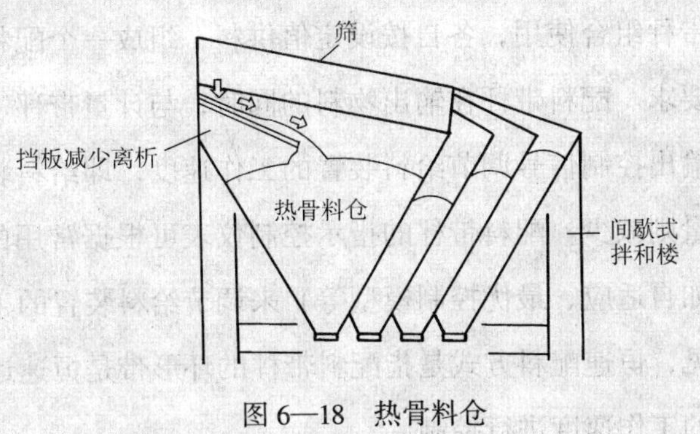

图 6—18　热骨料仓

第四节　称 量 装 置

沥青混合料搅拌设备用称量装置按用途分为骨料称量装置、石粉称量装置和沥青称量装置等；按称量原理分为容积式、计重式和混合式等。称量装置是沥青混合料搅拌设备为了实现其成品料各成分的精确配合而设置的。能否正确地选择和使用称量装置，关系到沥青混合料质量的好坏。

一、配料带秤

沥青混合料搅拌设备用配料带秤和普通用于计量的带秤的工作原理基本一致。普通计量带秤仅指示输送带所输送物料的累计值，而配料带秤不仅反映指示累计值，还可根据输送带上物料的瞬时流量和设定值的偏差调节瞬时物料量的大小，构成一个闭环系统，达到恒定物料瞬时计量的目的。这使得配料带秤在机械结构、仪表功能、工作条件等方面与普通计量带秤有共同之处。

配料带秤运用到沥青混合料搅拌设备上时，根据输送带上冷骨料的瞬时流量和设定值的偏差，还可通过自动控制系统及时调节沥青流量以及石粉投入量，确保沥青混合料的骨料级配和油石比（沥青与骨料的比例）。

1. 配料方式

配料带秤的配料方式有恒速配料、调速配料、同步调速配料、双调速配料等。

（1）恒速配料方式

这是最为常用的一种方法，其结构、工作原理如图 6—19 所示。由给料装置给出的物料经配料带秤配料、计量后，输送到配料带秤下方的运输带送走或直接落入下方的接料装置。如果是多台配料带秤组合使用，各自按设定值供料，组成一个配料系统，完成生产设备对原料进行配料的要求。配料带秤在输出物料的同时，与计量带秤一样检测物料的瞬时量和累计量。同时，输出控制信号调节给料装置的工作速度，即给料装置速度加快，给料量增大；反之，给料量则减少。配料带秤的指示控制仪表可根据常用的 PI、PID 算法或其他种类的控制模式（如自适应、最优控制模型等）来调节给料装置的工作速度，从而恒定配料带秤的流量。可见，恒速配料方式是指配料带秤的环形带是恒速运行，物料流量大小是通过调整给料装置的工作速度进行控制。

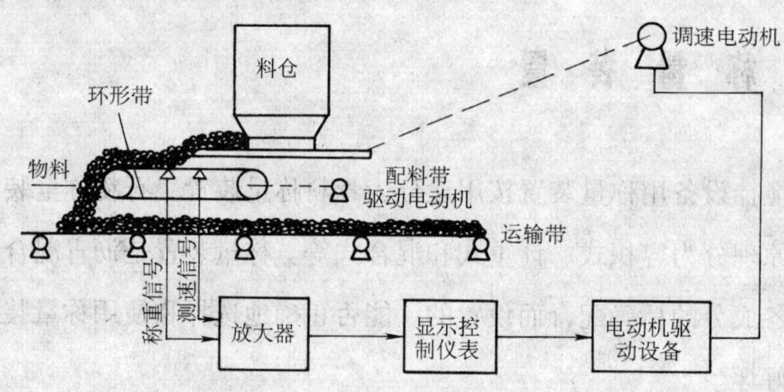

图 6—19 恒速配料结构、工作原理

恒速配料方式的优点是：计量准确度高，可靠性好；仪表的控制模型简单易行，调整方便；运用范围广。其缺点是：需要专门的给料装置，设备复杂、投资较大；比较而言，配料控制准确度不如双调速配料方式。

（2）调速配料方式

该配料方式是在上述恒速配料方式中取消了专门的给料装置。配料秤不仅完成恒速配料方式中检测物料瞬时流量和输送物料的任务，还承担将物料从料仓中“拖”出的任务。调速配料方式的原理基本上和恒速配料方式的一致，仅由显示控制仪表输出信号控制配料带驱动电动机的转速，与此对应的配料带驱动电动机换用调速电动机。其结构、工作原理如图 6—20 所示。

调速配料方式的优点是：省去了专门的给料装置，降低了设备投资；控制模式简单，调整方便；降低运料带输送机的高度，便于安装配料带秤，适合于老设备的技术改造。其

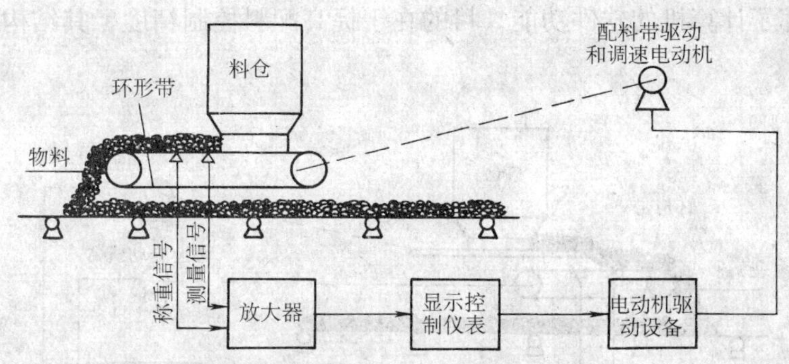

图 6—20　调速配料结构、工作原理

缺点有：计量准确度容易受料仓物料湿度、粒度变化的影响，且可靠性较差。例如，有时难以将物料从料仓中“拖出”；应用范围较小，仅适用于物料粒度比较均匀、湿度比较稳定、物料的流动性较好的工作条件下；比较而言，其配料精度不如双调速配料方式高。

(3) 同步调速配料方式

该配料方式是将给料装置的给料速度和配料带秤的输送带的工作速度同步调整，基本方法是由调速电动机通过机械连接使配料带秤的输送带和给料装置同时运转，两者速度同时可调。同步调速配料结构、工作原理如图 6—21 所示。

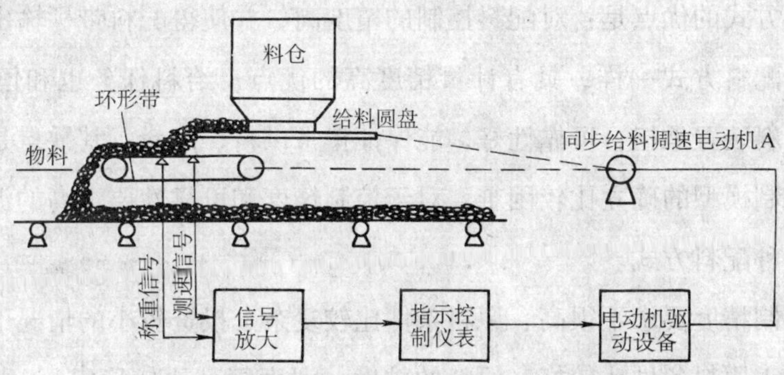

图 6—21　同步调速配料结构、工作原理

该配料方式的优点是，比恒速配料方式更进一步，提高了配料带秤的控制准确度，并克服了调速配料方式易受物料状态影响的缺点，具有控制模型简单的特点，通常仅需 PID 算法即可完成控制任务。其缺点是设备组成多、投资增加。但在工业生产中，由于同步调速配料方式能有效地提高配料带秤的控制精度，因此，在许多生产设备中得到应用。

(4) 双调速配料方式

该配料方式是近年来计算机技术迅速发展的产物，它综合了恒速配料和调速配料两种方式，充分发挥了计算机的软件功能，目的在于提高配料控制精度，其结构、工作原理如图 6—22 所示。

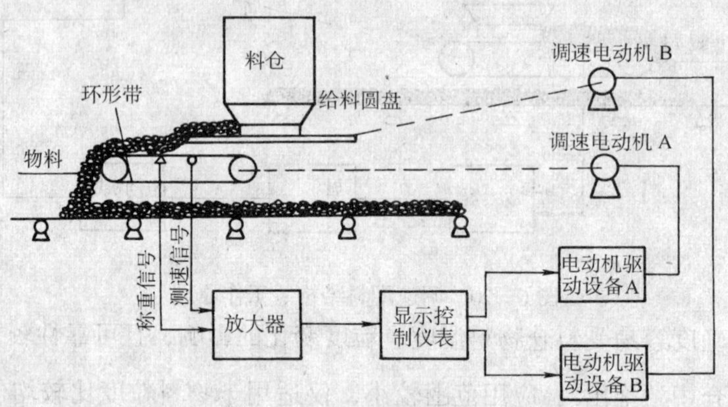

图 6—22　双调速配料结构、工作原理

该配料方式中，配料带秤的指示控制仪表输出两个控制量：一个控制信号和恒速配料方式一样，控制给料装置的给料速度，对给料量进行控制；另一个控制信号和调速配料方式一样，控制配料带秤输送带的运行速度，对输料量进行控制。因此，形成对物料流量的两级控制。

双调速配料方式的优点是：对配料控制的精度高，并使得配料带秤输出的物料流量更加均匀，和恒速配料方式一样，具有计量精度高的优点；给料任务也和恒速配料方式一致，由专用的给料装置承担，可靠性好，能保证正常供料、配料。其缺点是结构复杂、设备投资增大，控制模型的确立比较困难。对于控制精度和可靠性要求高的沥青混合料搅拌设备，宜采用这种配料方式。

对于配料控制精度要求不很高、原料条件比较复杂、投资较小的情况下，一般采用恒速配料方式。对于原料条件比较好（原料的粒度、湿度等都比较稳定）、供料及配料可直接由配料带秤承担时，宜采用调速配料方式。该方式的配料系统投资少，特别适合于中小型沥青混合料搅拌设备。总之，采用何种配料带秤组成配料系统，应视具体情况确定。一般考虑的主要因素是：计量控制准确度、系统工作可靠性等，特别是供料的可靠性及系统投资大小。

2. 显示仪表

配料带秤的显示仪表经历了 3 个发展阶段：初始阶段，采用模拟式仪表组成一个简单的闭环控制回路；快速发展阶段，由于微处理器芯片的出现，CPU 应用到显示计算器以及调节器中，产生了第一代计算机带秤的显示控制仪表；成熟阶段，随着计算机和控制技术的发展，配料带秤的显示仪表增设了通信接口，多台显示仪表通过通信网络组成了集散式控制系统。它功能齐全，运行可靠，智能化程度高，具有联网性能，便于分散控制，集中管理。

3. 控制精度的影响因素

除配料带秤自身的计量性能外，配料回路中还有多个因素会对配料带秤的控制准确度造成影响。

(1) 物料的物理特性

物料的流动性是影响配料系统工作效果的因素之一。当物料的粒度、湿度、温度、灰的成分发生变化时，给料装置往往不能正常地供料，严重时配料系统无法工作。例如，在我国南方，雨水较多，若对物料无保护措施，物料水分含量大，黏成球团，配料精度就无法保证。在我国北方，冬天气温很低，经常降雪、结冰，对物料无保护措施时，物料可能结在一起，也同样不能保证配料系统正常工作及达到其控制精度。因此，要达到配料带秤控制精度指标，要求物料不能结块、粒度大小均匀、水分要少，以保持物料的流动性。

(2) 机械振动

配料带秤计量的物料瞬时流量是参与控制量输出运算的，是通过瞬时物料流量求出的控制量。如果瞬时物料流量不稳定，将直接影响配料系统的控制精度。机械振动反映到瞬时物料流量上时，对控制回路则产生干扰。所以，在安装配料带秤时，应尽可能地不要将机械振动引入到配料带秤上。例如，通常配料带秤下方有一个运料用的带式输送机，安装时切不可将配料带秤安装在运料输送机的机架上，否则会将运料带式输送机的振动引入配料带秤的称重系统中，影响其控制精度。

(3) 给料装置的安装精度

给料装置的加工和安装精度对配料带秤的控制精度也会产生影响。例如，在采用圆盘给料机时，若圆盘的水平精度不高，在给料圆盘旋转一周的时间内将会产生给料量的大小变化。该周期性变化的干扰信号引入配料控制回路时，对控制精度会产生影响。所以在加工和安装给料装置时，应注意机械尺寸的控制，尽可能使物料流出量稳定。

(4) 料仓的结构形状

国外许多生产配料带秤的厂家就料仓结构形状对配料系统控制精度的影响进行了研

究，主要研究料仓结构、形状对下料均匀性的影响。研究与实践均证明，料仓的形状及料仓内壁的材料选用都对物料均匀流线型下落有影响，严重时会使物料挤压在料仓中，产生“起拱、悬料”现象，使物料断断续续地下落，甚至停止下落。所以应根据经常使用的物料的物理特性设计料仓的结构、形状以及附设振动器，尽可能地保证物料均匀流线型下落。

二、骨料称量装置

骨料称量装置有容积式、单独计重式和混合计重式3种。其中容积式的又有量斗式与定容连续式两种，它们都是用于计量冷骨料的。

冷骨料量斗一般用于小型沥青混合料搅拌设备。定容连续式称量装置即冷骨料定量给料装置上的给料斗，一般仅用于冷骨料的初级配，并与用作精级配的热骨料计量称量装置配合使用。如果采用经过筛分的轧制碎石，在要求级配比不太严格的情况下，也可单独使用定容连续式称量装置。因为这种规格比较均匀的碎石，在初级配后将它们烘干，再用计量称量装置校核，其误差一般不超过±2%。

对于采用自动化连续生产的沥青混合料搅拌装置，为了精确掌握油石比，在运料带式输送机上方安装计重用的配料带秤（即带式电子秤），它与含水量测试仪配合使用，再借助于电子计算机及时调整沥青供应量。如此反复调整即可达到精确的骨料级配和油石比。

对于未经过仔细筛分的碎（砾）石，由于夹杂细粉料较多，则必须在它们烘干和最终筛分后进行计重称量，才能达到规定的级配要求，这也是传统式沥青混合料搅拌设备采用间歇强制式搅拌工艺的原因之一。对热骨料筛分后的称量，过去采用机械（杠杆）式计量称量，它是按骨料（包括石粉）的不同规格逐一计重、累计称量的，目前已改用带式电子秤自动称量。电子秤体积小，精度高，安装方便，适用于远距离控制，但电子秤对安装环境要求较高，且维修较为复杂。电子计量装置所测得的重量经过转换送入电子仪器放大、显示和输出控制信号。在电子仪器上预先选好各种骨料的设定值，可以由自动控制执行机构来启闭各储仓的斗门。

间歇强制式沥青混合料搅拌设备上使用的计量装置的结构、工作原理如图6—23所示。

三、石粉称量装置

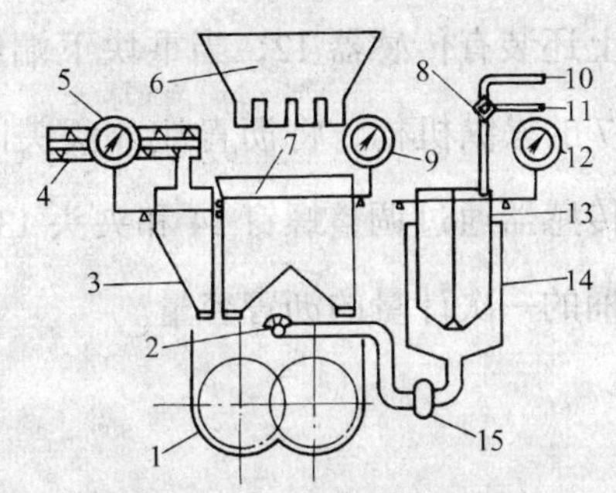

图 6—23 间歇强制式沥青混合料搅拌设备用计量装置

1—搅拌器 2—喷嘴 3—石粉称量斗
4—石粉螺旋给料器 5—石粉计量器 6—储仓
7—骨料称量斗 8—二通阀 9—骨料计量秤
10—回油管路 11—进油管路 12—沥青计量秤
13—沥青称量桶 14—沥青保温桶
15—沥青喷射泵

石粉称量装置有容积式和重量式两种。容积式石粉称量装置通常是依靠一定尺寸的螺旋输送器，按规定的转速所输送的容积来衡量。工作时它常和多斗式石粉提升机配合使用。容积称量的结构形式大多用于连续滚筒式沥青混合料搅拌设备上。

石粉计重秤可与骨料秤一起使用，也可单独使用。前者称量后就将石粉倾注在骨料里，然后一起进入搅拌器；后者则将称过的石粉单独卸入搅拌器，因此，要增加 15 ~ 20 s的卸料时间。

为了使石粉易于同骨料混合，以减少搅拌时间，最好让石粉沿搅拌器全宽卸入搅拌器内。为此，要在搅拌器与石粉秤之间设一石粉倾卸槽。

四、沥青称量装置

沥青混合料搅拌设备的沥青定量供给方法一般有 3 种：容积称量后用沥青泵通过喷嘴一次喷入搅拌器内，用容积式沥青计量泵和沥青输送泵连续地喷入搅拌器内。前两种方法一般用于间歇强制式沥青混合料搅拌设备，后一种方法则用于连续滚筒式沥青混合料搅拌设备。

沥青的密度是随其温度而变化的，所以沥青的容积式称量应同时配备沥青的黏度测量，才能达到精确称量的目的。

沥青按份一次称量，大多是使用专门的沥青保温量桶进行的。沥青量桶有计重式和容积式两种。计重式沥青量桶是由机械秤或电子秤专门称量的。

容积式沥青量桶有浮子式和量斗式两种。前者是一个内装浮子的量桶，随着沥青的注入，浮子逐渐上升，当浮子升高到一定高度后即自动关闭沥青注入阀，停止向量桶注入沥青。浮子的上升高度可以调整，以改变沥青注入量。图 6—24 所示为带有传感器并能自动关闭沥青注入阀的浮子式沥青量桶。通过钢丝绳 9 吊着的重块 11 随着浮子 5 的升降沿导轨上下移动，其移动位置由旁边的标尺 10 示出。标尺上的数值即为桶内的沥青容量。在导轨上还装有传感器 12，当重块下端触及传感器的触头时，传感器就传递信息给沥青注入阀 7 的操纵机构，将沥青注入阀关闭，停止向量桶注入沥青，于是一份沥青即称量完毕。传感器通过调整螺钉 14 和夹头 13 调整其高低位置，即可调整沥青的注入量，亦即调整量桶的一次计量的沥青容量。

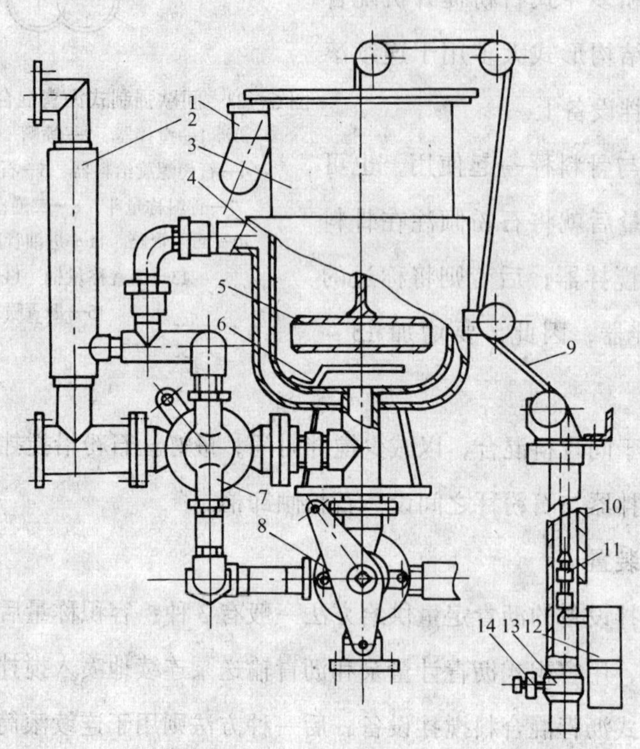

图 6—24　浮子式沥青量桶

1—溢流管　2—沥青注入管　3—量桶　4—保温套　5—浮子　6—挡板　7—沥青注入阀　8—沥青排出阀　9—钢丝绳　10—标尺　11—重块　12—传感器　13—夹头　14—调整螺钉

量桶内的沥青通过沥青排出阀 8 放出。沥青排出管连接着沥青输送泵，以便向搅拌器内喷注沥青。量桶下部包有保温套 4，可通入蒸汽或导热油对沥青进行保温。

图 6—25 所示为量斗式沥青称量装置及喷射系统。在沥青罐 6 内置一沥青量斗 5，其底部的锥形阀 7 由压缩空气通过阀杆顶部的气压缸 4 来顶开。流入罐内的沥青由喷射泵 8 压送到喷射管 9，并从喷嘴 10 喷入搅拌器。这种喷嘴安装在两根弯支管上，喷射结束时不会产生滴油现象。

容积式沥青计量泵是根据其转速及排量来计量沥青的，其转速可以调整。该泵的功能是计量而不是增压，所以要在系统中配置高压沥青泵，以便在 1.5 ~ 2.0 MPa 的压力下将沥青喷入搅拌器。高压沥青泵有布置在计量泵前、后两种位置，前者兼有低压输送泵的作用，后者需要另设低压输送泵，故结构较复杂。

采用沥青计量泵的沥青供给系统，一般都配有高温流量计。为了提高沥青混合料的油石比精度，还应配置黏度测试仪。

五、间歇强制式沥青混合料搅拌设备用搅拌器

搅拌器是间歇强制式沥青混合料搅拌设备的核心装置，其作用是将按一定配比称量好的骨料、石粉和沥青均匀地搅拌成所需要的成品料，其结构如图 6—26 所示。它由壳体、衬板、搅拌轴、搅拌臂、拌料桨叶、卸料门、同步齿轮等组成。搅拌器的两根搅拌轴，通过一对啮合齿轮的带动而相对转动，转速一般为 40 ~ 80 r/min。每根轴上装有数对相对角 φ 为 90°的搅拌臂，臂端装有耐磨材料制成的攻角 α 为 45°的拌料桨叶。搅拌器壳体内侧装有耐磨材料制成的衬板，其使用寿命不低于 10^5 批次。卸料口一般设在搅拌器底部的中间位置，卸料门的启闭装置有电动、气压或液压等不同操作形式。

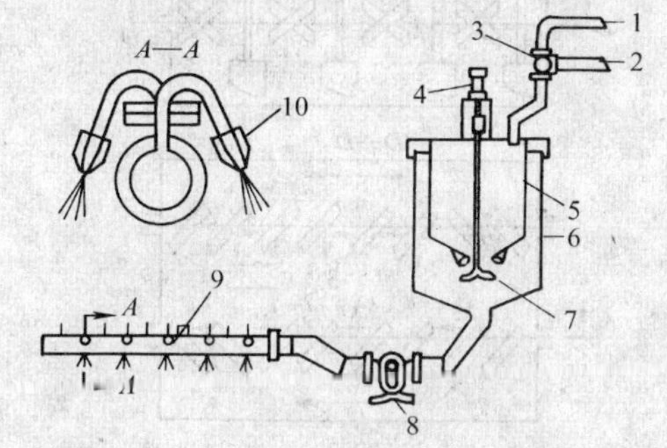

图 6—25　量斗式沥青称量装置及喷射系统

1—沥青回流管　2—沥青注入管　3—三通阀　4—气压缸　5—沥青量斗　6—沥青罐　7—锥形阀　8—喷射泵　9—喷射管　10—喷嘴

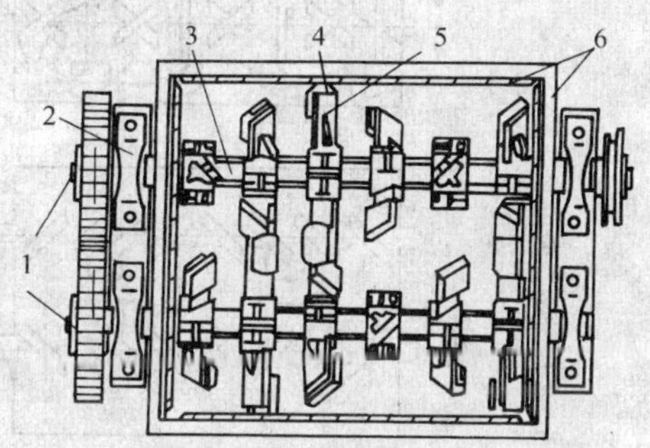

图 6—26　搅拌器结构

1—同步齿轮　2—轴承　3—搅拌轴　4—搅拌桨叶　5—搅拌臂　6—衬板

现在常用的卧式双轴叶桨搅拌器分为连续作用式和间歇作用式两种，如图 6—27 所示。

连续作用式搅拌器（见图 6—27a）的壳体较长，骨料从壳体一端的上方加料口注入，而从另一端的下方卸料口卸出。搅拌的持续时间可以通过改变对搅拌器的供料速度和骨料在壳体内的移动速度来调整。

在间歇作用式搅拌器中（见图 6—27b），为了使每份配料搅拌均匀，根据桨叶在搅拌臂上安装形式的不同，骨料在搅拌器中有两种运动形式：逆流式和顺流式（见图6—28）。

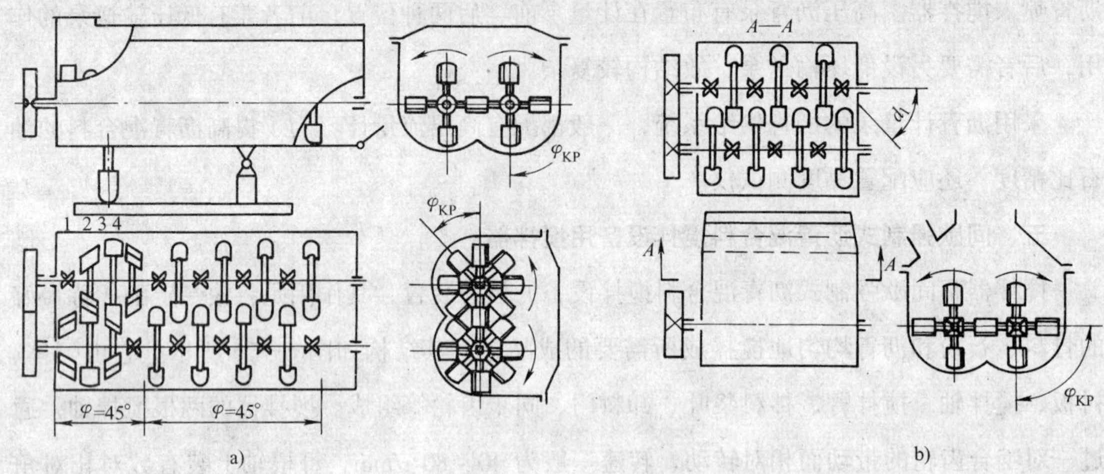

图6—27　搅拌器类型

a）连续作用式　b）间歇作用式

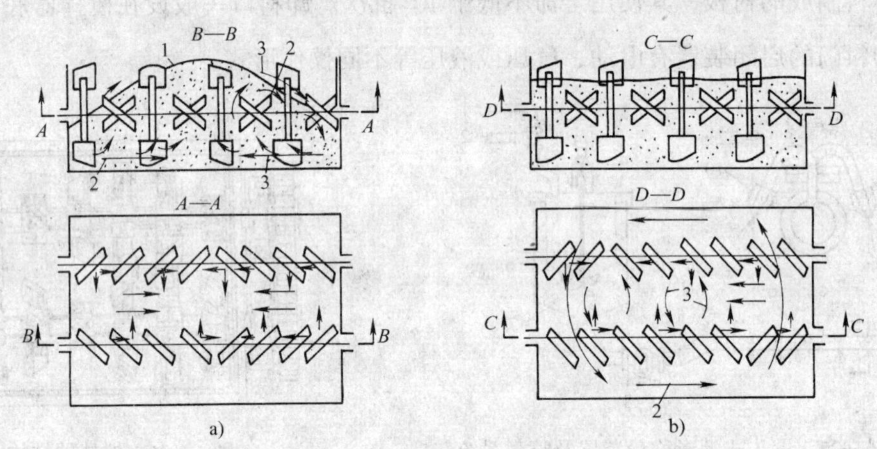

图6—28　沥青混合料在搅拌器中的运动形式

a）逆流式　b）顺流式

1—沥青混合料表面　2—大循环圈　3—小循环圈

逆流式沥青混合料的运动情况是：桨叶回转运动时沥青混合料自搅拌器的两端向中央移动，并向上拱起成锥体状的料堆，然后又自锥顶向两边作扇形展开反流。此后进行下一循环的运动，如此反复，直至搅拌均匀为止。沥青混合料的这种逆流运动形式，使位于搅拌轴中部的桨叶常处于没顶的沥青混合料中，几乎全部作业时间内都处于满载状态，而靠近端壁的桨叶则受载很小。对于箱壳形状系数（箱壳的长度比）$k \geqslant 1.4$ 的搅拌器，桨叶受力不均匀情况更为严重，磨损也很不均匀。

顺流式沥青混合料的运动情况是：一根轴上的桨叶将沥青混合料自搅拌器的一端移向另一端，在那里则由一、两对反向安装的桨叶将沥青混合料作反向推移，并移向另一根轴；同理，第二根轴上的桨叶使沥青混合料反向移动，至另一端时推向第一根轴。这样就使沥青混合料形成一个封闭式循环运动线路，即图6—28b的下图所示的大循环圈2。与此同时，在搅拌器中部两轴上相邻的桨叶同时驱使沥青混合料沿不同的方向移动，形成一个小循环圈3，促使沥青混合料快速搅拌。

顺流式搅拌沥青混合料时桨叶受力及磨损较均匀，但两根轴的轴承要承受较大的轴向力。

间歇作用式搅拌器卸料口的闸门有3种型式：可抽动的闸板式、可转动的扇形门式和活瓣式。其中活瓣式又分抓斗式和开闭片瓣式。

1. 闸板式闸门（见图6—29a）

闸板式闸门实际上是箱壳底的一部分，它有支架和支撑滚轮。滚轮可在支架上来回滚动，从而使闸门启闭。其启闭由电力—机械操纵或气压操纵。该闸门的优点是：外廓高度较低，结构简单，闸门运动部分与壳底之间的密封好。缺点是：搅拌器内有沥青混合料时闸门开启力较大，启闭时间较长；卸料口面积小，闸板要抽出相当于箱壳长度1/3～1/2时卸料才便捷。

2. 扇形门式闸门（见图6—29b）

扇形门式闸门是安装在悬挂支架上的两扇门，依靠气压缸绕自身的纵轴转动而启闭。其优点是：闸门开启容易、迅速。缺点是：扇形门与箱壳底之间的密封性较差，细小的沥青混合料会撒落出来；卸料口面积较小；外廓高度较大。

3. 活瓣式闸门

（1）抓斗式闸门（见图6—29c）

抓斗式闸门是由两扇悬挂的铰链板、轴、支架和联动拉杆等组成。铰链板靠一只气压缸执行启闭，使两扇铰链板同时翻转。其优点是：闸门开启容易、迅速，闸门面积较大，卸料快。缺点是：由于铰链板的面积大，受力也大，会引起轴、支架和拉杆等变形；闸门开启状态时的外廓尺寸大。

（2）片瓣式闸门（见图6—29d）

片瓣式闸门由两片能独立操作的活瓣铰接地悬挂在同一根轴上，由两个气压缸分别控制其同步启闭。其优点是：闸门密封性好，不会撒落细料；闸门开启容易、迅速。缺点是：卸料口面积较小，打开闸门时沥青混合料会向旁边散落。

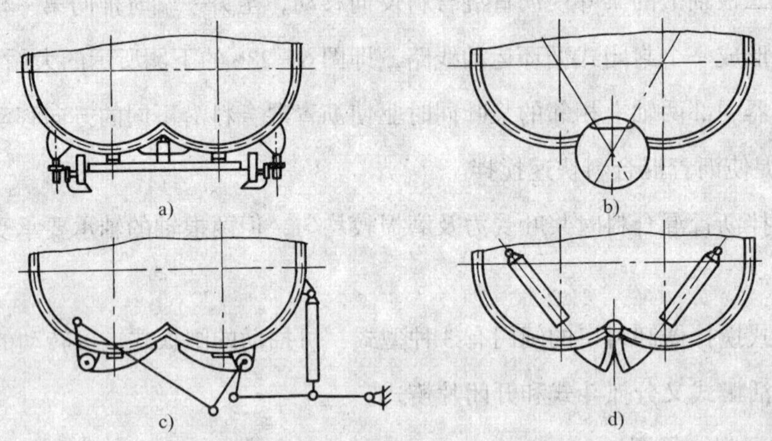

图 6—29 搅拌器卸料口闸门

a）闸板式 b）扇形门式 c）抓斗式 d）片瓣式

六、成品料输送装置及储仓

沥青混合料成品料输送装置及储仓如图 6—30 所示。

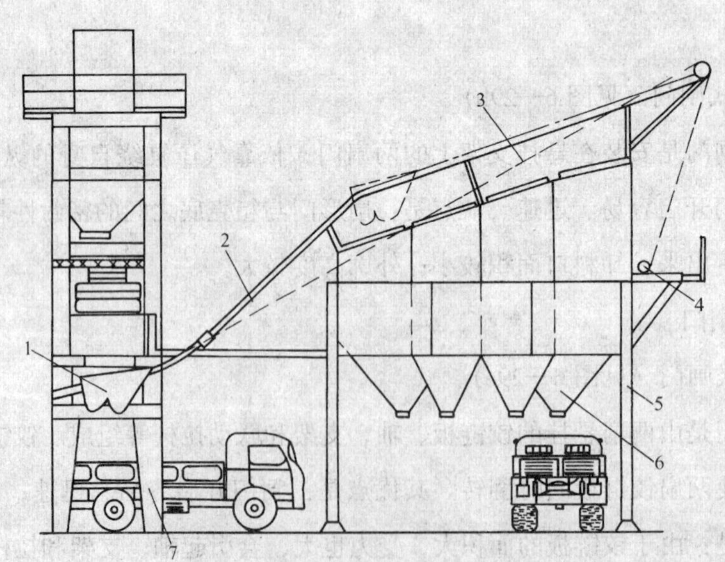

图 6—30 沥青混合料成品料输送装置及储仓

1—运料小车 2—轨道 3—钢索 4—驱动机构 5—支架 6—成品料储仓 7—拌和楼

1. 成品料输送装置

间歇强制式沥青混合料搅拌设备的成品料输送装置包括运料小车、轨道、滑轮、钢索、滚轮、减速器、电动机、行程开关、制动器等。搅拌器将搅拌好的沥青混合料倾卸在箕形运料小车内，电动机经减速器、滚筒、钢索、滑轮等使运料车的斗门开启或让运料小车向前倾翻，将成品料卸入成品料储仓内。卸料结束后驱动电动机反转，运料小车靠自重滑落，回到搅拌器卸料闸门的下方。

2. 成品料储仓

沥青混合料成品料储仓主要用来调节沥青混合料搅拌设备的生产与运输车辆的运输之间的不协调，以提高沥青混合料搅拌设备的生产率，满足使用批次生产率小的沥青混合料搅拌设备的用户的需要，减少频繁开机及停机。对于连续滚筒式沥青混合料搅拌设备，由于成品料卸料口的高度低，必须通过储仓来解决成品料的装车问题。在有较好的保温与防氧化措施等条件下，大型的成品料储仓也可用于沥青混合料成品料较长时间（可达半个月）的储备。

沥青混合料成品料储仓大多为1～4个并列支撑在支架上的竖立筒仓，其下部为锥形，以利于卸料。对于储存期小于24 h的储仓，一般只在仓体的外侧敷设玻璃纤维或石棉的保温层。沥青混合料的成品料储存期较长时除了设保温层外，还应采用导热油加热，并向筒仓内输入惰性气体，以防止沥青氧化变质。

储仓的卸料口安装有类似搅拌器用的闸门，并多采用气压操纵。此外，还应设有电加热器，以利于卸料。

为防止沥青混合料成品料进入储仓时产生离析现象，在仓顶设有带闸门的接料斗，待积累一定数量的成品料后再一起卸入仓内；或在储仓内设一圆锥台。

七、除尘装置

沥青混合料搅拌设备在生产过程中，烘干、筛分、热骨料输送、称量及拌和等工序都有大量的粉尘排出，除尘装置的作用就是将粉尘尽可能地收集起来，以减少其对周围环境的污染。

现在使用的沥青混合料搅拌设备，均设有一级或二级除尘器。一般小型沥青混合料搅拌设备只配置一级除尘器，大型沥青混合料搅拌设备为达到国家环境保护法的要求，多采用二级除尘器。一级除尘器一般采用重力式除尘器或离心式除尘器，二级除尘器则常采用湿式除尘器或袋式除尘器。湿式除尘器除尘后排尘量可小于400 mg/m^3，袋式除尘器除尘后排尘量可小于 20 mg/m³。

1. 离心式（旋风式）除尘器

离心式除尘器如图 6—31 所示，主要由除尘筒 2、集尘斗 4、抽风机 9、电动机 10、烟囱 7 及支架 3 等组成。装在支架上的 4 个除尘筒的下部成锥形并伸入集尘斗内。每个除尘筒的上部插入一根通风管 1，而 4 根通风管又接入一集风管 5 内。集风管 5 通过通风接管 6、出风接管 8 和抽风机 9 与烟囱连接。

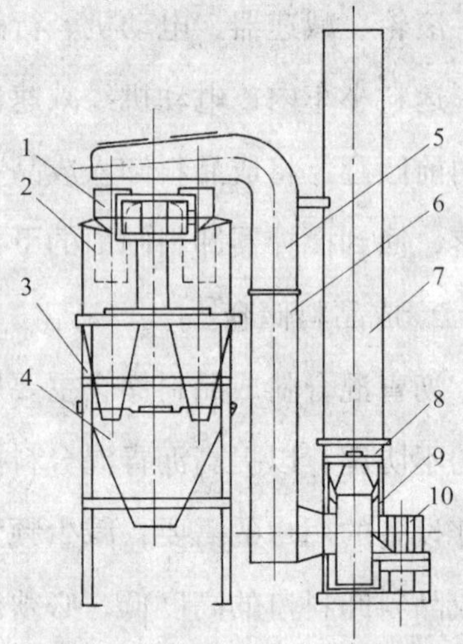

图 6—31　离心式除尘器

1—通风管　2—除尘筒　3—支架　4—集尘斗　5—集风管　6—通风接管　7—烟囱　8—出风接管　9—抽风机　10—电动机

离心式除尘器工作原理如图 6—32 所示。由干燥滚筒 2 出来的带有粉尘的废气从进气口进入除尘筒内。由于除尘筒内插有由抽风机 8 抽吸的通风管 3，使进入除尘筒内的废气螺旋式下行，然后再转从抽风管 7 出去。带粉尘的废气在除尘筒内旋转时，其中粗粒粉尘在离心力作用下撞击在筒壁上，继而落在集尘斗内，最后沉落在地面上。除去粗粒粉尘后的废气由抽风机 8 输送到烟囱并排入大气中。

离心式除尘器工作时经常处于负压状态，所以各接缝处必须保持密封，否则空气进入会影响除尘效果，特别是集尘斗的出口处更应特别注意。如果在正常工作中进入占抽风量 3%的空气，除尘效率就会降低一半。如果进入 8%的空气，除尘器的功能几乎全部丧失。此外，集尘斗内的粉尘积满后要及时清除，否则不但粉尘会大量排到大气中污染环境，而且还会堵塞管道和加快抽风机的磨损。

离心式除尘器的结构简单，体积小，除尘效率一般可达到 80%～90%，但经过它除尘后的废气中仍有较多的细微粉尘。为了进一步清除剩余的细微粉尘，必须在离心式除尘器后面再加装除尘效果更好的除尘器，如湿式除尘器、袋式除尘器、电除尘器等。

2. 湿式除尘器

湿式除尘器有喷淋式和文丘里式等型式，喷淋式除尘器的除尘效果低于文丘里式除尘器。目前沥青混合料搅拌设备多采用文丘里式除尘器，它可捕集粒径 0.5 μm 以上的粉尘，除尘效率可达 95%以上。

文丘里式除尘器（见图6—33）主要由文丘里洗涤器1、除雾（气液分离）器2、沉淀池3及加压水泵6等组成。它利用惯性碰撞，即含尘烟气进入收缩管后气流速度加快，并冲击着从喷水装置喷出的液体，使之泡沫化，然后气、液、固多相流进入喉管，流速达到最大值。当进入扩散管后，流速逐渐降低，静压逐渐恢复，蒸汽以烟尘微粒为核心开始逐渐凝聚。同时由于截面积的变化，引起气流速度的重新分布。气、液、固三相由于惯性力的不同，存在着相对运动，产生固体粉尘大小颗粒间、液体和固体间、液体不同直径水珠间的相互碰撞，出现大颗粒粉尘吸附小颗粒粉尘、小颗粒粉尘黏附在大颗粒粉尘上的凝聚现象。烟气进入分离器后由于剧烈的旋转运动，在离心力的作用下将粉尘和水滴抛向分离器的内壁，并被内壁上的水膜黏附，随之流到沉淀池3中，净化后的烟气从烟囱排出。

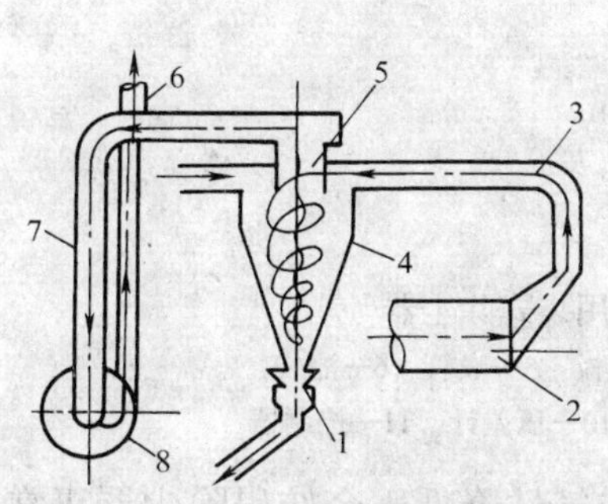

图6—32　离心式除尘器工作原理

1—卸尘闸门　2—干燥滚筒　3—通风管　4—旋风集尘筒　5—吸风筒　6—烟囱　7—抽风管　8—抽风机

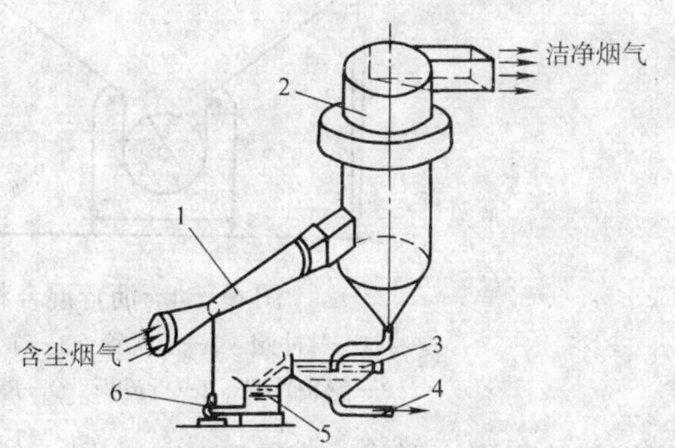

图6—33　文丘里式除尘器

1—文丘里洗涤器　2—除雾（气液分离）器　3—沉淀池　4—接浆口　5—补给水　6—加压水泵

湿式除尘器的主要问题是，含尘废水容易引起污染转移，而且水在使用过程中会酸化，对黑色金属有腐蚀作用，因此，水中须添加中和剂并定期更换。

3. 袋式除尘器

袋式除尘器是一种高效除尘装置，是利用耐高温、耐腐蚀的有机纤维或无机纤维织物做成过滤袋，将烟气中的粉尘滤出，可捕集粒径0.3 μm以上的灰尘，除尘效率可达95%～99%。图6—34所示为沥青混合料搅拌设备用袋式除尘器，它由折流板8、滤袋6、喉管5、喷吹管2、脉冲阀1、压差计10及控制器11等组成。

袋式除尘器工作原理是，在抽风机的抽吸作用下将含尘烟气吸入箱体，在折流板8的截挡下烟气分散流动，并从每个滤袋外侧进入其内部。在滤袋的筛分、格栅、冲击、拦截、扩散和静电吸引等作用下，粉尘贴附在滤布缝隙中，烟气继续向前流动。随着粉尘在

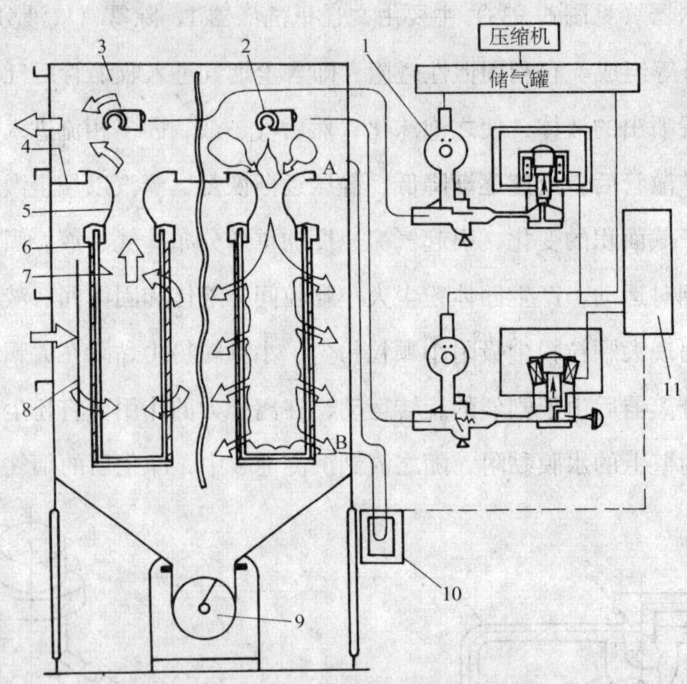

图 6—34　沥青混合料搅拌设备用袋式除尘器

1—脉冲阀　2—喷吹管　3—净气　4—管座板　5—喉管　6—滤袋

7—滤袋骨架　8—折流板　9—螺旋输送器　10—压差计　11—控制器

滤袋上的积聚，形成一定厚度的粉尘层，使滤布的透气性降低，会妨碍除尘器正常工作。因此，袋式除尘器在工作过程中必须经常、及时地清除滤袋上的积尘。其方法有机械振打和喷吹等方式，其中喷吹方式又有脉冲高压喷吹和大气反吹等不同方式。图 6—34 所示为脉冲高压喷吹方式，控制器 11 控制脉冲阀定时、间歇地在滤袋 6 上方与烟气反向处喷入少量压缩空气，使滤袋 6 产生抖动或振动，滤袋上的积尘便落到箱底，再经螺旋输送器 9 送出箱外。为保证滤袋 6 的正常过滤作用，含尘烟气和过滤后的烟气之间必须保持一定的压差。袋式除尘器上装有压差计 10，若压差过大，表明滤袋积尘过多，过滤阻力太大；反之，则说明滤袋已损坏。

抽吸式风机布置在烟囱口处，以避免粉尘加速其磨损。

习 题

1. 叙述冷骨料给料器的结构型式。

2. 叙述干燥筒内腔的结构型式。

3. 叙述燃烧器的种类。

4. 叙述冷骨料筛分装置的结构。

5. 叙述热骨料提升装置的结构。

6. 叙述热骨料筛分装置的结构。

7. 叙述沥青混合料的配料方式。

8. 叙述搅拌器类型。

9. 叙述除尘器的类型。

10. 叙述袋式除尘器的结构和工作原理。

第七单元

沥青混合料搅拌设备电控系统

沥青混合料搅拌设备电控系统是用来控制沥青混合料搅拌设备的生产过程，以保证所生产的沥青混合料的质量符合规范要求。沥青混合料搅拌设备电控系统主要包括：冷骨料配给装置电控系统、干燥滚筒加热装置电控系统、称量装置电控系统等。

第一节　冷骨料配给装置电控系统

沥青混合料搅拌设备广泛采用带式冷骨料配给装置，通过改变输送带的速度达到控制（调整）某种骨料的供给量。驱动输送带的电动机目前常用的有笼型三相异步电动机、电磁调速异步电动机和直流电动机 3 种。

一、笼型三相异步电动机的变频调速

笼型三相异步电动机的转速 n（r/min）为：

$$n = (1-s)\ n_0 = (1-s)\ \frac{60f}{p}$$

式中　s——转差率，$s = (n_0 - n)/n_0$；

n_0——旋转磁场的转速，r/min；

f——电源的频率，Hz；

p——电动机的磁极对数。

由上式得知，笼型三相异步电动机的转速与电源的频率成正比，在其他条件不变的情况下，改变电源的频率即可改变电动机的转速。

近年来，变频调速技术发展得很快，目前主要采用如图 7—1 所示的变频调速装置，它由晶闸管整流器和晶闸管逆变器等组成。整流器先将 50 Hz 的交流电转换为直流电，再由逆变器转换为频率、电压有效值可调的三相交流电，然后供给笼型异步电动机，从而可使电动机进行无级调速，并使电动机具有硬的机械特性。

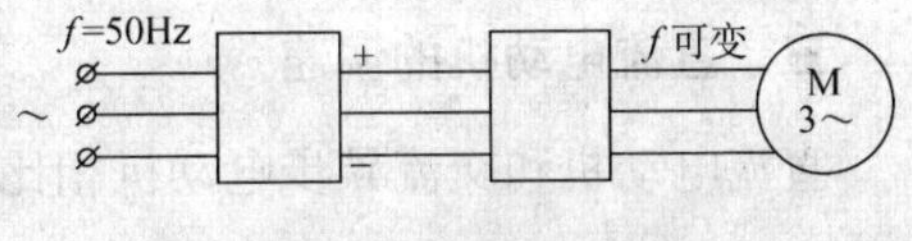

图 7—1　变频调速装置

在整个调速范围内电动机的转矩应保持不变。转矩与磁通 Φ 成正比，而磁通 Φ 近似正比于电源电压 U 和频率 f 的比值（即 $\Phi \propto U/f$）。所以在改变频率 f 进行调整时，必须同时相应地调节电源电压 U，以保持电源电压 U 与频率 f 的比值不变，使电动机的转矩

恒定。

变频调整的范围较大，且调整的相对稳定性与平滑性较好，转矩也可保持恒定，是一种性能良好的调整方法。

二、电磁调速异步电动机

电磁调速异步电动机又称电磁滑（转）差调速电动机，是一种恒转矩交流无级变速电动机。它主要由笼型三相异步电动机、电磁滑差离合器、调速发动机和控制装置等组成，其结构如图 7—2 所示。

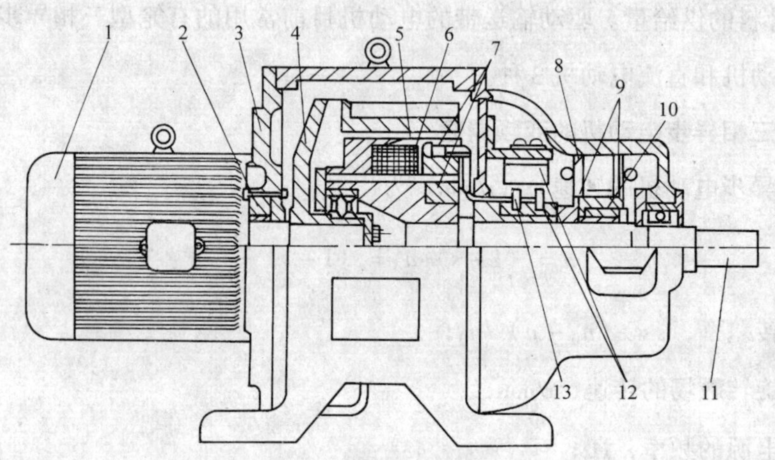

图 7—2　电磁调整异步电动机

1—电动机　2—主动轴　3—法兰端面　4—电枢　5—工作气隙
6—励磁线圈　7—磁极　8—测速电动机定子　9—测速电动机磁极
10—永磁铁　11—输出轴　12—滑环刷架　13—电刷

三、直流电动机的调速

直流电动机和交流异步电动机相比，虽然结构复杂、价格高，维护也不太方便，但是在调速性能方面有其独特的优点，因此，在沥青混合料搅拌设备的冷骨料供给系统中应用较多。

沥青混合料搅拌设备冷骨料配给系统一般采用并励（他励）直流电动机，因为这种电动机不仅可以无级调速，而且具有硬的机械特性，负载发生变化时电动机的转速基本上保持恒定，从而可提高冷骨料初级配的精度。

沥青混合料搅拌设备冷骨料配给装置采用直流调速电动机调速供料，是通过调节速度给定电位器改变电枢电压来改变电动机的转速，从而达到控制给料量大小的目的。其控制线路安装在控制室内，由主回路与控制回路组成。主回路采用晶闸管单相半波桥式整流电路，通过改变晶闸管导通角的位置来改变电枢电区（范围为 0 ~ 220 V）。直流电动机中的测速发电机给控制回路输入速度反馈信号，它与速度给定信号在控制回路的减法器中进行相减，得到一个差值信号。该差值信号经放大并通过脉冲变压器给一个控制电动机转速的单相半波晶闸整流电路发出触发信号。差值信号越大，触发信号的控制角越小，晶闸管整流电路的输出电压就越大，直流电动机的转速就越快；反之，直流电动机转速越慢。差值信号为负时，说明电动机因某些因素干扰或调速过快而超过了速度给定信号，直流电动机应减速直至与速度给定信号等量为止。若差值信号为零，晶闸管整流电路的输出电压便稳定在该值上，使电动机恒速运转。

第二节　干燥滚筒加热装置电控系统

干燥滚筒采用的燃烧器具有以下功能：自动调节燃料与空气的比率；使燃烧的火焰可调、稳定；电点火可在控制室内进行遥控点火；具有火焰监测系统和鼓风监测系统，能随时了解燃烧器的燃烧情况。

燃烧器温度控制系统如图 7—3 所示，它由温度和状态检测装置、控制器和燃料空气比率控制装置等部分组成。控制器根据检测信号驱动步进电动机，燃料空气比率控制装置由步进电动机带动四连杆机构，使燃料和空气按固定比例增减，从而调节了出料温度。

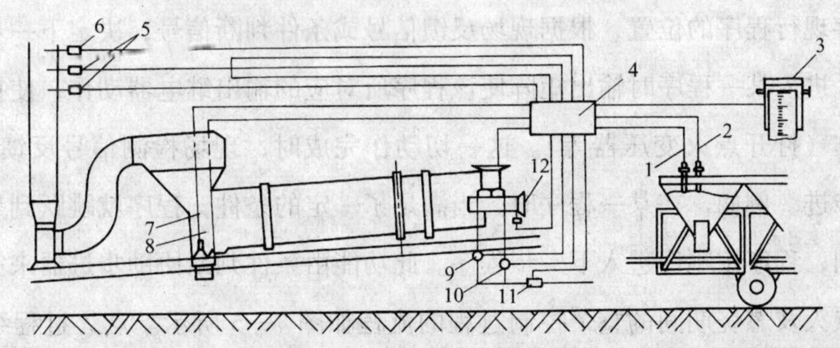

图 7—3　燃烧器温度控制系统

1—骨料含水量探测头　2—冷骨料测温计　3—记录显示器　4—控制器或微机
5—烟气分析仪　6—烟气测温器　7—出料含水量探测头　8—出料温度计　9—燃油压力计
10—燃油泵　11—空气流量计　12—燃烧器

一、燃烧器点火程序控制

燃烧器点火程序控制是由步进式程序控制器完成的，步进式程序控制器由输入继电器、输出继电器、输入矩阵、输出矩阵、联锁矩阵及步进器等组成，如图 7—4 所示。

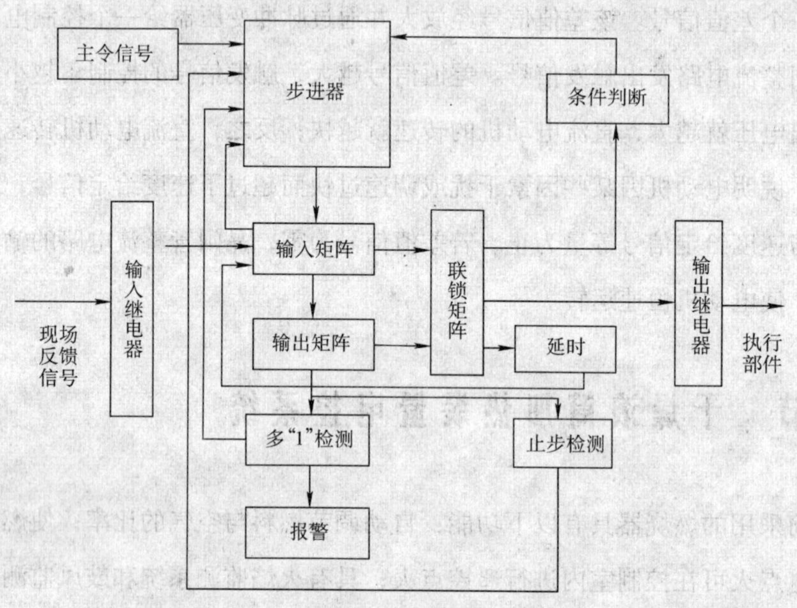

图 7—4　步进式程序控制器

其工作过程按照预先设定的动作顺序进行，每一程序动作完成后就将现场检测信号反馈加速，使燃烧器进入下一程序的动作。某程序出现错误时，程序控制器显示出错所在的位置并发出报警信号，使程序自动返回“待命”的初始状态。步进器是一个程序计数器，它记录、保存现行程序的位置，根据现场反馈信号或条件判断信号，决定下一步应该进入哪一个程序。进入某一程序时输出矩阵使该程序所对应的输出继电器动作，使执行元件执行设定的操作（打开点火变压器等）。这一切动作完成时，现场检测信号反馈输入矩阵，使程序自动步进。例如，在某一程序时，当满足了一定的条件，程序就跳跃到另外任何一个程序；否则，程序按顺序进入下一步程序。此功能由条件判断协助步进器来完成。

燃烧器点火及燃烧期间的整个控制过程的流程如图 7—5 所示。点火过程结束时燃烧器处于燃烧状态，系统进入骨料烘干温度自动控制状态。若有关机信号输入，系统自动进入关闭点火系统状态。当点火不成功时，通过火焰检测器的无火信号，系统将自动再点火。若 3 次点火均不成功，系统直接显示点火失败，并关闭点火系统。

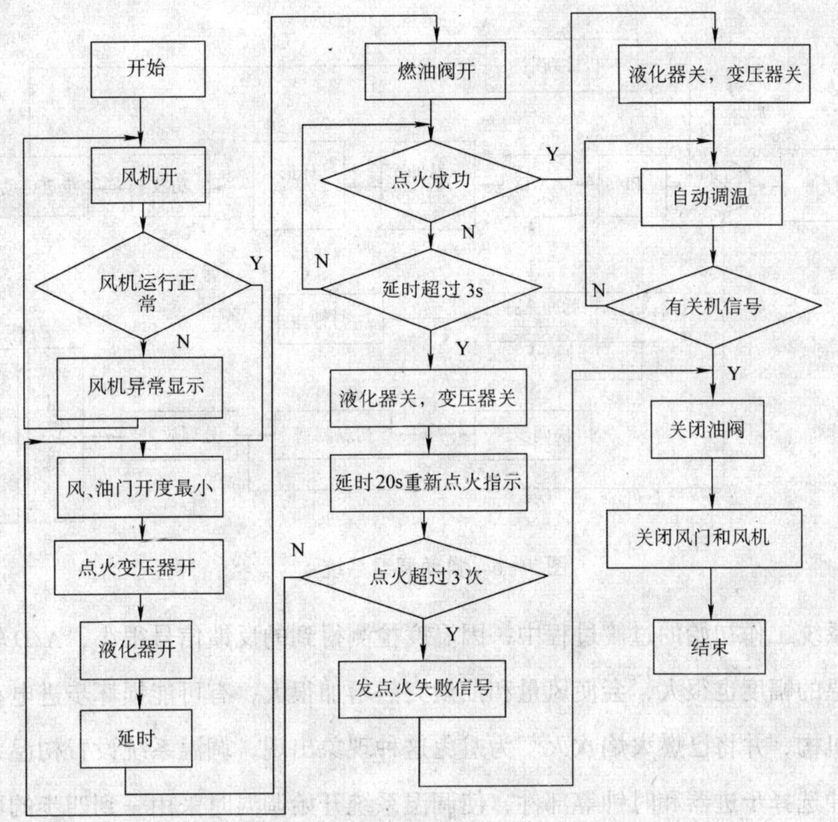

图 7—5　燃烧器点火及燃烧期间控制过程的流程

二、骨料烘干温度电控系统

根据沥青混合料的拌制要求，间歇强制式沥青混合料搅拌设备的干燥滚筒出料温度为160～180℃。为此，沥青混合料搅拌设备多采用自动调温系统，并选用热电耦或红外测温仪作为温度检测装置。该系统的组成、原理如图 7—6 所示。

标准电压源作为温度目标值电压，它可以在较小的范围内连续调节。通过温度检测装置所测得的信号，反馈到输入端并与温度目标值电压进行比较，所得的差值电压经过比例积分调节器（PI）进入 A/D 转换器转变为数字量，再经脉冲插补器得到一串数目与 A/D 转换器输出数码相等的脉冲信号去驱动步进电动机的绕组，使其步进旋转。当干燥滚筒的出料温度低于目标值时，差值信号大于零，极性判别使步进电动机正向旋转，推动风门和油门（开度增大），使燃烧火焰增强、出料温度升高；反之，步进电动机反向旋转，风门和油门开度减小、火焰减弱、出料温度降低。这样多次反复，直至出料温度等于温度目标值时，差值信号为零，出料温度得以稳定。

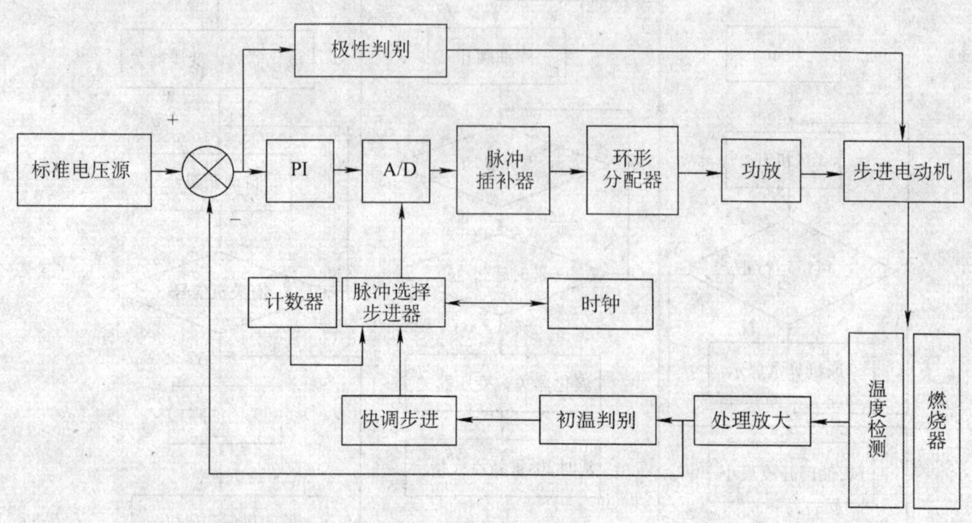

图 7—6　自动调温系统

在调温系统工作初始的过渡过程中，因温度检测得到的反馈信号很小，A/D 转换的输出很大，调温的幅度也很大，会使风量和油量突然增加很大，有可能损坏步进电动机所驱动的四连杆机构，并将已燃火焰吹灭。为避免这种现象出现，调温系统设置初温判断、快调步进、脉冲选择步进器和时钟等部件，使调温系统开始调温时采用一到四步的可变步数（步数根据初温决定）的快速调温方式，并使每步快速调温限制为 30℃。快速调温完成后，出料温度可达 155 ~ 185℃。此时由于温度检测装置的响应时间较长，它还没有响应出料温度的变化，使反馈信号仍然很小，差值信号就很大了。如果继续采用快速调温，则出料温度会升得很高，这样会延长调温过渡过程的时间并浪费燃料。所以，调温系统在快速调温使出料温度达到 155 ~ 185℃时采用了长时间脉冲信号驱动的慢调方法，以等待检测系统的响应。调温系统在完成过渡过程后便进入微量调温的动平衡状态，即调温系统的正常工作状态。

三、单片机温度电控系统

由于冷骨料大多存放于露天料场，其含水量变化大，而对沥青混合料的成品料温度要求严格，所以对沥青混合料搅拌设备的温度自动控制系统有很高的要求，如快速的响应特性、出料温度达到设定值并稳定等。目前技术性能高的沥青混合料搅拌设备都采用了单片机或微机温度自动控制系统，如图 7—7 所示。

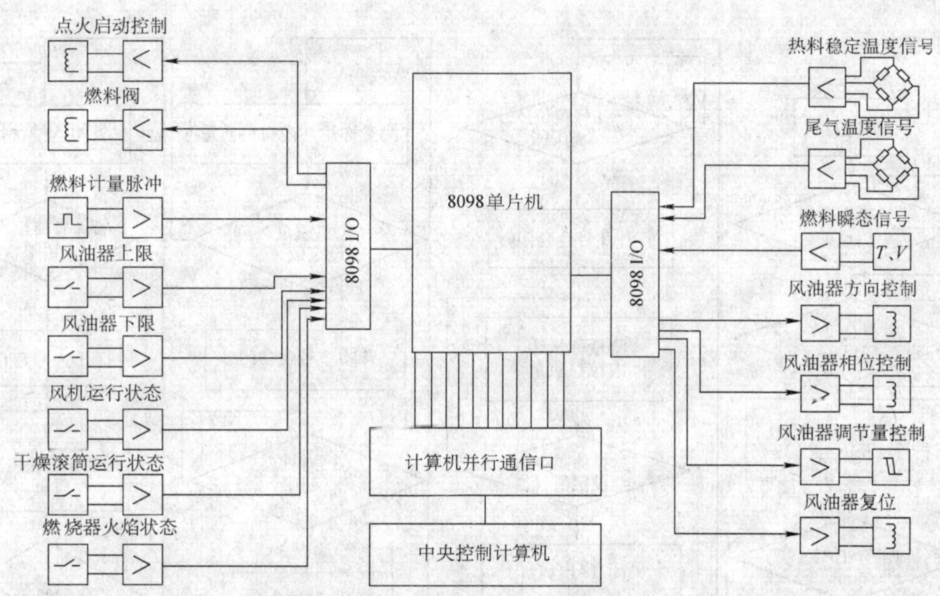

图 7—7　单片机温度自动控制系统

该系统由红外温度测量单元、热电阻温度计、燃油流量计、风门及油门控制器、火焰探测器和 8098 单片机等组成。热电阻温度计和红外温度计测量出干燥滚筒出料口的出料温度，排烟温度测量计测出排烟温度，这些温度信号经过一定的运算处理，得到温度调节信号，根据温度目标设定值信号与温度调节信号之间的差异，决定风门及油门开度的变化，从而及时改变出料口的出料温度并使之稳定。

第三节　称量装置电控系统

一、热骨料称量电控系统

热骨料称量斗通常采用 4 个 10 kN 的拉力传感器，并通过 U 形螺栓悬挂在机架上。拉力传感器并联使用，其灵敏度为 3 mV/V，激励电源为 DC10 ~ 12 V。骨料秤可将 4 种热骨料依次称量、累加计量，即第一次称量的读数为第一种热骨料的重量；第二次称量的读数为第一、二种热骨料的合计重量，依此类推。热骨料称量电控系统的流程如图 7—8 所示。

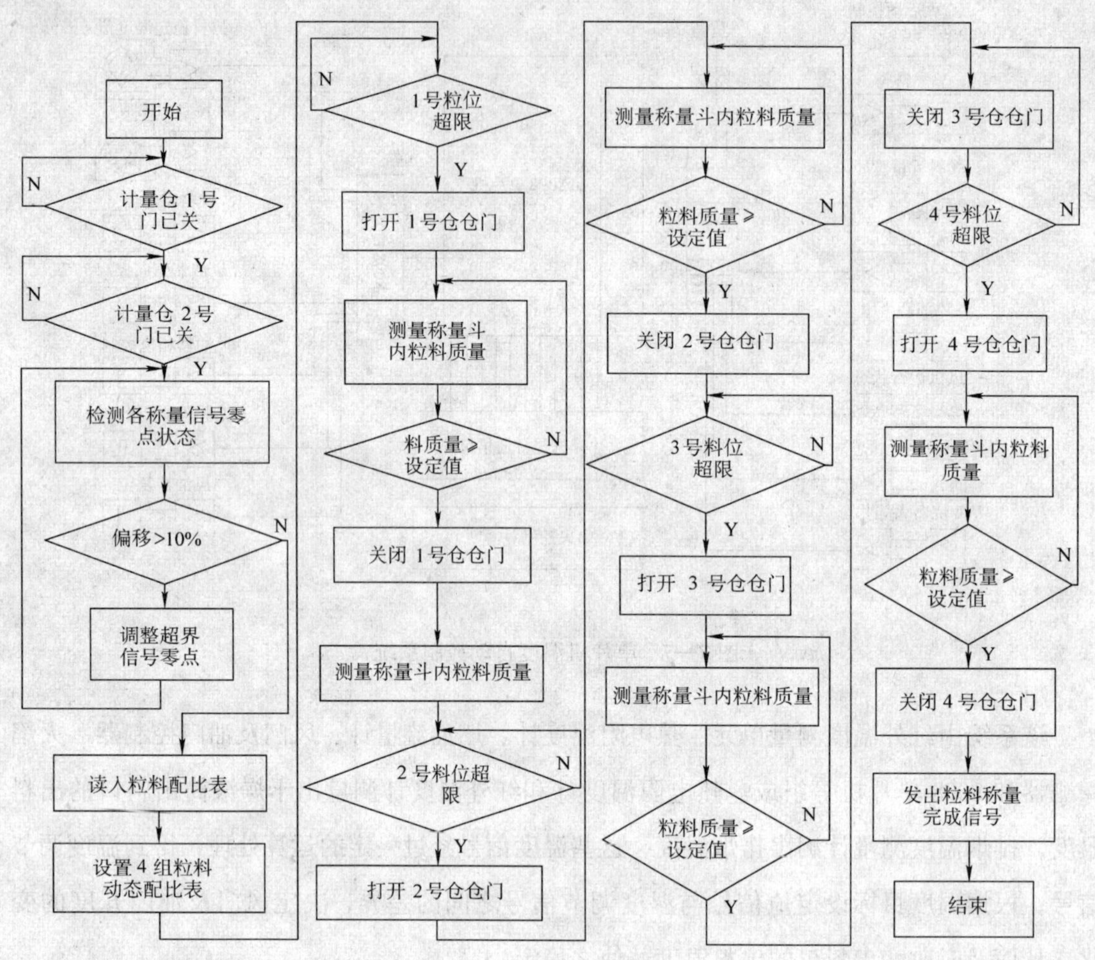

图 7—8　热骨料称量电控系统流程

二、热沥青称量电控系统

沥青称量桶由 3 个 2 kN 的拉力传感器并联使用。同样，拉力传感器的灵敏度为 3 mV/V，激励电压为 DC10 ~ 12 V。热沥青通过气控三通阀后注入沥青称量桶，当沥青的重量达到设定值时，三通阀关闭，即完成一次沥青称量。在热骨料称量斗和料闸门第二个放料动作开始的同时，称量桶内称量好的热沥青通过排放阀流入搅拌器内。热沥青称量电控系统的流程如图 7—9 所示。

三、粉料称量电控系统

粉料称量斗是采用 3 个 2 kN 的拉力传感器并联使用，拉力传感器灵敏度为 3 mV/V，激励电源为 DC10 ~ 12 V。粉料称量时电动机启动，粉料螺旋输送机工作。当粉料重量达到

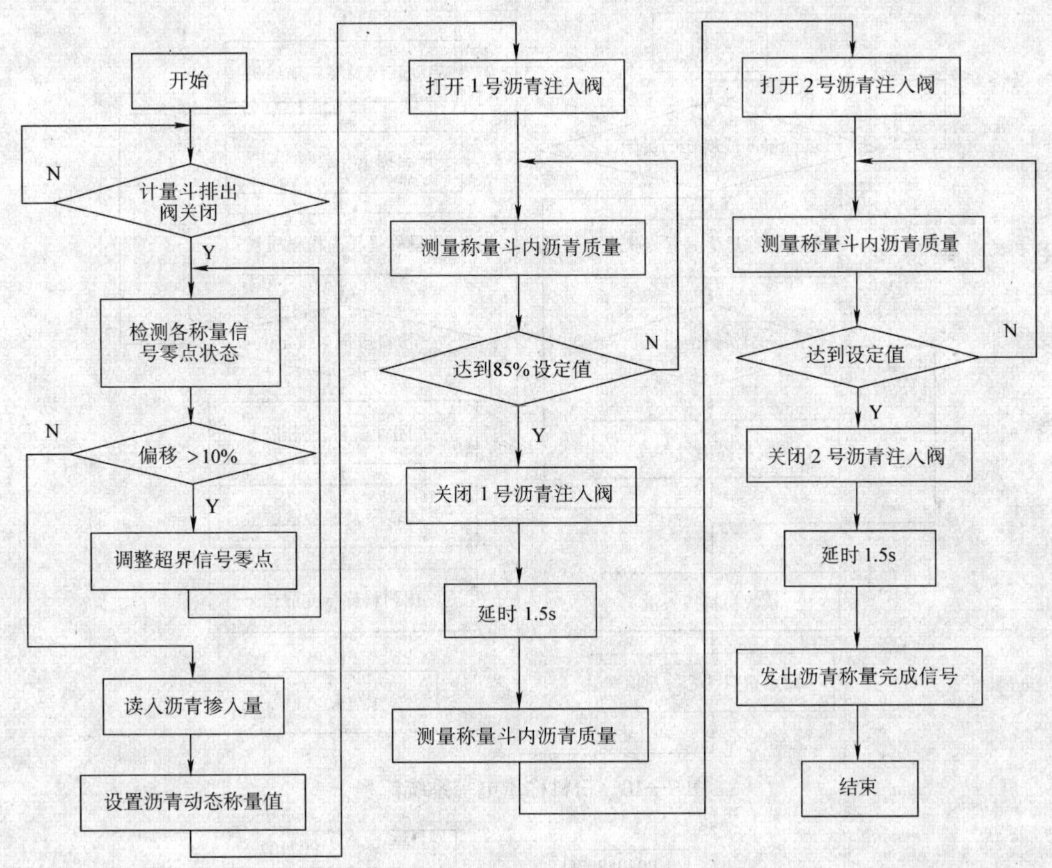

图 7—9 热沥青称量电控系统流程

设定值时，螺旋输送机停止转动，且粉料注入仓门关闭，等待卸料。当程控器发出信号使粉料称量斗门控制电磁阀动作时，粉料称量斗门控制气缸工作，放料斗门开启，粉料进入搅拌器内。

粉料称量电控系统的流程及电气原理分别如图 7—10、图 7—11 所示。

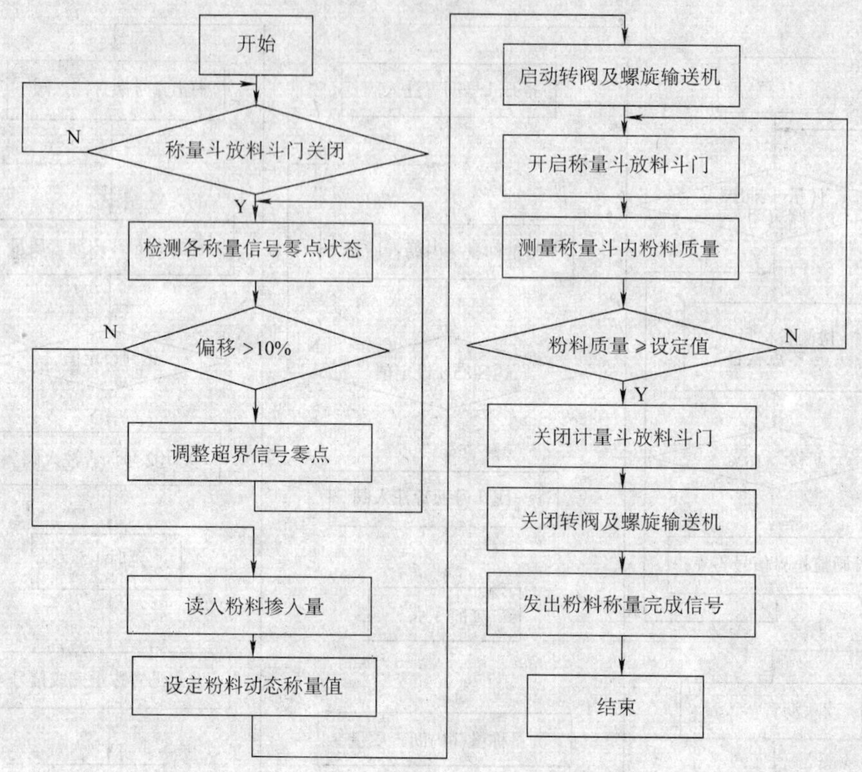

图 7—10　粉料称量电控系统流程

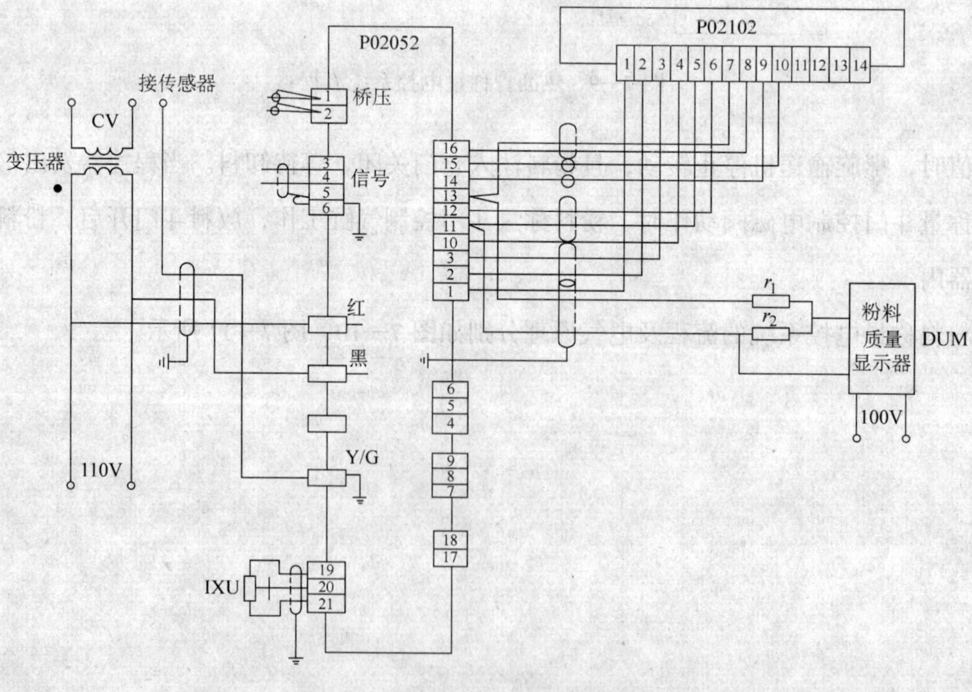

图 7—11　粉料称量电控系统电气原理

习　题

1. 叙述冷骨料输送带电动机的种类。

2. 叙述燃烧器的点火程序。

3. 叙述红外测温调温自控系统的组成。

4. 叙述称量装置电控系统的组成。

第八单元

双滚筒沥青混合料搅拌设备

第一节 概 述

一、工艺流程

双滚筒沥青混合料搅拌设备工艺流程如图 8—1 所示。

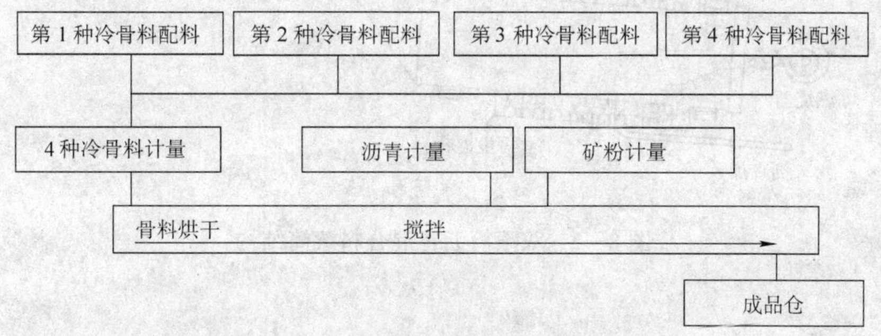

图 8—1 双滚筒沥青混合料搅拌设备工艺流程

双滚筒沥青混合料搅拌设备与连续单滚筒式沥青混合料搅拌设备相比，具有以下优点：

（1）由于将搅拌区置于内滚筒外，所以整个内滚筒成为全长的烘干区，再加上采用了火焰与骨料流动全逆向，生产率提高了 9%，燃油消耗降低了 3%。

（2）沥青混合料搅拌时，内滚筒实际上变为一个大的搅拌轴，从而达到了间歇式强制搅拌的效果。

（3）搅拌区内沥青混合料可以利用内滚筒的辐射热量继续加热，因而热效率高。

二、总体结构

双滚筒沥青混合料搅拌设备的总体结构与连续单滚筒沥青混合料搅拌设备相比，主要结构差异是干燥滚筒采用了双层结构，如图 8—2 所示。

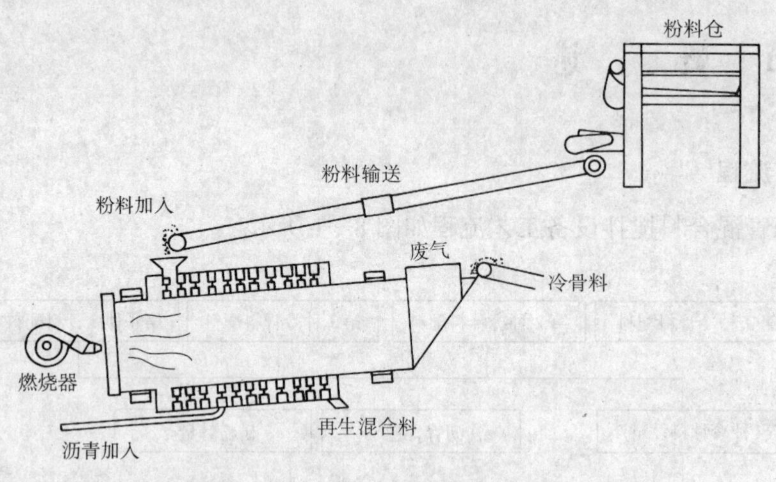

图 8—2　双滚筒沥青混合料滚筒结构

第二节　内　滚　筒

内滚筒如图 8—3 所示，内壁是一个单一烘干作用的干燥滚筒，其设置了 3 种拨料板，分别具有 3 种功能，如图 8—4 所示。

图 8—3　内滚筒

1. 调料板

调料板将进入内滚筒的骨料拨离开，防止骨料结块。

2. 喷淋拨料板

喷淋拨料板确保骨料在通过热气流时形成均匀的料帘。

3. 燃烧区拨料板

燃烧区拨料板在保证最佳辐射热传导的同时，防止骨料与火焰直接接触。

内滚筒的外壁是一个特大搅拌器的搅拌轴，干燥后的热骨料由出料口离开内壁，进入内滚筒外壁，如图 8—5 所示。

冷骨料经输料带进入内滚筒，如图 8—6 所示。为防止冷骨料进入内滚筒时带入空气，专门设置摆动式重力密封门。进料槽是振动的，以防止冷骨料粘连。

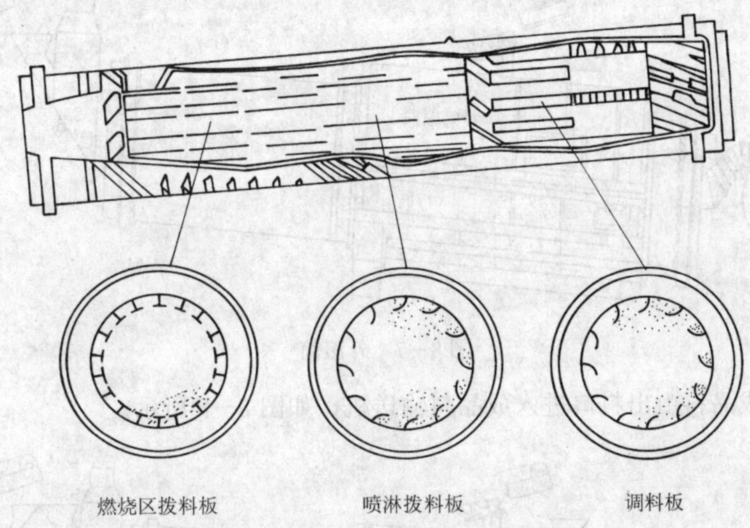

图 8—4　3 种拨料板

图 8—5　热骨料出料口

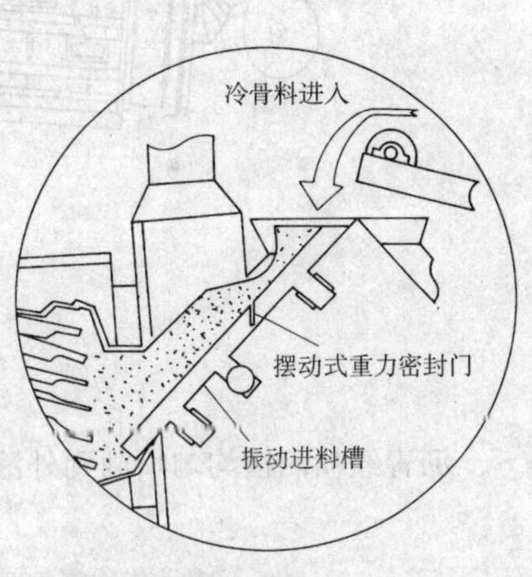

图 8—6　冷骨料进入内滚筒

第三节　外　滚　筒

外滚筒如图 8—7 所示。外滚筒与内滚筒组合成一个大型的单轴式强制“搅拌器”，使沥青混合料充分搅拌。同时利用内滚筒的热辐射，可以保持沥青混合料所需的搅拌温度，提高了热效率。

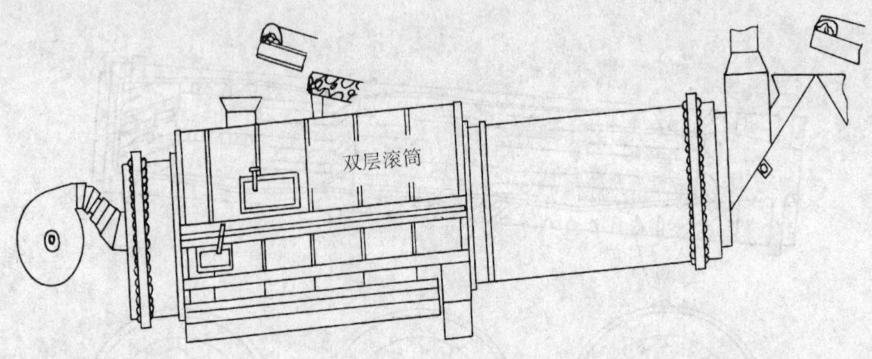

图 8—7　外滚筒

搅拌后的成品料由出料口进入成品料输送机，如图 8—8 所示。

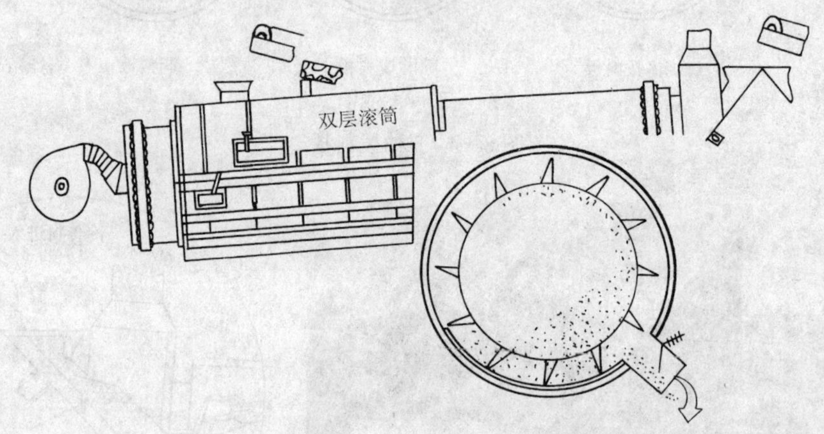

图 8—8　成品料出口

沥青经喷洒槽均匀喷洒到外滚筒内，如图 8—9 所示。

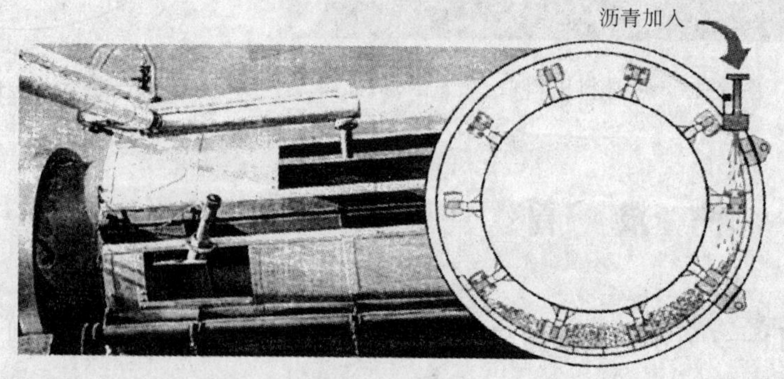

图 8—9　沥青喷洒

待沥青与热骨料完全混合后粉料由螺旋输料机加入，如图 8—10 所示。

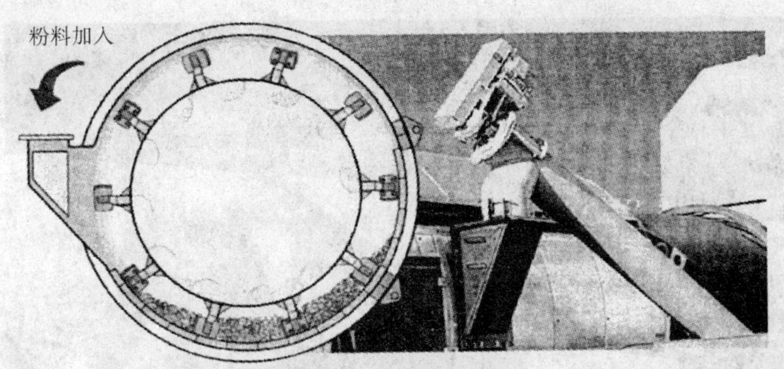

图 8—10　粉料加入

滚筒支撑在 4 个托轮上，如图 8—11 所示。托轮用实心钢制作，托轮轴承采用与火车车轮轴承同样的双列角接触球轴承。定位销确保了托轮与滚筒精确的位置，从而减少了磨损和驱动功率的消耗，延长了寿命。为防止滚筒轴向窜动，专门设置了止推轮，如图 8—12 所示。

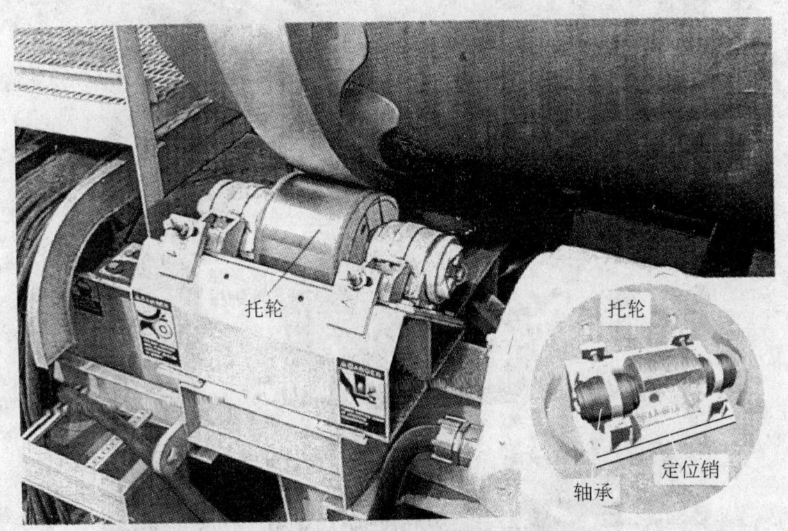

图 8—11　托轮

4 个托轮通过两个特大的实心钢圈支撑着内外滚筒。为防止钢圈、滚筒的热膨胀，钢圈与滚筒之间采用蝶形弹性钢板连接，如图 8—13 所示。

滚筒由马鞍形滚柱链条驱动，如图 8—14 所示。

图 8—12　止推轮

图 8—13　钢圈与滚筒的连接

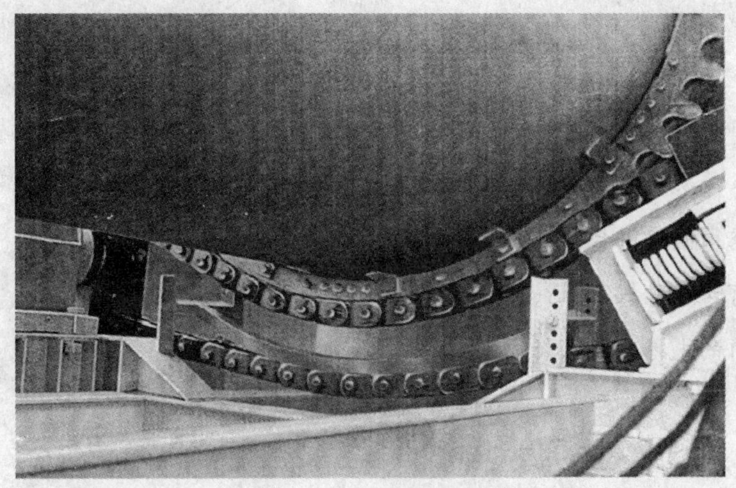

图 8—14　链条驱动滚筒

习　　题

1. 叙述双滚筒沥青混合料搅拌设备的工艺流程。

2. 叙述双滚筒沥青混合料搅拌设备的特点。

3. 内滚筒有哪3种拨料板?

4. 叙述滚筒的支撑方式及轴向定位结构。

第九单元

沥青混合料场拌热再生设备

第一节　概　　述

一、旧沥青路面再生利用的优点

大力发展循环经济，是全面实现小康社会、科学发展观的必然选择。循环经济的核心是高效、循环利用资源。循环经济的原则是废弃物减量（Reduce）、重复使用（Reuse）、再生利用（Recycle）和能源回收（Recovery），简称“4R 原则”。

对旧沥青混合料路面（以下简称沥青路面）再生利用，不仅节省路面材料、人力和物力，而且解决了因废料堆放而造成的二次污染，是符合循环经济“4R 原则”的。同时，由于使原路面横断面形式以及路面标高得以恢复，因此，在对路面标高有严格限制的地段，此方法更具有优势。

沥青路面再生具有以下优点：

（1）对不可再生资源（沥青、石料等）再利用。

（2）保护环境，减少用地。

（3）施工周期短。

（4）恢复原有沥青路面的几何形状和标高。

（5）纠正沥青路面表面形状和坡度。

（6）改善沥青路面平整度。

（7）改善沥青路面物理性能。

（8）减少施工费用。

二、沥青路面再生的方法

沥青路面再生是将旧沥青路面经过翻挖、回收、破碎、筛分，与再生剂、新沥青材料、新集料等按照一定比例重新搅拌成沥青混合料，满足路用性能并重新铺筑于路面的一整套施工工艺和方法。

按再生方式沥青路面再生可分为现场冷再生、现场热再生和场拌热再生。

1. 沥青路面现场冷再生

沥青路面现场冷再生是利用旧沥青路面材料以及部分基层材料进行现场破碎加工，根据级配需要加入一定量的新骨料或细集料，同时加入一定量的添加剂（石灰、水泥、泡沫、沥青等）和水。根据基层材料的试验方法确定最佳的添加剂用量和含水量，从而得到沥青混合料现场配合比，在自然环境温度下现场连续完成破碎、添加、搅拌、压实的作业过程，重新形成结构层的一整套施工工艺和方法，如图 9—1 所示。

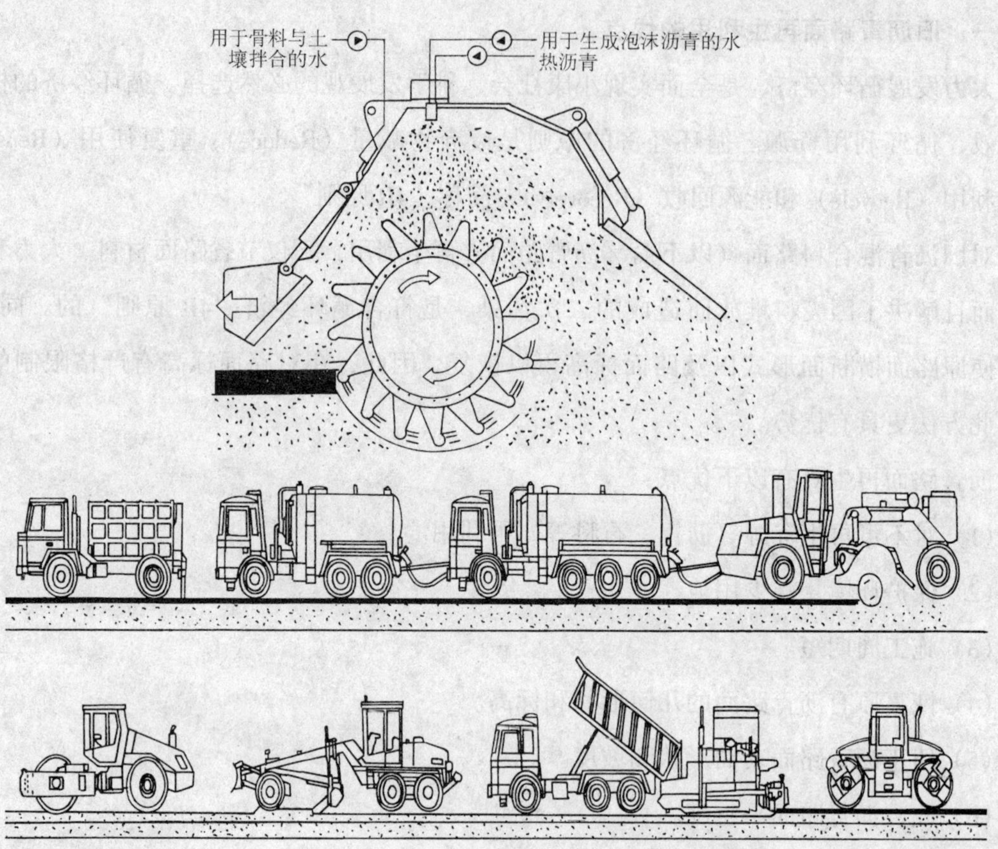

图 9—1　沥青路面现场冷再生

2. 沥青路面现场热再生

沥青路面现场热再生是采用专用的加热装置，将旧沥青路面现场加热至施工温度，随后将路面铣刨，现场回收，添加新骨料、再生剂，现场搅拌、摊铺，最后压实的一整套施工工艺和方法，如图 9—2 所示。

3. 沥青路面场拌热再生

沥青路面场拌热再生是将旧沥青路面翻松、破碎或铣刨，然后将旧沥青混合料（以下简称旧料）运到可再生的沥青混合料搅拌场，根据不同的设计要求，进行配比设计，确定旧料添加比例（一般为 15% ~ 50%），最终生产出满足路用性能要求的新沥青混合料的一

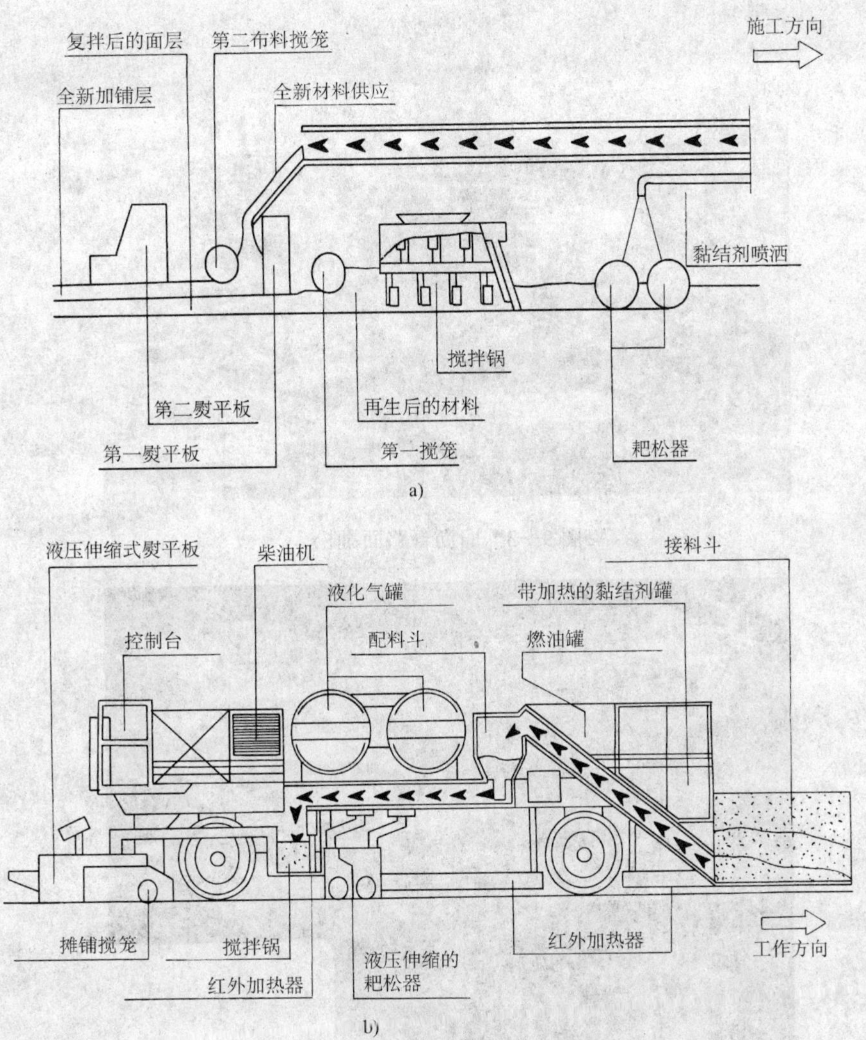

图 9—2　沥青路面现场热再生
a）就地搅拌　b）铣刨后现场搅拌

整套施工工艺和方法。旧沥青路面翻松如图 9—3 所示。旧料破碎如图 9—4 所示。旧沥青路面铣刨如图 9—5 所示。

三、沥青路面再生方法的选择

沥青路面再生方法的选择见表 9—1。

图 9—3　旧沥青路面翻松

图 9—4　旧料破碎

图 9—5　旧沥青路面铣刨

表 9—1　　　　**沥青路面再生方法选择**

路面损坏类别		场拌热再生	现场热再生	现场冷再生
路面缺陷	松散	√	√	×
	冒油	√	√	×
	失去抗滑性	√	√	×
路面变形	波浪	√	√	×
	浅车辙	√	×	×
	深车辙	√	×	√
与荷重有关的裂缝	龟裂	√	×	√
	轮迹处纵向裂纹	√	√	√
	路缘裂纹	√	×	√
	滑动裂纹	√	√	√
	区块状裂缝	√	×	√
	纵向接缝裂缝	√	√	√
	横向接缝裂缝	√	×	√
反射裂缝		√	×	√
修补缺陷	沥青喷洒	√	×	×
	表层修补	√	×	×
	孔洞修补	√	×	×
	深洞热补	√	×	×
底层或路基		×	×	×
平整度缺陷	一般性不平	√	√	×
	路面沉陷	√	√	×
	路面凸起	√	√	×

注：“√”为适用，“×”为不适用。

第二节　间歇式沥青混合料场拌热再生设备

间歇式沥青混合料场拌热再生设备是在标准的间歇式沥青混合料搅拌设备上增加一套旧料供给、计量、添加系统而形成的专用设备。

一、旧料添加方式

1. 从热骨料提升机添加

这种方法是将冷的旧料从热骨料提升机底部加入，与热骨料一起经筛分后进入热骨料仓，如图 9—6 所示。

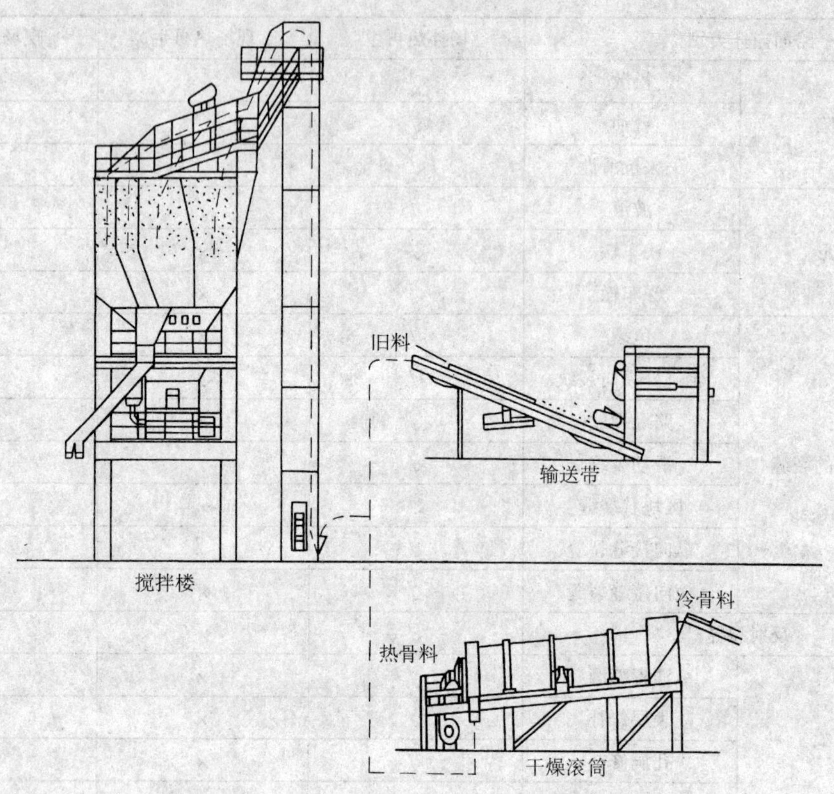

图 9—6　旧料从热骨料提升机添加一

这种方式结构简单、易于改造、成本低，但允许添加旧料的比例较低。

这种添加方式还有一种形式，即在原设备上增加一个热骨料仓，冷的旧料经预筛分，与热骨料一起从热料提升机不经振动筛，通过旁通道直接进入新热骨料仓，如图 9—7 所示。这种方式允许旧料添加比例可达 40%。

2. 从新热骨料仓添加

这种方式也需要在原设备上增加一个热骨料仓，经预筛分的冷旧料加入新热骨料仓，如图 9—8 所示。

这种方式要求提高热骨料温度，延长搅拌时间，因而降低了设备生产率，通常冷旧料添加量不超过 20%。

3. 旧料从搅拌器添加

这种方式是将经预筛分、计量的冷旧料加入到搅拌器中，如图 9—9 所示。

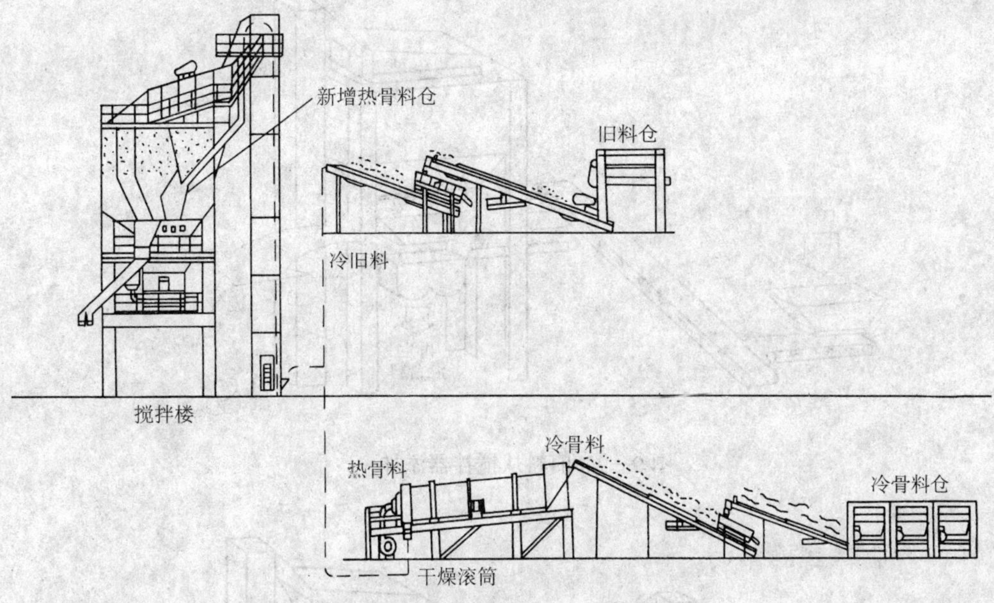

图 9—7　旧料从热骨料提升机添加二

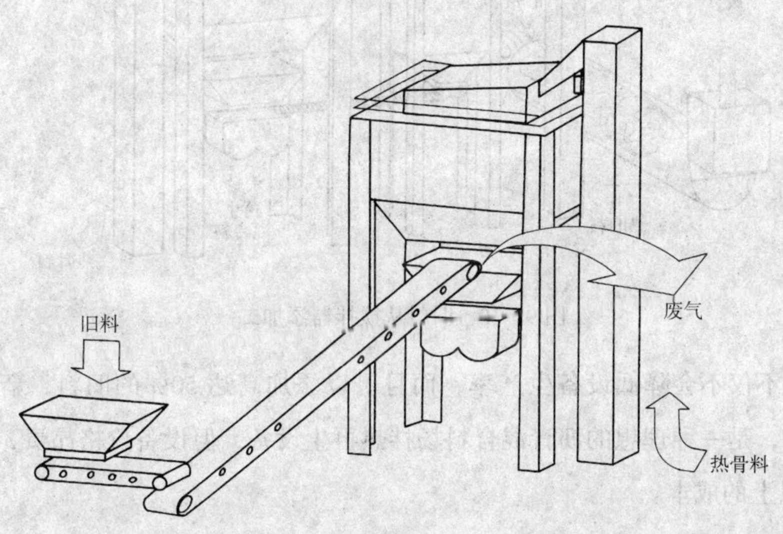

图 9—8　旧料从新热骨料仓添加

这种方式的缺点是要求热骨料温度高，搅拌时间长，设备生产效率低。

这种方式还有一种形式，是在标准设备之外增加一套独立的旧料烘干、热提、计量装置，旧料经输送带添加至搅拌器中，如图 9—10 所示。

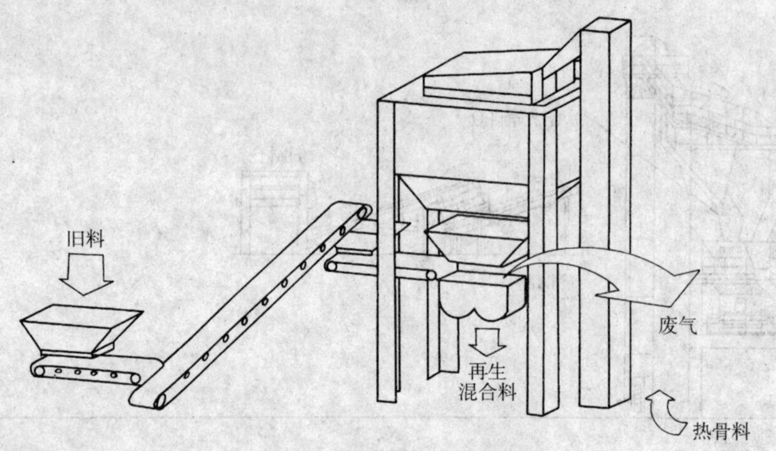

图 9—9　旧料从搅拌器添加一

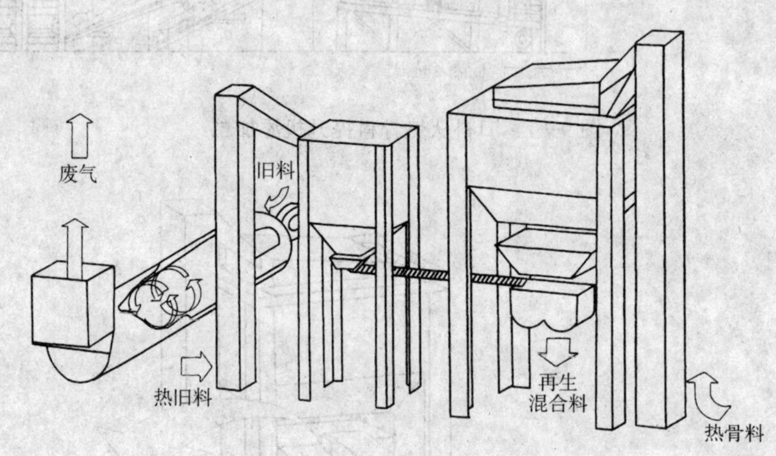

图 9—10　旧料从搅拌器添加二

这种方式不仅不会降低设备生产率，而且可以添加高达 50% 的旧料，新混合料质量容易得到保证，是一种理想的沥青混合料场拌热再生设备，但设备价格昂贵，大约使原设备增加 30% 以上的成本。

4. 从干燥滚筒添加

这种方式是在原干燥滚筒上增加一个再生环，如图 9—11 所示。

旧料通过再生环进入干燥滚筒，允许旧料加入量达 35%，投资成本低，加热时水分通过主排风机排出，不会造成空气污染。

二、旧料供给方式

4 种典型的旧料供给方式如图 9—12 至图 9—15 所示。

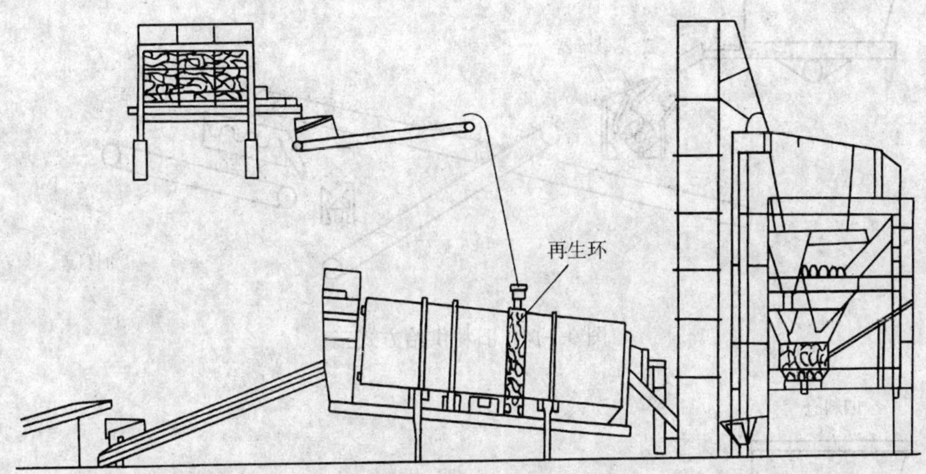

图 9—11　旧料从干燥滚筒添加

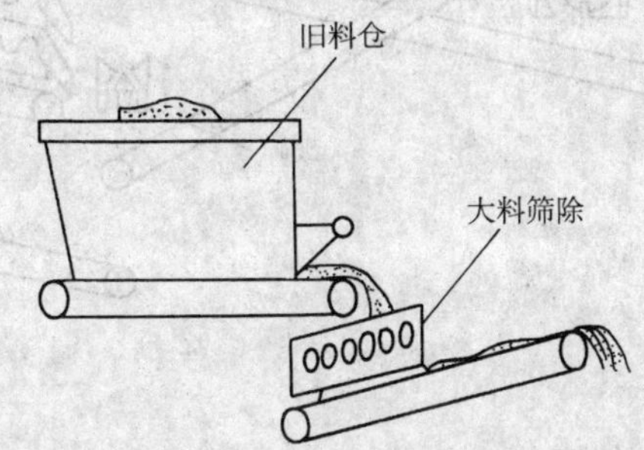

图 9—12　旧料供给方式一

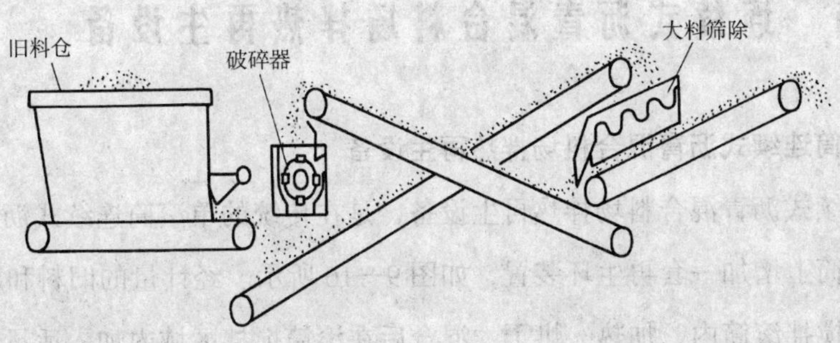

图 9—13　旧料供给方式二

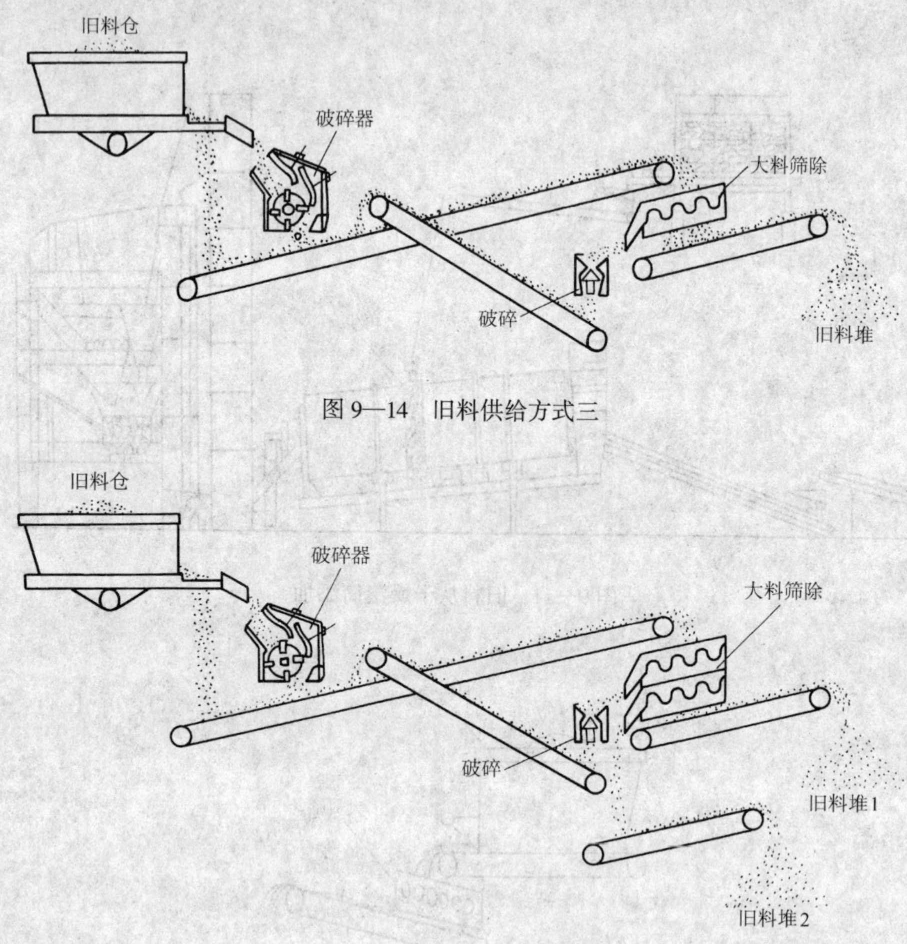

图 9—14　旧料供给方式三

图 9—15　旧料供给方式四

第三节　连续式沥青混合料场拌热再生设备

一、单滚筒连续式沥青混合料场拌热再生设备

单滚筒连续式沥青混合料场拌热再生设备，是在传统的单滚筒连续式沥青混合料搅拌设备的干燥滚筒上增加一套再生环装置，如图 9—16 所示。经计量的旧料和新骨料分别进入干燥滚筒、搅拌滚筒内，加热、烘干、混合后在滚筒搅拌区域内加入适量的沥青、粉料及添加剂，然后搅拌成再生混合料。这种连续式沥青混合料场拌热再生设备允许加入 35% 的旧料，结构简单，生产率高，成本低，适合于大规模连续生产。

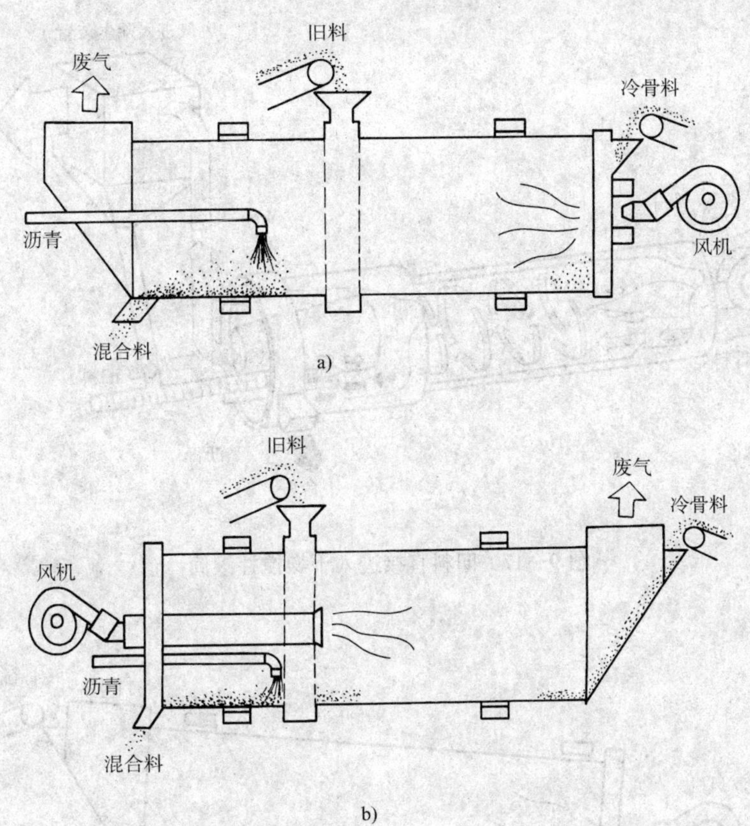

图 9—16　单滚筒连续式沥青混合料场拌热再生设备
a）顺向烘干　b）逆向烘干

单滚筒连续式沥青混合料场拌热再牛设备还有以下几种型式：

如图 9—17 所示，新骨料流动与火焰顺向，旧料则由滚筒一端逆向进入。

如图 9—18 所示，在滚筒外新增一个搅拌器，新热骨料与旧料，沥青与粉料等一同进入搅拌器，新再生沥青混合料由搅拌器流出。

如图 9—19 所示，在滚筒外新增一个搅拌器，旧料经再生环进入滚筒，在滚筒内旧料和新骨料加热烘干、混合后进入搅拌器，沥青、粉料等也同时进入搅拌器。新再生沥青混合料由搅拌器流出。

如图 9—20 所示，在滚筒外新增加一个搅拌器，旧料经再生环进入滚筒，沥青也进入滚筒，与新骨料初步混合后再一同进入搅拌器搅拌、出料。

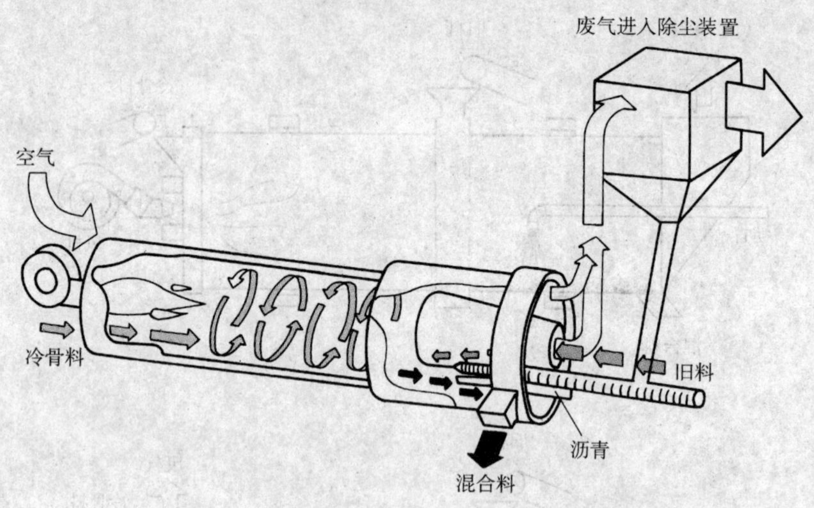

图 9—17　旧料直接进入干燥搅拌滚筒

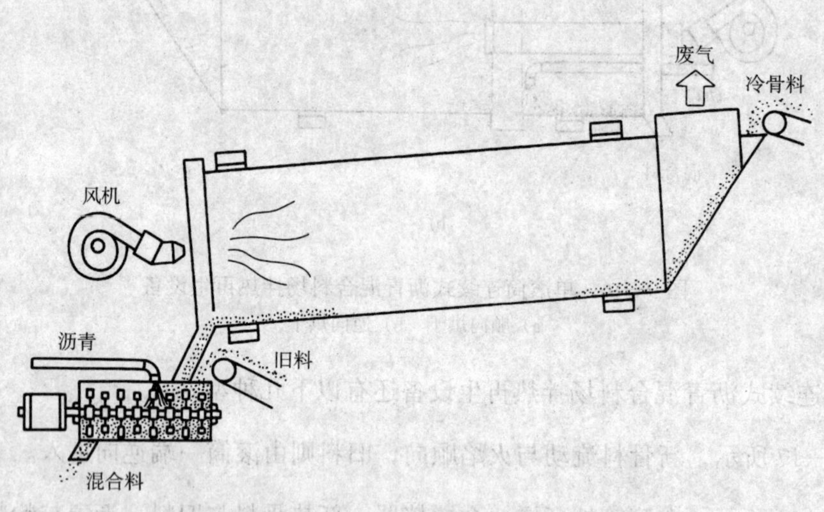

图 9—18　旧料进入外加搅拌器

二、双滚筒连续式沥青混合料场拌热再生设备

双滚筒连续式沥青混合料场拌热再生设备如图 9—21 所示。图 9—22 是旧料进入外滚筒与内滚筒夹层的情况。由于外滚筒与内滚筒的夹层成为一个专用搅拌区，不仅可以保证沥青混合料充分搅拌，而且内滚筒的热辐射也得到了充分利用，所以，该设备的热效率高、生产率高，再生沥青混合料质量能得到充分保证。

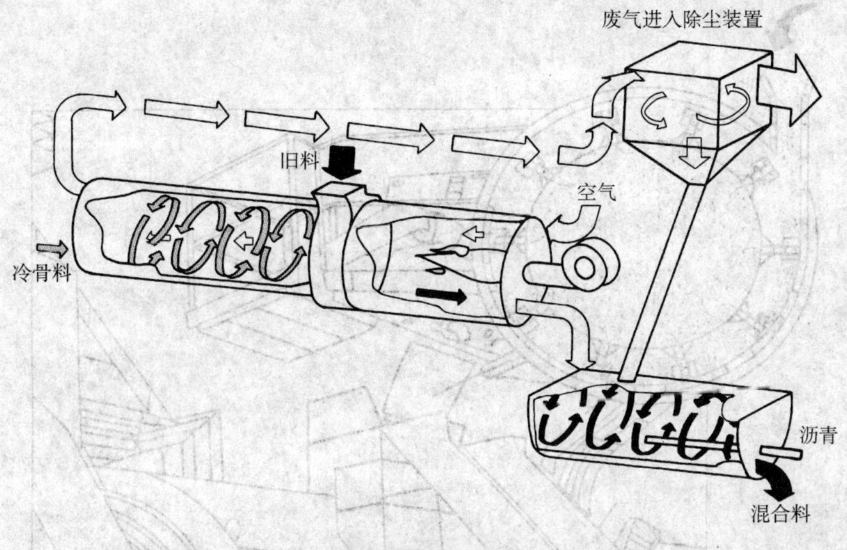

图 9—19　旧料直接进入干燥滚筒、外加搅拌器

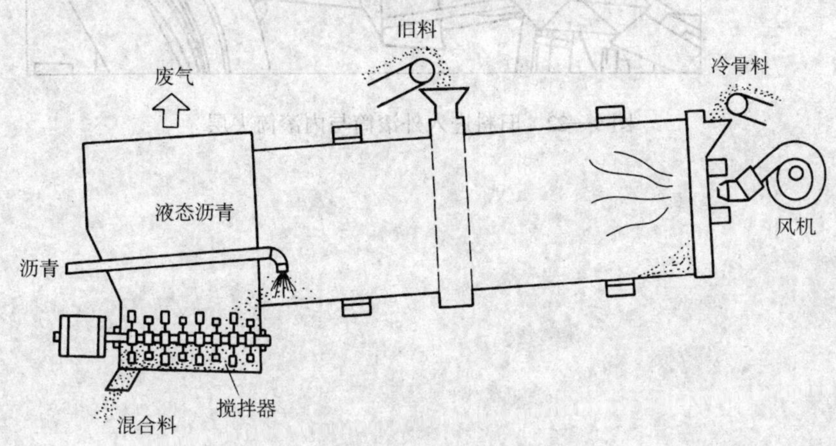

图 9—20　旧料直接进入干燥搅拌滚筒、外加二次搅拌器

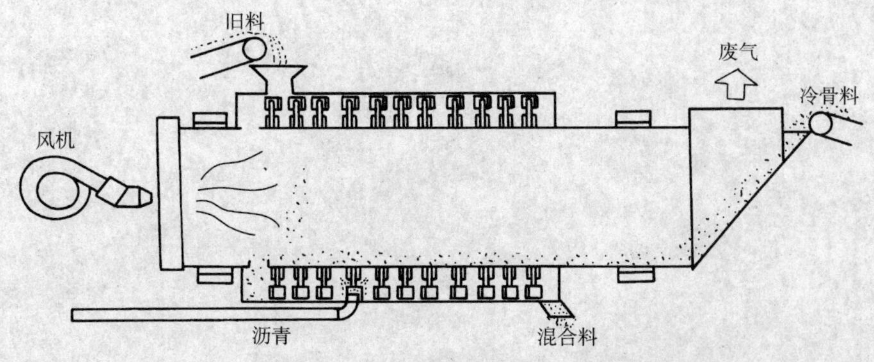

图 9—21　双滚筒连续式沥青混合料场拌热再生设备

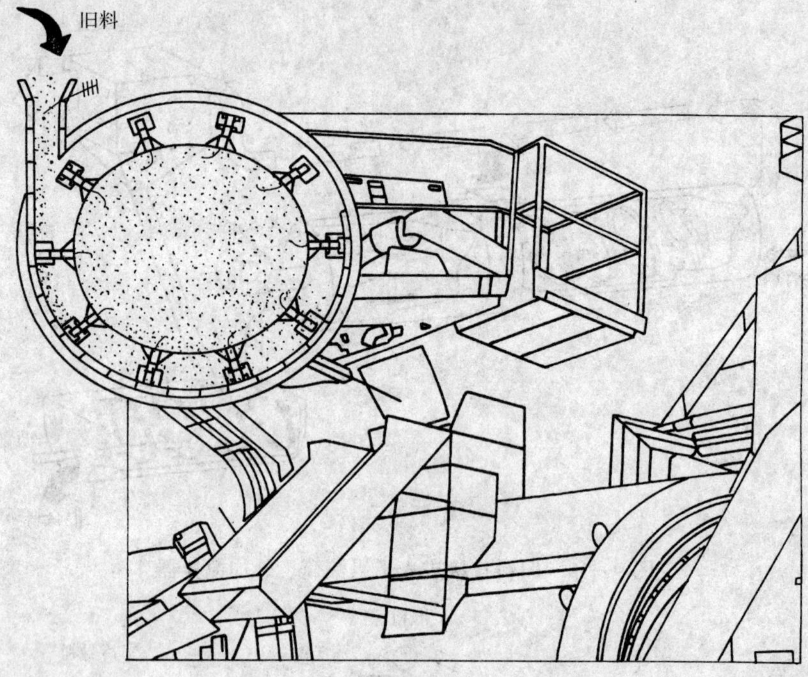

图 9—22　旧料进入外滚筒与内滚筒夹层

习　题

1. 叙述旧沥青路面再生利用的优点和方法。

2. 叙述间歇式沥青混合料场拌热再生设备的旧料添加方式及供给方式。

3. 分别叙述单滚筒和双滚筒连续式沥青混合料场拌热再生设备的结构。

第十单元

沥青混合料搅拌设备使用技术

第一节　作业基地的选择

为了保证沥青路面施工有足够的沥青混合料连续供应，应设置专门的沥青混合料生产基地（场、站）。在公路工程的建设中，由于施工线路长或工程分散，沥青混合料搅拌设备多采用移动式或半移动式，因此，在选择沥青混合料搅拌设备作业基地时，应考虑以下几方面的因素及其综合效果：

一、沥青混合料的施工温度

沥青混合料成品由沥青混合料搅拌设备作业基地运往道路施工现场的过程中温度会逐渐下降，特别是使用无保温措施的运输车辆，其温度随运输距离的延长下降得更多。沥青混合料成品温度过低时，将会影响沥青混合料摊铺机的作业效率、摊铺质量以及摊铺后的压实作业。一般情况下，摊铺作业时沥青混合料的温度不应低于表10—1所列的温度。实践证明，沥青混合料的运输时间不应大于40～60 min（气温在10℃左右，运输车辆的车速为30～40 km/h）。

表10—1　　摊铺作业时沥青混合料温度　　℃

沥青混合料种类	摊铺作业时沥青混合料温度		
	气温在25℃以上	气温在10～25℃之间	气温在10℃以下
石油沥青混合料	135	140	190
煤沥青混合料	90	90	95

二、沥青混合料的合理运输距离

沥青混合料成品的运输距离越长，其温度下降越大，对摊铺及压实作业越不利。另外，从道路工程成本方面来分析，运距越长，工程成本也越高。因此，在道路工程施工中，特别是公路建设过程中，若沥青混合料的总运输费用（原材料运输费用、成品运输费用等）大于沥青混合料搅拌设备的搬迁费用，则沥青混合料搅拌设备应选择新的作业地址。

在公路施工的实践中，沥青混合料的供应基地与施工现场的运输距离一般为30～

40 km。

三、与原材料供应基地间的距离

与原材料供应基地间的距离关系到沥青混合料原材料（运输）成本。由于沥青混合料原材料的品种多，对其质量要求随道路施工技术要求变化大，原材料供应点多而分散，受客观条件的影响大。因此，如果原材料因距离远而明显增加成本时，应按照沥青混合料的施工温度要求，在确定沥青混合料新的生产基地后重新选择原材料供应基地。

四、沥青混合料生产基地的占地面积

占地面积关系到沥青混合料搅拌设备及其附属设施能否合理布置，原材料及燃料存放是否有足够的场地，运输车辆能否运行通畅和土地购买费用多少（沥青混合料生产成本的一部分）等。占地面积大小的决定性因素是沥青混合料搅拌设备的生产率。

五、作业场地内外的运输条件

选择沥青混合料生产基地时，必须考虑原材料源源不断地输入和成品料连续不断地输出，因此，它必须位于交通方便的公路附近，基地内有宽敞的车辆进出通道，并且应尽可能地减小基地与公路之间连接路段的坡度。

六、地下水位及排水

沥青混合料的生产过程必须严格控制原材料的含水量，含水量高将明显地影响沥青混合料和骨料烘干加热的燃油消耗，进而影响沥青混合料的控制质量。因此，沥青混合料生产基地应设置在地下水位低、地势较高、便于排水的地方，并且创造条件让原材料堆放在有预制基础的大棚内，以使原材料保持干燥、清洁状态。

七、灰尘及噪声对居民生活、城市环境的影响

随着人民生活质量和城市文明水平的提高，政府及百姓越来越重视环境保护。沥青混合料搅拌设备作业过程中，其烟尘排放及噪声必须符合国家环境保护法规的要求。除了选择和保持沥青混合料搅拌设备良好的技术性能外，在确定沥青混合料生产基地之前，应对该地区的常年风向做一调查，让沥青混合料搅拌设备的作业地点位于下风位置，并与居民区及城市保持一定的距离。

第二节　生产率的计算

沥青混合料搅拌设备是修建沥青路面机械化施工的主体设备，其生产能力的大小是确定其他设备，如沥青混合料摊铺机、运输车辆、压路机等数量的重要依据，并在一定程度上影响路面施工的进度。

一、间歇式沥青混合料搅拌设备的生产率计算

间歇式沥青混合料搅拌设备的生产率 Q（t/h）按下列公式计算：

$$Q=\frac{GK_{t}n}{1\ 000}$$

式中　G——一份沥青混合料的质量，kg；

K_t——时间利用系数，一般取 0.80～0.90；

n——每小时拌制沥青混合料的份数，$n=60/T$。其中 T 为拌制一份沥青混合料所需时间（min），$T=t_1$（搅拌器加料时间）＋t_2（沥青混合料搅拌时间）＋t_3（成品料卸料时间）。

二、连续式沥青混合料搅拌设备的生产率计算

连续式沥青混合料搅拌设备的生产率 Q（t/h）按下列公式计算：

$$Q=\frac{60G_0K_t}{1\ 000t_0}$$

式中　G_0——搅拌筒内物料质量，kg；

t_0——搅拌时间（沥青混合料在搅拌筒内滞留时间），min；

K_t——时间利用系数，一般取 0.80～0.85。

第三节　间歇式沥青混合料搅拌设备操作规程

一、作业前的技术准备

1. 电动机及柴油机部分，按通用操作规程的有关规程进行准备，见附录 1 和 2。

2. 检查各部位防护装置及消防器械是否安全可靠、齐全有效。

3. 检查各总成是否完好，各连接件有无松动；检查各润滑部位的润滑剂是否充足。

4. 检查骨料、粉料、沥青、燃料及水的数量、质量或规格等是否符合生产要求；检查导热油加热装置，并根据不同季节和生产需要提前将导热油加热至规定温度。

5. 检查振动筛网面上有无石子、杂物及破损情况；检查钢丝绳是否完好，运料车在轨道上的位置是否正确及其行程、限位开关是否灵敏可靠。

6. 检查传动链条及输送带的连接情况及其张紧度、磨损情况和有无跑偏现象；检查供给系统是否畅通，是否有漏水、漏气、漏油、漏料、漏沥青等现象。

7. 检查电源的电压、频率是否符合要求，其偏差不得大于 ±5%，检查各部位的开关、接触器、继电器、电缆等技术状况是否正常。

8. 检查并启动空气压缩机，并使之达到工作压力。

9. 检查各料仓斗门位置是否正确，开关是否灵活，料位指示器是否有效；检查各部分仪表、微机操作系统是否正常，计量装置是否准确可靠，设定的级配和沥青石料比（简称油石比）是否符合道路工程施工要求。

10. 检查热料提升机、分集料仓、搅拌器的余料是否排净，然后使各料门处于关闭状态。

11. 检查沥青供给系统及沥青温度，确认正常后开启沥青泵，使其自行循环。

12. 巡视人员检查完毕，确认正常后鸣警铃，工作人员就位。

二、作业中的技术要求

1. 按使用说明书规定的顺序启动整机并使其空载运行，巡视人员检查各部位有无异常，然后将结果立即反馈给操作人员。

2. 打开液化气装置阀门进行点火，若点火失败应充分通风后再次点火。点火后关闭液化气装置阀门，并观察除尘器工作是否正常，保证干燥滚筒在正常负压下加热。

3. 干燥滚筒达到一定温度后开始投料生产，观察实际供料量是否与设定值相符。根据生产要求调整燃烧火焰及供料量，稳定后再转入自动控制。

4. 经常检查冷料供给、仪表显示、分集料仓料位等并及时调整。按时提取成品料送检。

5. 定时向成品料提升斗内喷入雾状清洗油，以免沥青黏附在斗壁上。

6. 操作人员随时观察控制室内外情况，与各岗位人员密切联系，确保设备正常运行和人身安全。

7. 紧急停车按钮只能在紧急情况下使用，一定要注意启动顺序。

8. 巡视人员要定时对设备运行情况及作业场地内的相关活动情况进行检查，发现异常及时采取相应措施。

三、作业后的技术工作

1. 先停止供料，后逐渐关闭燃烧器，最后排净干燥滚筒、搅拌器内的热料。

2. 除干燥滚筒、鼓风机、除尘系统（包括引风机）外，按启动时的反顺序关机。随后清除输送带上的残余骨料和除尘器内外积物。

3. 当干燥滚筒温度降低到 45 ~ 50℃时，停止干燥滚筒、鼓风机、除尘系统的运转，切断控制室总电源，锁闭门窗。清理作业现场。

4. 按使用说明书规定，对设备进行例行保养（见表 10—2）。

表 10—2　　沥青混合料搅拌设备例行保养内容

作业项目	技术要求及说明
1. 冷料供给系统	
（1）检查带式给料机的运转情况	应运转灵活、无卡阻现象
（2）检查集料带机和带式输送机的运转情况	应运行平稳，无跑偏现象。若有跑偏时应予以调整
2. 烘干装置	
（1）检查干燥滚筒的运转情况	干燥滚筒应运转平稳，无跳动现象；滚圈与托轮接触平衡；工作时托轮和止推轮的轴承无过热现象（轴承润滑是自动进行的，其润滑装置的滴油速度调整到每分钟 12 滴）

续表

作业项目	技术要求及说明
（2）检查滚筒驱动齿轮和滚圈的润滑情况	大齿圈和滚圈的表面应经常保持有薄薄的一层润滑脂，并随时补充。小齿轮润滑是自动进行的，其润滑装置的滴油速度调整到每分钟20滴
3. 燃烧装置	
（1）检查燃油罐油位	油位低于要求时应予以加足
（2）检查燃油泵运转情况	应运转正常，无异响，无渗漏油现象，否则应查明原因，排除故障。通常，油泵的工作压力应调定在0.2～0.3 MPa范围之内；输油管路中减压阀的压力一般为0.05～0.1 MPa（用柴油）或1.2～1.8 MPa（用重油）
（3）检查鼓风机运转情况及风门调节机构工作情况	应运转平稳，无异响；轴承应及时润滑，无过热现象。风门调节机构应调节灵活，无卡滞现象
（4）检查丙烷罐内液化气是否充足	罐内液化气不足时，应及时更换新罐
（5）清洁燃烧室	将燃烧室内的灰粉和炉渣清除干净
4. 除尘系统	
（1）检查引风机的运转情况	应运转平稳，无异响；轴承应及时润滑，工作时轴承无过热现象
（2）检查粉尘提升机及螺旋输送机的运转情况	应运转平衡，无异响，轴承无过热现象。系统内的粉尘应及时剔除干净，不得留存过夜，以防冻结
（3）检查引风机气流调节器的控制功能	风门应启闭自如，如有故障应予以排除
5. 热料提升机	
检查提升机的运行情况	应运行平稳，无异响，轴承无过热现象
6. 搅拌器	
（1）检查振动筛的运转情况	应运转正常，无异响；轴承应及时润滑，工作时轴承无过热现象
（2）检查筛网的张紧度和完好情况	筛网应无松动，无塌陷，无破损；否则，应及时张紧或更换筛网。将筛网上的物料排尽
（3）检查热料仓斗门启闭情况和密封性	应启闭灵活、迅速，闭合严密，无漏料现象
（4）检查各称量斗	应呈自由悬挂状态，无卡阻和其他影响准确称量的现象。各称量斗斗门应启闭灵活，闭合严密，无漏料现象

续表

作业项目	技术要求及说明
（5）检查搅拌器的转动情况	应运转平稳，无异响，无运动干涉现象。搅拌器底门应启闭灵活，闭合严密，无漏料现象。传动装置应及时润滑，温升正常，无过热现象
（6）检查搅拌臂、拌料板、衬板连接螺栓的紧固情况	应无松动，无过度磨损；若有，应予以紧固或更换
（7）清洗搅拌器	作业结束时应用热沙石料刷洗搅拌器，然后打开底门将料排放干净，搅拌器各部件无沥青黏积现象
7. 粉料供给系统	
检查粉料提升机和螺旋输送机的运转情况	应运转平稳，无异响；各轴承应及时润滑，无过热现象。停机时应将系统内的粉料排放干净，不得留存过夜，以防结块，造成堵塞
8. 沥青供给系统	
（1）检查沥青供给泵和喷射泵的运转情况	应运转平稳，无异响，无渗漏。当快速喷洒时，喷射泵处的压力表数值应为 0.15～0.2 MPa；细流喷洒时，压力表数值应为 0.4 MPa。如压力不够，应调节喷射泵溢流阀
（2）检查燃烧器燃油罐的油位	应保证油罐内有足够的储油量，不足时应予以加足
（3）检查膨胀箱中的油面	应按要求加导热油，通常箱内油位高度不低于 15～20 cm。油量不足时应予以加足
（4）检查导热油泵的运转情况	应运转平衡，无异响，无泄漏，系统压力通常为 0.25～0.3 MPa
（5）检查沥青及导热油管路、阀门的密封情况	沥青及导热油管路应畅通，阀门应启闭灵活，关闭严密。系统内应无泄漏现象，否则应予以修复
9. 成品料储存系统	
检查运料斗的运行情况	应运行平稳自如，就位准确，斗门启闭正常。运料斗、斗轮和轨道表面应保持清洁，不得黏附沥青等脏物，否则应予以清除
10. 气路操作系统	
检查气路操作系统	空压机应运转平稳，无异响。系统正常的工作压力为 0.8 MPa，进气口的滤清器应及时清除沉积物，滤芯损坏时应予以更换。储气罐的冷凝水应每晚排放一次，系统中的油雾器应按要求加足润滑油，并调整好滴油速度（每分钟 30 滴）；气路联接管路和汽缸应无漏气、窜气现象；电磁阀动作应灵活、正确；汽缸动作应准确、到位，否则应予以调整
11. 电气系统	
	参照沥青混合料搅拌设备使用说明书电气部分的有关项目和要求进行

续表

作业项目	技术要求及说明
12. 整机	
（1）检查各部位润滑情况	按润滑表的规定执行
（2）检查外部连接螺栓紧固情况	如有松动应予以紧固
（3）检查各传动带、链条、减速器的运转情况	各传动件应运转平稳，无异响，无渗、漏油现象；若有，应及时排除。传动件的防护罩应配置齐全，安装牢固
（4）检查液力耦合器的密封情况	不得有渗、漏油现象，如有应予以排除

四、故障诊断及排除

沥青混合料搅拌设备的故障诊断及排除见表10—3。

表10—3　　沥青混合料搅拌设备的故障诊断及排除

故障现象	原因分析	排除方法
各部分都不能启动，电源指示信号灯不亮	1. 外电源停电 2. 机组配电箱上自动开关未合上 3. 机组出现过载运行或电气短路故障，致使低压断路器跳闸 4. 控制线路熔断器熔断或低压断路器跳闸	1. 启用备用电源 2. 合上自动开关 3. 避免电加热全部工作时加大生产量，或者电加热与转动部分错开使用 4. 逐个查出短路点，予以排除
各部分可以启动但电源指示信号灯不亮	1. 灯泡烧毁 2. 灯座或接线接触不良 3. 变压器二次侧熔断器熔断 4. 变压器二次线圈损坏 5. 导线未接触好或断线	1. 换灯炮 2. 旋紧灯泡或上紧接线灯座两电极 3. 更换熔断器 4. 重新缠绕线圈 5. 重新接线
部分信号灯不亮或时亮时灭，启动时电动机嗡嗡响但转不动	1. 同第2栏第1、2条 2. 造成单向运转的原因有接触器吸合不牢；触头闭合不好；导线接头松落或电动机一相绕组断路	1. 同第2栏第1、2条 2. 修整接触器触头处烧毛或熔坏的点，接系好端头，电动机断相应拆下检修
某些部分工作后自行停止	1. 负荷超过额定值，低压断路器热脱扣 2. 低压断路器热脱扣 3. 电源电压过低，导致电动机电流加大，自动开关脱扣	1. 适当调整电动机的负荷，使其在额定的负荷之内工作 2. 重新调整脱扣电流值，使其达到额定电流值 3. 避开用电高峰或调整负荷，减少电压降

续表

故障现象	原因分析	排除方法
加热管或板不工作	1. 浮子继电器未接通 2. 接触器线圈回路导线接触不良或线圈断路 3. 温度计指针因毛细管断裂、气体溢出而不能动作，即温度变化时指针不动	1. 沥青液面过低时加足沥青使浮子升高 2. 检查导线，紧固松动处；线圈断路原因可能是电网电压长期过低，线圈过热烧断，新换线圈电压不符时应予以纠正 3. 如指针无卡住或弹簧游丝错叠现象，应更换新表
加热器加热时达不到上限温度值 温度计指针已达到上限，但加热不能停止	1. 部分加热管（或板）烧断，热源减少 2. 加热器接线头松脱或氧化使之未接通电源 3. 中间继电器线圈电路未接通或中间继电器电路不能断开	1. 更换烧断的加热管或板，长久未用的加热板可能因受潮漏电，应进行烘干处理 2. 打磨掉氧化物后再接接头 3. 检查线圈回路中各段接触是否良好，线圈是否烧断
料满阻塞	1. 行程开关损坏或接线脱落 2. 时间继电器损坏或接线松脱 3. 电铃线圈烧坏铃不响 4. 接触器损坏不吸合 5. 电磁阀线圈损坏不动作	1. 更换开关，调整碰压块使之碰压适量，检查接线器及各接线并使之坚固 2. 线圈吸合或延时机构不延时，接线处重新坚固或更换新的时间继电器 3. 更换线圈 4. 线圈回路线头松脱处重新紧固 5. 按钮处反复按压几次使之复位，如线圈电阻值很大或接近无穷大，表明已断。重新绕制或更换新线圈
料仓门不能关闭	1. 接触器停电不能释放 2. 电磁阀线圈损坏或阀门不动作	参见前述同类的故障处理
料已卸完电铃仍然响	1. 料仓内料满指示叶片被沥青黏住而下落，使行程开关始终被压住 2. 控制线短路	1. 因粒料含沥青量及沥青温度控制等因素使叶片上的沥青太多而黏在转动部位，可将叶片翻动数次或铲除黏附其上的沥青 2. 检查按钮处有无两线头碰触在一起，如有应将其分开。时间继电器触头损坏被黏住不掉，应更换时间继电器
各电表无指示	1. 熔断器熔断，电功率表无指示 2. 电流互感器接线不紧或零线未接紧，电位表与功率表不指示	参见前述熔断器的故障处理，紧固松线处
部分电动机不能启动	1. 按钮没接通，其动静触头闭合不了 2. 线圈控制回路不通 3. 在非手动状态下，未按操作规程启动	1. 修整或重新更换按钮 2. 若接线头松动或线圈断开，则旋紧或重换线圈 3. 按操作规程启动

续表

故障现象	原因分析	排除方法
电动机过热	1. 电源电压太低 2. 环境温度高 3. 负荷太重 4. 电动机绕组有局部短路 5. 轴承缺油或轴承损坏	1. 避免在用电高峰使用 2. 轻载使用 3. 降低产量 4. 维修或重绕绕组 5. 定期加油或更换轴承
某部分运行后不能停止	1. 接触器因电路电流太大，启动频繁而使触头烧毛或有熔焊 2. 接触器铁心中极面间油污太多而使铁心黏接不放	1. 重新更换动静触头或磨锉触头 2. 拆下铁心，用少量带汽油或煤油的清洁纱布清洗铁心极面
调速电动机因直流供电部分无电而不转	1. 调速电动机因过载引起控制器输出电流过大，超过额定输出值，熔断器熔断 2. 接线头松脱 3. 直流电输出线短路而烧断熔断器或控制器 4. 因长期过载电磁离合器线圈烧毁	1. 减轻负载使其在额定值之内，更换熔断器心管 2. 紧固松脱处，旋紧插头或更换已损坏的杆头杆座 3. 排除短路，更换熔断器与控制器内损坏件 4. 减轻负载，重绕线圈
调速电动机发热严重 调速电动机不转	1. 负载过重 2. 环境温度过高 3. 电动机上积尘过厚	1. 减轻负载 2. 减轻负载或避免较高环境温度 3. 定时清除电动机上的积尘
调速电动机运转不稳定或负载加大后转速明显下降	1. 调速电动机的测速发电机线圈一相或全部短路或断路 2. 控制器内测速反馈回路中整流二极管烧坏或电位器烧坏	1. 重绕测速发电机线圈 2. 更换整流二极管或电位器
级配机出料口阻塞，输送带接口撕开	矿料中混入超规格的大石块	1. 将出料口闸门打开至最大位置，用铁棍将大石块撬出；待料仓所储矿料卸空，将大石块从料仓上部拿出 2. 修复或更换输送带 3. 加强料场管理，防止大石块混入 4. 料仓上部增设铁网，阻止大石块落入料仓
级配机集料带跑偏，级配机给料器输送带跑偏	1. 带受力不均匀 2. 落料位置偏离带中心 3. 带接头不正 4. 托辊安装倾斜	1，2. 分别调整级配机集料带机、级配机带式给料器及称重带机，尾部滚筒左右轴承座调整杆 3. 如在某一段带跑偏，则应消除带接头不正或托辊安装倾斜等 4. 重新安装托辊

续表

故障现象	原因分析	排除方法
燃烧煤粉时冒黑烟	1. 一次风、粉浓度比调节不当 2. 二次风量过小 3. 当增加供煤量时，一次、二次风量没有及时调整 4. 煤粉颗粒粗大，燃烧不完全	1. 根据磨煤机供煤量，调节一次风量 2. 适当加大二次风供给量，使煤粉完全燃烧 3. 根据生产要求增强供煤量时，一次、二次风量应同时按比例增加 4. 把风扇磨上方粗粉分离器调节手柄调整到适当位置；检查风扇磨冲击板等零件是否磨损严重，严重时予以更换
给粉电动机及螺旋秤电动机运转但不出粉	1. 给粉口手动闸门未打开 2. 粉仓无料 3. 粉仓内粉起拱	1. 打开闸门 2. 加粉 3. 启动振动器
给粉螺旋输送机或螺旋秤的电动机不转	1. 电器有故障 2. 粉料堵塞卡死	1. 见电器部分 2. 清除粉料
排尘浓度突然增加	1. 除尘器漏风 2. 集尘仓满	1. 检查除尘器密封失效原因，并予以排除 2. 清灰
总电源开关送不上电	1. 外电源无电 2. 紧急停电回路断路 3. 失压脱扣器线圈损坏 4. 外电源电压过低	1. 检查外电源情况 2. 检查失压脱扣电路 3. 重新绕制或更换线圈 4. 避开用电高峰
某按钮动作控制不灵	控制回路接触不良或接触线圈损坏	检查各接线是否完全，导线表面有无氧化层，更换接触器线圈
正常开机顺序情况下，电路不能自保	1. 自保触头损坏 2. 联锁保护触头损坏，自保回路中接触不良	检查有关触头接触情况及各连接处的连接情况，并予以修复
电路通电启动后低压断路器随之动作	1. 主电路中有短路现象 2. 若负载为电动机，主电路可能有缺相现象	1. 检查主电路对地电阻 2. 检查各相从低压断路器到电动机的连接情况
某部位工作一段时间自行停止，低压断路器动作	1. 负载长时间超限 2. 供电电压过低（高） 3. 电动机故障	1. 降低生产率，在额定负载以下工作 2. 停机，若输电线电阻过大，则应更改电缆 3. 修复电动机
多个部位同时停止运行	前级控制回路停止工作而导致联锁保护停机	分别检查后级的控制回路与主回路

续表

故障现象	原因分析	排除方法
油泵吸不上油	1. 金属软管漏气 2. 阀门扳错 3. 油路堵塞 4. 油源过远、油位过低 5. 油泵齿轮轴向间隙过大 6. 油泵齿轮磨损，轴瓦磨损 7. 油泵电动机故障	1. 检查漏气部位，并予以排除 2. 检查阀门方向，并予以更正 3. 清洗管路 4. 改善油泵供油条件 5. 拆卸油泵，并清洗、换用薄垫片 6. 更换油泵 7. 检查并排除电动机故障
开机用油时，油泵突然停转	1. 沥青温度过低，电动机负荷增大，热继电器保护跳闸 2. 管路保温箱未加热到规定温度，电动机负荷增大，热继电器跳闸 3. 油池内脏物堵塞金属软管，造成电动机负荷增大，热继电器跳闸	1. 检查油池沥青温度，沥青升温至140℃ 2. 保温箱升温至80℃，并用喷灯烘烤二通阀及金属软管。重新吸油时先吸柴油至清洗油箱清洗沥青，随后吸些柴油至清洗油箱清洗管路 3. 抽出金属软管，清除杂物
提升机卡死	1. 冷骨料粒径超标 2. 生产量过大 3. 料温过低 4. 电动机线圈绕组为星形接线 5. 料满信号装置失灵 6. 气路故障，斗门打不开，石料倒溢提升机	1. 加强料场管理，把好石料关 2. 减少生产量 3. 降低生产量或增大燃烧强度 4. 改线圈绕组为三角形接法 5. 修复料位信号装置 6. 检查并排除气路故障
气泵气压低	1. 气路漏气 2. 二位四通电磁气阀故障，阀芯不到位 3. 二位四通电磁气阀损坏 4. 油雾器缺油 5. 气泵缺油 6. 气泵活塞磨损 7. 调压阀失灵 8. 汽缸内O形密封圈磨损 9. 油雾器未装好O形密封圈，造成漏气	1. 检查气路，排除漏气点 2. 拧动手动螺钉，使阀芯反复运动；拆卸气阀，用酒精清洗阀芯 3. 更换或修复电磁气阀 4，5. 加油 6. 更换或修复气泵 7. 更换或修复调压阀 8. 更换O形密封圈 9. 重新装好O形密封圈
两燃油泵工作时突然停机	1. 燃油过脏，油路堵塞 2. 两泵负荷增大，低压断路器跳闸 3. 燃油用完，两泵空转而发热，低压断路器跳闸 4. 电动机烧坏	1. 清洗滤网、更换燃油 2. 检查两泵电流大小，检查两泵联轴器，调整两泵装配位置 3. 检修液面指示器，加燃油 4. 更换电动机

续表

故障现象	原因分析	排除方法
燃烧火焰突然熄灭	1. 油路堵塞 2. 油枪喷嘴雾化片堵塞 3. 两燃油泵有故障 4. 油内含水	1. 清洗滤网、管路，更换燃油 2. 清洗油枪雾化片，更换滤网 3. 检查两泵电流及联轴器 4. 打开燃油箱放油阀，放出积水
燃煤时料温无法升到规定温度并冒黑烟	1. 煤质不合格，给煤量大，燃烧不充分 2. 冷骨料含水量大，给煤量大，燃烧不充分 3. 一、二次风门调节不当 4. 磨煤机摩擦片损坏，煤粉粒度增大，燃烧不充分	1. 检查煤质，更换燃煤 2. 控制冷骨料含水量或降低生产量 3. 重新调整风门，减小一次风量，增大二次风量 4. 检查煤粉粒度，更换摩擦片
石料从进料箱与燃烧室的间隙溢出	1. 生产量太大 2. 导料板损坏 3. 主机地基下沉，机架不水平，干燥滚筒倾斜度小于3°，石料送不过去	1. 降低生产量 2. 检查并修复导料板 3. 检查并调整机架至水平状态
沥青混合料突然出现花料	1. 料温不够，生产量过大 2. 冷骨料含水量大，温度上不来 3. 液面指示器故障，沥青罐缺沥青 4. 沥青过脏，流量计滤网堵塞 5. 电路故障 6. 沥青泵损坏 7. 燃煤含水量 >4%，造成磨煤机咬死或煤粉管堵塞，料温偏低 8. 燃煤内混进树枝，卡死给煤机 9. 给煤机传动链脱扣 10. 煤斗内阻旋料位计失灵，不能自动启动输煤带机，煤斗内无煤	1、2. 降低生产量或增加燃烧强度 3. 将指针拨到适当位置拧紧，并立即增添沥青 4. 将阀门扳到短接位置，改自动控制为手动控制，清洗滤网 5. 检查并排除电路故障 6. 更换沥青泵 7. 停止给煤机、磨煤机运转，启动燃油泵维持生产，排除磨煤机及煤粉管内湿煤，更换干煤 8. 排除异物，恢复正常生产 9. 检查棘轮与传动链轮端面平行度，并调整 10. 手动启动输煤带机供煤，电工检查料位计故障并排除
沥青混合料温度突然增高，油石比增大	1. 下料不均匀，石料中混进大石块或树枝，卡住给料带机斗门 2. 冷料含水量、含泥量大，细料起拱 3. 冷料中掺用了废料，废料凝结阻住料门或废料中含有沥青，从而增大了成品料的沥青含量	1. 降低燃烧强度，降低沥青喷量，排除异物后恢复原生产量 2. 降低生产量，从冷骨料斗上方捅松结块料，同时减小细石料量 3. 停止使用废料，加强料场管理，禁止超标原材料入场

续表

故障现象	原因分析	排除方法
电压热开关已拨通，加热仍未工作	1. 压力式电接点温度计在前一天工作中温度指针已超上限，加热电路断开 2. 压力式电接点温度计损坏 3. 沥青箱液面低于浮子继电器，沥青罐不能加热 4. 浮子继电器损坏 5. 电路中有开路 6. 电源电压不够	1. 旋动开关，检查电流指示 2. 更换温度计 3. 加注沥青 4. 更换浮子继电器 5. 检查电路及电器，更换损坏件 6. 检查电压
火焰从燃料室口往外冒，烧坏后端盖及进料	1. 违反操作规程，致使高温气流烧坏排风机叶轮引起排风量下降 2. 排风机带轮与电动机带轮不匹配，风机转速小于额定转速，引起排风量下降 3. 排风机 V 带变形，使排风量下降	1. 按操作规程操作，更换排风机叶轮 2. 检查排风机转速，更换带轮 3. 调整或更换 V 带

有关油石比、石粉量、给煤量的控制，烟、料温度显示以及冷料级配调速电路的故障，应先检查其外围电路，再参阅有关仪表说明书进行检查。

习　题

1. 叙述沥青混合料搅拌设备作业基地选择应考虑的因素。

2. 叙述影响沥青混合料搅拌设备生产率的因素。

3. 叙述沥青混合料搅拌设备作业前、作业中、作业后的技术工作。

4. 叙述沥青混合料搅拌设备例行保养的主要内容。

5. 沥青混合料搅拌设备的常见故障有哪些？如何排除？

第十一单元

沥青混合料搅拌场供电

第一节 电网供电

一、配电基本过程

发电厂发电机产生的 6.3 kV 或 10.5 kV 或 13.8 kV 的电流，必须通过传输、配电后方能被工程建设施工现场的用电设备所用。电网供电传输、配电的基本过程如图 11—1 所示。

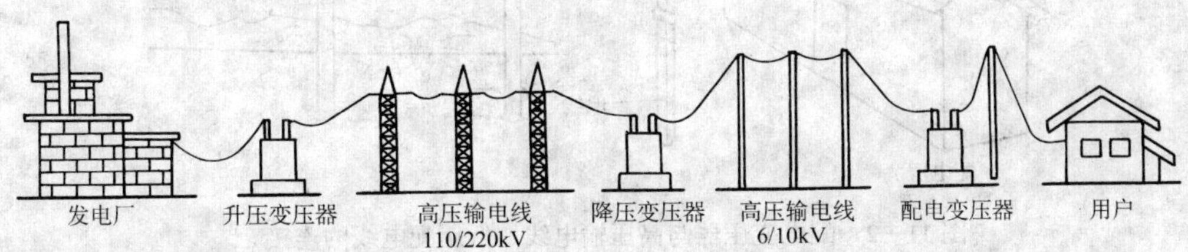

图 11—1 电网供电传输、配电的基本过程

为了减少电能在传输过程中的损耗，需要经过升压变压器升压后再向远处输电，随后又必须经过配电变压器再将电压降低至 220/380 V，以便供负载使用。道路、桥梁工程建设施工现场用电需要考虑的是，如何从 6 kV 或 10 kV 电源引入高压电，再用配电变压器将电压降低到 220/380 V，然后向施工现场内的工程建设机械及照明设备供电。其中比较重要的是配电变压器的型号选择和安装位置的确定。

二、配电变压器

1. 作用

配电变压器的作用是：将较高的电网高压降到 220/380 V，引入配电室后再分配到各用电设备（见图 11—2）。

2. 结构与性能

配电变压器结构如图 11—3 所示，由铁心 12、绕组 13、高压接线套管 8、低压接线套管 9 和温度计 1 等组成。

散热是配电变压器设计、制造和使用的一个重要问题，配电变压器的常用散热方式有

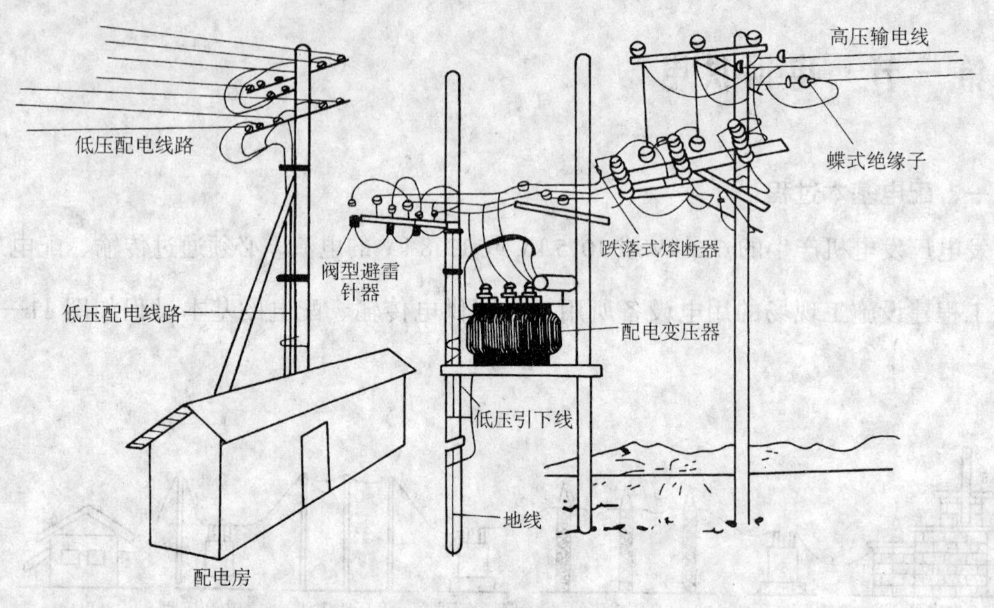

图 11—2　配电变压器与高压输电线、低压配电线的连接

自冷式和油冷式两种。自冷式配电变压器依靠空气的自然对流和本身的辐射来散热，这种方式的散热效果较差，只适用于小型配电变压器。大容量的配电变压器均采用油冷式散热方式，即把配电变压器的铁心和绕组全部浸没在变压器油内，使热量通过箱壁散发到空气中，为了增大散热效果，在箱壁上安装散热管来扩大冷却面积。

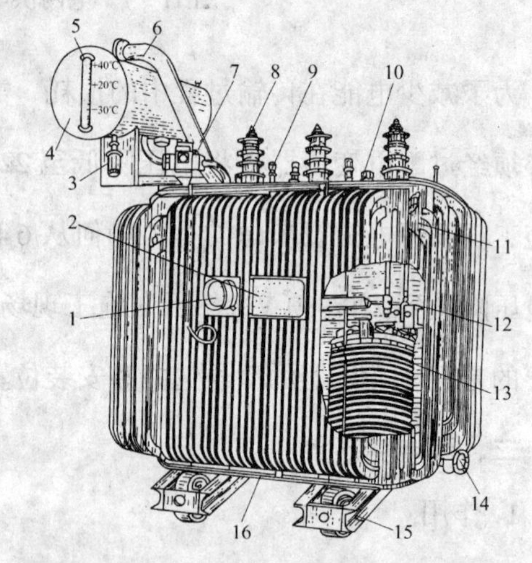

图 11—3　油浸式配电变压器

1—温度计　2—铭牌　3—吸湿器　4—储油柜　5—油标　6—防爆管　7—气体继电器　8—高压接线套管　9—低压接线套管　10—分接开关　11—油箱　12—铁心　13—绕组　14—放油阀　15—小车　16—接地端子

大容量的配电变压器还装有储油柜和防爆管。储油柜用来给冷却油的热胀冷缩留有空间，减少冷却油与空气的接触，以防止冷却油氧化变质、绝缘性能降低。与油箱联通的防爆管是在配电变压器内部发生故障，油压升高到 50 ~ 100 kPa 时使安全膜破裂，冷却油喷出，从而可避免油箱破裂，减轻事故危害的装置。

配电变压器的型号由两部分组成。前部分为字母，表示变压器的类型、结构特点、运行方式及用途等。后部分为数字，其中分子表示额定容量（kV·A），分母表示高压供电的电压等级（kV）。例如，SL－80/10 表示三相油浸冷却式铝线变压器，额定容量为 80 kV·A，高压绕组的电压等级是 10 kV。

配电变压器的主要技术性能指标有：

（1）一次绕组的额定电压 U_{1e}

这是指规定加在一次绕组上的最高电压值（在三相配电变压器中指线电压）。

（2）二次绕组的额定电压 U_{2e}

这是在一次电压等于一次绕组的额定电压 U_{1e}，且在配电变压器空载时，二次绕组两端的电压值（在三相配电变压器中指线电压）。

（3）一、二次绕组的额定电流 I_{1e}、I_{2e}

这是允许长期通过一、二次绕组的最大电流值（三相配电变压器指线电流），它们是根据配电变压器长期工作时的允许温升规定的。

（4）额定容量 S_e

这是指配电变压器在额定工况时工作的视在功率，对于单相变压器，$S_e = U_{2e} I_{2e}/1\,000$（kV·A）；对于三相配电变压器，$S_e = \sqrt{3} U_{2e} I_{2e}/1\,000$（kV·A）。

（5）额定温升 T_e

这是指配电变压器允许达到的最高工作温度与环境温度之差（绕组额定温升为 650℃），配电变压器温升过高时将会使其绝缘损坏。

（6）负载系数 β_0

这是配电变压器的实际负载与额定负载的比值。$\beta_0 = 0.5$ 时配电变压器的损耗最小，温升最低；$\beta_0 = 0.3$ 时配电变压器的损耗与满载时的相等，β_0 值继续下降时损耗将急剧增加。

使用配电变压器时应使负载系数 $\beta_0 = 0.75 \sim 0.90$，此时既能控制配电变压器的温升，又能使配电变压器得到充分利用。

3. 安装位置的选择

除了正确选择配电变压器的型号、容量外，还应按照下列原则综合考虑后选择其最佳安装位置：

（1）尽量使配电变压器处于各用电设备（负载）的中心。

（2）尽量靠近电网的高压电线杆，使高压进线方便。

（3）地势较高而干燥，且道路通畅，便于运输与安装。

（4）远离交通要道和人畜活动场所，并辅以警示标牌，以保证用电安全。

第二节　柴油发电机组

一、用途及特点

在远离电网的情况下，以柴油机为原动力的交流发电机组在工程建设施工现场应用普遍。通常，柴油发电机组的输出额定电压为 400 V，额定频率为 50 Hz。

作为发电装置，柴油发电机组具有机动灵活、使用维护方便和对环境适应性较强等特点。

二、组成及型号

柴油发电机组主要由柴油机、三相同步发电机和控制屏 3 部分组成，如图 11—4 所示。其中的控制屏 12 上设有配电装置、电压表、功率因数表、频率表、功率表等仪表和各种指示灯，通过这些仪表和指示灯，能随时监视柴油发电机组的运行情况。

柴油发电机组按控制系统不同可分为普通型和自动化型。自动化型柴油发电机组的控制系统可以采用继电器、集成电路或 PC 可编程控制器（微机）进行自动控制，可以达到应急自启动、无人值守或远程集中监控的要求。

国产柴油发电机组的各项技术性能应符合国家标准 GB/T 2820、GB 12786—1991 的技术要求，其型号编制方法为：

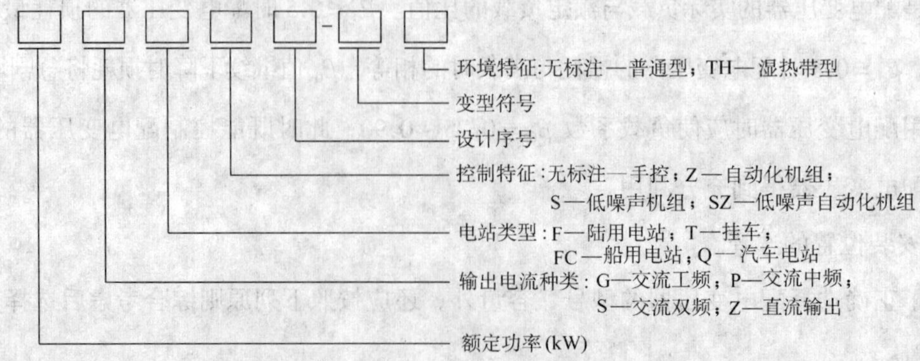

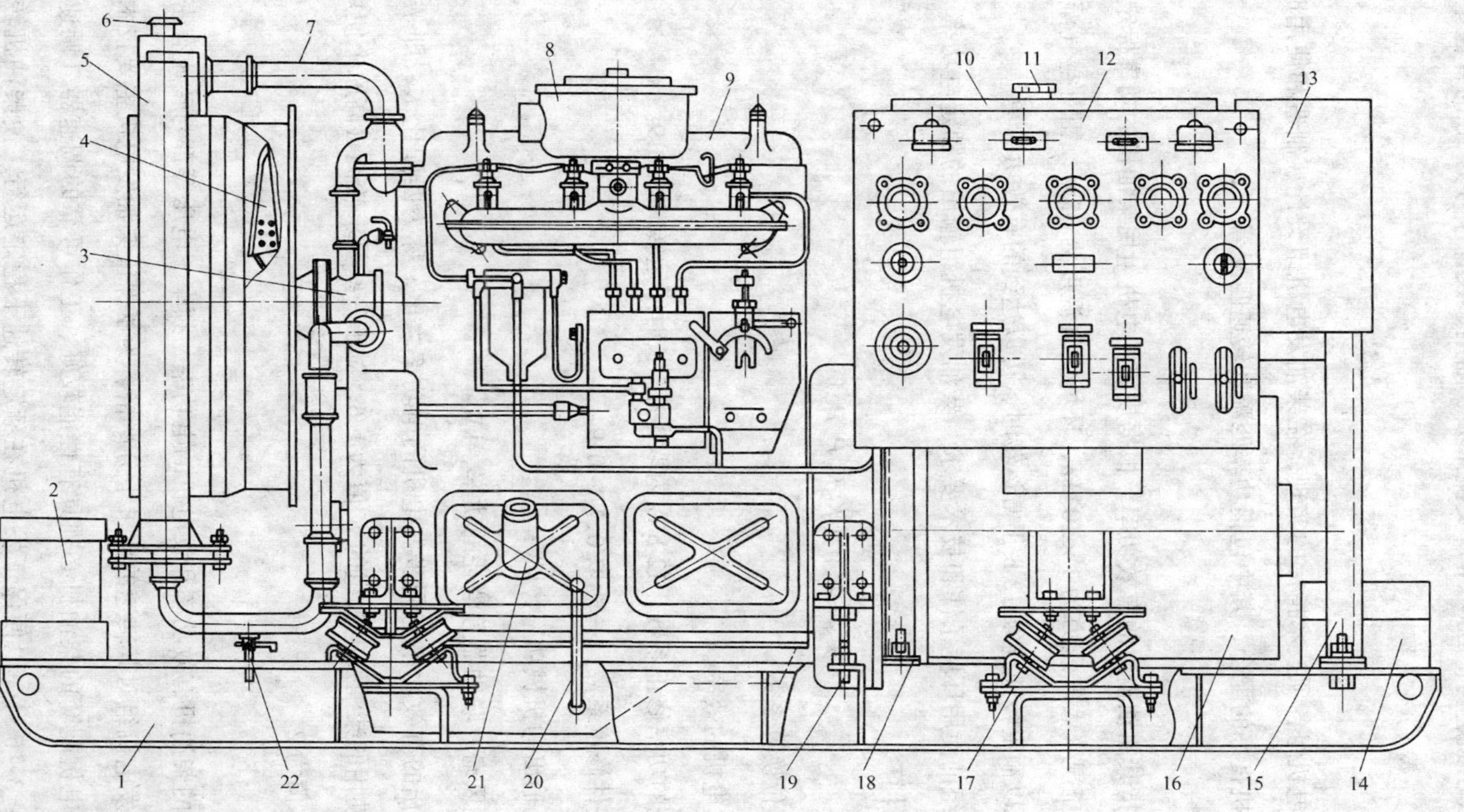

图 11—4 柴油发电机组

1—底座 2—蓄电池 3—水泵 4—风扇 5—水箱 6—加水口 7—连接水管 8—空气滤清器 9—柴油机 10—柴油箱 11—柴油加油口 12—控制屏 13—励磁调压器 14—备件箱 15—支架 16—同步发电机 17—减振器 18—橡胶垫 19—支撑螺钉(安装时用) 20—油尺 21—机油加油口 22—放水阀

例如：300GF18 表示额定功率 300 kW、交流工频、陆用、设计序号为 18 的普通型柴油发电机组。

三、机组的匹配

为了保证柴油发电机组各项技术指标的实现，在柴油发电机组设计、制造和使用时，必须使柴油机和发电机良好的配合，其中包括功率匹配和转速匹配等。

1. 功率匹配

柴油机的功率是指其曲轴输出的有效功率，根据规定发电机组用柴油机的功率标定为 12 h 功率，即在标准工况（大气压力为 1×10^5 Pa，环境空气温度为 25℃，相对空气湿度为 50%）下，柴油机以额定转速连续 12 h 正常运转时，可以达到的有效功率 P_e。

根据柴油发电机组的使用环境条件和技术要求，柴油发电机组输出的额定电功率 P_N（kW）可按下列公式计算

$$P_N = k_1\eta\ (K_2 K_3 P_e P_p)$$

式中 k_1——功率单位换算系数；

η——同步发电机的效率；

K_2——柴油机的功率修正系数，12 h 以内取 1.0，长时间运转时取 0.9。

K_3——环境条件修正系数，一般取 0.77～0.94。

P_e——柴油机输出的机械功率，kW；

P_p——柴油机风扇、联轴器等消耗的功率，kW。

通常把柴油机输出的有效功率与同步发电机的电功率之比，称为匹配比 K，即 $K=P_e/P_N$。对于平原上使用的柴油发电机组的 K 值为 1.6，对于一些要求较高（高原上使用）的柴油发电机组的 K 值为 2。

2. 转速匹配

柴油发电机组中的柴油机有效功率和发电机的电功率、频率、电压等都与转速有密切的关系，因此，柴油发电机组对其转速的要求十分严格。为了保证柴油发电机主要技术性能的实现，要求与发电机配套的柴油机必须具有性能较好、工作可靠的调速器（调速率 $\delta\leqslant5\%$，稳定时间 $t\leqslant3\sim5$ s），以便保证发电机在额定转速下稳定运行。使柴油机转速（或经过传动机构传输的转速）等于发电机的额定转速，称为转速匹配。

四、使用技术

柴油发电机组的使用技术包括使用前的准备、开机与运行监视、停机与存放、保养、故障诊断与排除等。

1. 使用前的准备

无论是新的，还是经过大、中修理过的以及使用中的柴油发电机组，在开机之前都要做相应的技术物质准备工作，这是保证柴油发电机组正常运行的必要条件。

（1）柴油、润滑油及冷却水的选用

1）柴油的选用　柴油是柴油机的粮食，它直接影响着柴油机的动力性和使用经济性。柴油发电机组实际使用中，对轻柴油牌号的选择主要根据使用条件下的环境温度来决定。一般情况下，选用的柴油牌号（柴油凝固点）应比实际使用的环境温度低5～10℃。

2）柴油机油的选用　柴油机用的润滑油是由轴瓦的合金材料决定的。柴油机一般使用的是铅青铜轴瓦，它的抗腐蚀性能差，所以，应当用柴油机油。柴油机油的牌号号数越大、油越稠。柴油机冬季选用黏度等级为10 W/30的柴油机油，夏季选用黏度等级为15 W/40的柴油机油。

3）冷却液的选用　水冷式柴油机是利用冷却液的循环流动带走多余的热量，以保持柴油机的正常工作温度。通常，应坚持使用软水（雨、雪水），不要用含有矿物质和盐类的硬水（江、河、湖水，某些地区的自来水，尤其是井水和泉水）。因为硬水受热后会析出水垢，附着在水套及散热器等处的内壁上，使冷却系的容积减小，循环水的流动阻力增大，同时，水垢的导热性能很差（约为铸铁的1/25），因而严重影响冷却效果，长此下去还会使水道严重堵塞。如果无软水及时供应，应当对硬水进行清洁和软化处理，如加热煮沸、沉淀或添加苛性钠（烧碱）或三磷酸钠，仔细搅拌、沉淀后取其上部的清水使用。

（2）开机前的准备工作

柴油发电机组开机前的准备工作，一般有以下内容：

1）做好柴油发电机组的全面清洁工作。用压缩空气吹净发电机和控制屏各处的尘土，擦净机组各部位的泥污、油垢，尤其是滑环和换向器以及仪表盘面等处，清除各种异物。

2）做好机组的全面检查工作，主要有：

①柴油机、发电机、控制屏以及各附件的固定和连接是否可靠，尤其要注意各电气接头、油管和水管接头、联轴器、地脚螺栓以及接地器。

②风扇 V 带的张紧度是否合适，一般用手压 V 带的中央，以能压下 10 ~ 20 mm 为宜。

③电刷装置的调整弹簧的弹力是否适当，电刷与滑环或与换向器的接触是否良好，电刷的活动是否正常。

④蓄电池的电量是否充足，电解液的液面高度是否符合规定，必要时添加蒸馏水。

⑤添加柴油、机油和冷却液。

⑥检查各仪表和开关的技术状况是否良好，将主开关和支路馈线开关都置于断开位置，手动/自动开关置于“手动”位置，励磁电压调节手柄转到“启动”位置。

3）冬季使用柴油发电机组，开机前要做好以下防冻和预热的准备工作：

①根据柴油发电机组使用的环境温度，换用适当的柴油和机油。

②检查、调整好预热装置。

③做好冷却系的防冻准备，如配制防冻液等。

2. 开机与运行监视

(1) 电启动的开机步骤

1）打开燃油箱开关。

2）抽动输油泵手柄，排除喷油泵低压油路中的空气。

3）将调速器操纵手柄固定在“启动”位置，以便柴油机启动后怠速暖车运转。

4）接通电源主开关，按下启动按钮使柴油机启动，待柴油机自行运转后随即松开启动旋钮。如果按下启动按钮 10 s 柴油机尚不能启动，应立即松开启动按钮，待 1 ~ 2 min 后再作第二次启动操作，如果连续 3 ~ 4 次启动失败，应检查原因，排除故障后再行启动，以免损坏蓄电池。

5）启动后应注意柴油机的各仪表指示和读数，特别是机油压力表指针仍不动作，应立即停机检查，以免柴油机发生严重事故。

6）柴油机启动后应低速暖车运转 3 ~ 5 min，冬季可稍长一些。待水温和油温上升、柴油机各机件运转速度正常后便可逐渐增加速度至额定转速，再空载运行几分钟。在此过程中，要注意检查柴油机有无不正常的声音和现象。

7）柴油机运转一切均正常后接通主开关，逐渐增加负载运行；转动励磁电压调节手柄（减少磁场电阻），使电压表读数逐渐升高到 400 V（三相电压应相同，频率表指示正常，信号灯有指示），随后将手动/自动转换开关转换到“自动”位置。

具体操作时的柴油发电机组启动程序控制流程如图 11—5 所示。

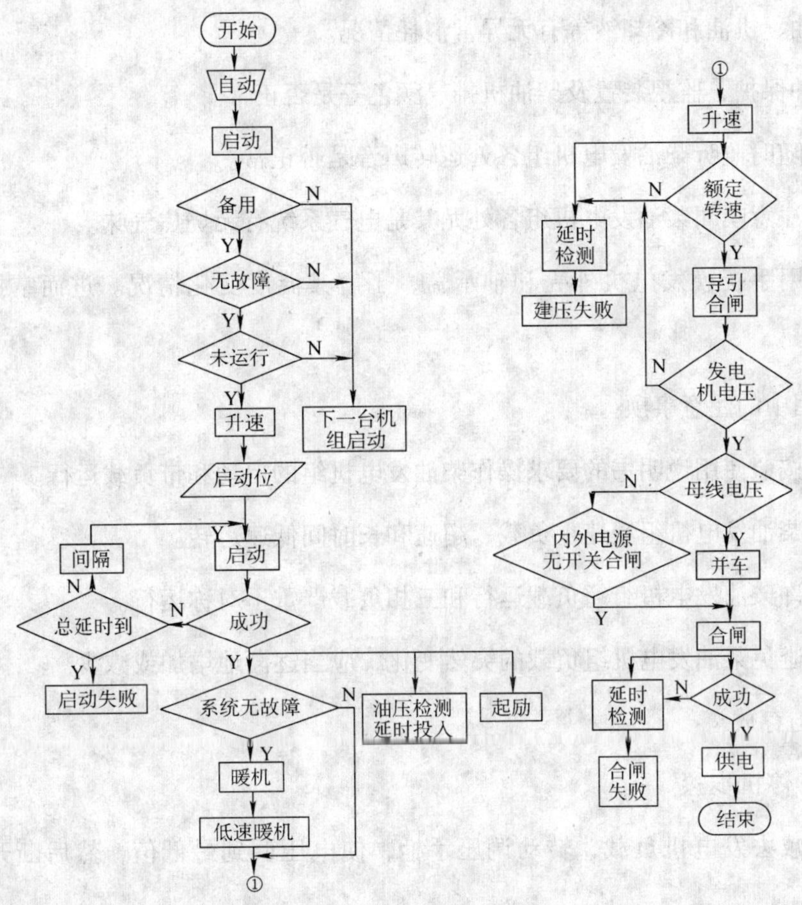

图 11—5　柴油发电机组启动程序控制流程

（2）运行监视

柴油发电机组投入负载运行后操作人员应当用看、听、嗅、摸等方法，必要时借助于测试仪表监视柴油发电机组的运转情况，同时进行一些调节和判断、处理所发现的不正常现象，必要时停机操作、修理。

1）看　经常观察各种仪表及指示灯，仪表指示数值应在规定的范围内，且电流表应在“0～+”之间变动；三相电压和电流指示值应当对称，特殊情况下相电流的不对称量应不超过额定值的25%。

观察滑环或换向器有无不正常火花或电刷跳动等接触不良现象。

注意机组各处的连接与固定情况，有无松动和剧烈振动。

观察燃油、机油和冷却液等有无异常消耗情况。

查看各种保护、监视装置及柴油机排气颜色等是否正常。

2）听　随时监听柴油发电机组各处运转声音是否正常。

3）嗅　注意嗅闻柴油发电机组各处尤其是电气系统有无烧焦气味。

4）摸　用手抚摸发电机外壳和轴承盖，了解其温度变化情况。进而掌握其技术状况。

(3) 使用中的注意事项

1）严格按照使用说明书的要求操作柴油发电机组的启动和带负载运行。

2）避免柴油发电机组慢速重负载、超速和长时间低速运转。

3）不允许柴油发电机组超负载运行和三相负载严重不对称运行。

4）尽量避免柴油发电机组负载的突然变化，应当逐渐地增加或减少。

3. 停机与存放

(1) 正常停机步骤

1）逐渐减去发电机负载，转动调压手柄，使电压调到最低值，然后断开机组总开关。

2）逐渐减小柴油机的油门，使其转速降低，再将调速器上的油量控制手柄推到“停车”位置，使柴油机停止运转。

3）断开电启动系的开关。

4）将控制屏上有关开关恢复到启动前的准备状态。

5）在冬季，如果没有可靠的防冻保暖措施或冷却系未采用防冻液，柴油机停车后必须将冷却液放尽，以免冻坏柴油机。

6）整理、清洁机组与现场，并认真、仔细地填写柴油发电机组的运行记录，特别是异常现象，以便更好地对柴油发电机组进行保养维护。

柴油发电机组停机程序控制流程如图 11—6 所示。

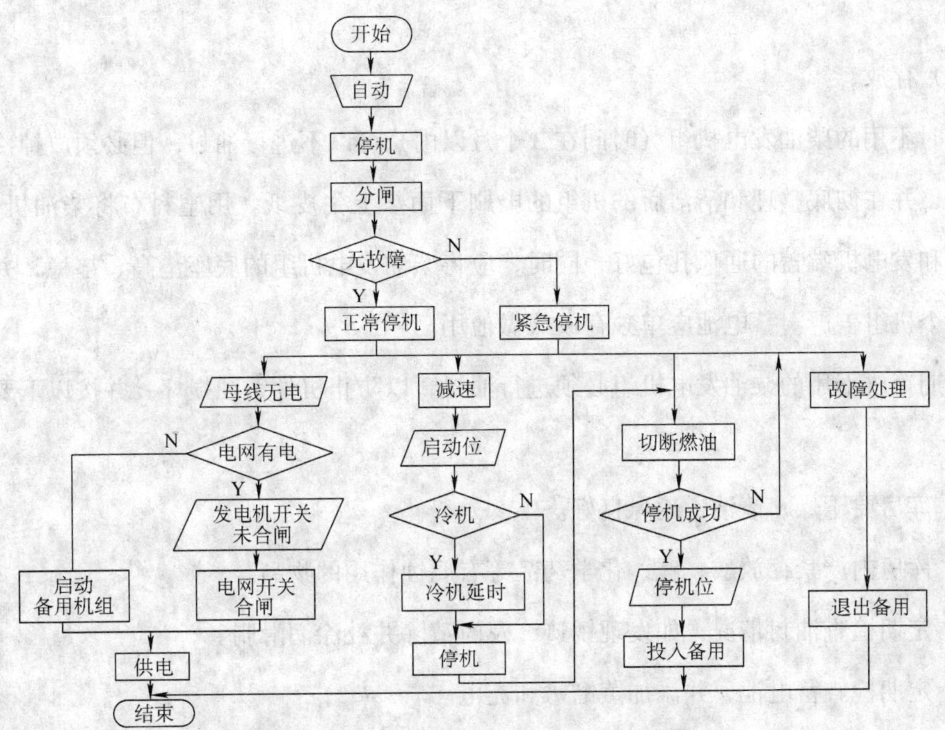

图 11—6　柴油发电机组停机程序控制流程

（2）紧急停机

遇有特殊情况，如果不停机会造成重大伤害或事故时，必须立即停机。特殊情况有以下几种：

1）柴油机的机油压力突然下降到最低值或无压力。

2）有严重超速运行（飞车）现象。

3）柴油机声音、转速突然变化——响声变大、转速下降，或某机件卡死、损坏、失灵。

4）发电机内部突然冒烟，散发焦糊臭味。

5）柴油机异常排烟和升温。

紧急停机时，将油量控制手柄迅速地推到“停车”位置，中断供油，迫使柴油机停车。

柴油机停车后立刻检查原因，进行维护、修理，并将情况详细记录在机组运行记录中。

(3) 存放

暂时不用的柴油发电机组（时间在 3 个月以内）可以不进行油封，但必须放掉冷却液和机油，并在彻底整理和清洁后的机组的电刷下面垫上牛皮纸。用塑料布将柴油机的进、排气口和发电机端盖的通风孔包好，同时，应将柴油发电机组的底座垫高、垫稳，并用篷布将整个机组盖严。蓄电池应单独存放或做他用。

长期存放不用的柴油发电机组必须进行油封，以防止机件锈蚀损坏，并按以下要求妥善保管：

1）库房要干燥、清洁，通风良好。

2）库房内严禁存放酸、碱、化学药品等有腐蚀作用的物品。

3）定期检查油封情况，如发现锈迹，及时清除并补涂润滑脂。

4）定期检查蓄电池，并添加蒸馏水和充电。

4. 保养

柴油发电机组的保养分为例行保养（见表 11—1）、一级保养（见表 11—2）、二级保养（见表 11—3）和三级保养（见表 11—4）等。

表 11—1　　例行保养（每班进行）

序号	保养项目		技术要求
1	发动机	(1) 检查燃油箱内存油量 (2) 检查油底壳、喷油泵调速器油位 (3) 检查冷却液液位、润滑水泵 (4) 检查各管路、管接头及其密封性	(1) 燃油不足时应予以加足，检查沉淀杯中有无污物和水分，必要时应予以拆卸清洗。清洁通气孔和加油口滤网 (2) 机油底壳油不足时应予以加足。每工作 50 h 检查一次喷油泵调速器油位，必要时添加 (3) 冷却液不足时应予以加足。每工作 50 h，水泵轴承应加注润滑脂一次 (4) 管路、管接头如有松动应予以紧固；如发现漏水、漏油、漏气现象，应予以消除

续表

序号	保养项目		技术要求
1	发动机	(5) 检查空气滤清器 (6) 检查发动机运转情况	(5) 检查油浴式滤清器中的机油量，保持油面在规定高度上；检查干式滤清器纸质滤芯有无堵塞，必要时应清除灰尘 (6) 发动机应易于启动，各速运转正常，无异响，排气烟色正常，否则应查明原因，排除故障
2	电气设备及仪表	(1) 检查蓄电池 (2) 检查启动机、发电机 (3) 检查线路、开关 (4) 检查各仪表、指示灯	(1) 清除蓄电池外表所黏附的污物，疏通通气孔 (2) 启动机、发电机应工作正常 (3) 线路应连接完好，无短路、断路、漏电现象；开关应完好无损，工作正常、有效。否则应予以检修 (4) 各仪表反应灵敏，示值正常，如有异常，应查明原因，排除故障。工作时主油道机油压力应为 0.3～0.5 MPa；冷却液出水温度应不高于98℃。指示灯应工作正常
3	发电机	(1) 检查发电机外部 (2) 检查各连接导线 (3) 清洁、检查控制箱 (4) 检查发电机运转情况 (5) 检查发电机空载电压	(1) 各附件应齐全、完好，紧固件无松动，通风孔应通畅。清除外部尘土与油污 (2) 导线应连接良好，接地装置应完好（接地电阻应不超过 4 Ω），无漏电等异常现象。否则应查明原因，排除故障 (3) 清除控制箱中各元件上黏附的灰尘及污物。各电子元件的连接接头应无脱焊、断头与松动现象，否则应予以修复。清洁控制箱外表及仪表面板。仪表面板上的电流表、电压表、频率表应动作灵敏，示值正确；各开关、指示灯应齐全、有效。否则，应及时检修 (4) 发电机应动转平衡，无异响，无异常火花及过热现象（轴承工作温度不应超过 85℃），否则，应查明原因，及时停机检修 (5) 每工作 25 h 检查一次，空载电压应达到额定电压的 1.05 倍，否则应查明原因，予以调整
4	传动装置	(1) 检查 V 带（SCF 型） (2) 检查弹性柱销联轴器	(1) V 带运转正常，张紧度适宜，否则应予以调整 (2) 联轴器应传动正常，无松动、异响现象
5	整机	(1) 清洁整机外表 (2) 检查各部连接螺栓 (3) 润滑	(1) 清除整机外表尘土、油污，保持机容整洁 (2) 如有松动应予以紧固 (3) 按润滑表规定执行

表 11—2　　一级保养（每工作 200 h 进行）

序号	保养项目		技术要求
1	例行保养		完成本级保养作业项目内的例行保养
2	发动机	(1) 清洁空气滤清器	(1) 对于油浴式滤清器，应清洗滤清器壳、通道及滤芯，更换机油，装复前用压缩空气吹干；对于干式滤清器，应清除滤清器壳体内壁与纸质滤芯上的尘土

续表

序号	保养项目		技术要求
2	发动机	（2）清洗机油滤清器 （3）检查油底壳机油油质 （4）清洗输油泵滤网 （5）检查V带的张紧度 （6）清洗冷却液散热器	（2）每工作100~200 h，清洗检查机油滤清器一次，如发现滤芯已损坏，应予以更换，安装时密封垫应对准各油道孔 （3）检查机油油质，如有必要应予以更换 （4）清洗滤网，如发现滤网损坏应予以更换 （5）V带的张紧度应适宜。正常情况下，在单根带中段施加30~50 N压力，带下沉量应为10~20 mm，否则应予以调整。V带如有损坏应予以更换 （6）清洗散热器外部，清除尘土、脏物；冲洗散热器内部，清除沉积物，并消除渗漏
3	电气设备及仪表	检查蓄电池	蓄电池电解液液面应高出极板顶面10~15 mm，电解液不足时，应加注蒸馏水。清除蓄电池桩头及连接板上的氧化物，并涂以凡士林防腐
4	发电机	（1）清洁发电机内部 （2）检查内部各元件线路连接情况 （3）检查硅整流器	（1）用不大于40 kPa的压缩空气吹扫发电机各缝隙处及内部的积尘 （2）励磁主回路、磁极绕组变阻器等应无短路、断路现象，接点及导线绝缘应完好，接点如有烧损、锈蚀应予以更换，导线如破损应予以包扎或更换 （3）整流器应性能良好。如经检测达不到规定要求时应予以更换
5	传动装置	（1）检查V带 （2）检查弹性柱销联轴器	（1）如张紧度不合适应予以调整 （2）联轴器连接螺栓如有松动应予以紧固
6	整机	润滑	按润滑表11—7规定进行

表11—3　　　　二级保养（每工作600 h进行）

序号	保养项目		技术要求
1	一级保养		完成本级保养作业项目内的一级保养
2	发动机	（1）清洗燃油系统 （2）清洗、检查喷油器 （3）检查喷油提前角 （4）更换油底壳、喷油泵内的机油 （5）检查调整机油压力 （6）检查各主要螺栓的紧固情况	（1）清洗燃油箱、燃油管路、输油泵及滤网；更换燃油滤清器滤芯；紧固管路各接头，消除渗漏 （2）清洗喷油器，检查喷油器的喷油开启压力［（17.5±0.05）MPa］和燃油雾化情况，必要时应进行调整 （3）按照柴油机使用和保养说明书规定，检查喷油提前角是否正常，如与规定值不符应进行调整 （4）更换时，应清洗油底壳、集油器滤网及喷油泵室，必要时应清洗油路，并用压缩空气吹干 （5）主油道的机油压力应为300~500 kPa，否则应予以调整 （6）用规定力矩（见表11—5）进行检查、紧固

续表

序号	保养项目		技术要求
2	发动机	(7) 检查调整气门间隙与减压升程 (8) 检查排气管与消声器 (9) 检查水泵 (10) 检查节温器 (11) 清洁检查风扇	(7) 检查并调整气门间隙，冷态时进气门间隙为 0.25～0.30 mm，排气门间隙为 0.30～0.35 mm；检查减压升程，并调整减压螺钉到合适位置 (8) 清除排气管与消声器中的积炭，检查密封情况 (9) 检查水泵泄水孔漏水情况，必要时更换水封；更换轴承润滑脂，检查轴承密封效果 (10) 清洗并检查节温器的开、关性能，节温器的开启温度为 70℃，全开温度为 85℃ (11) 清洗风扇；检查风扇叶片有无变形；检查、紧固连接件
3	电气设备及仪表	(1) 检查蓄电池 (2) 检查启动机与发电机 (3) 检查发电机调节器 (4) 检查预热塞	(1) 检查电解液相对密度，不同环境温度下使用的蓄电池电解液相对密度值见表 11—6。相对密度值每下降 0.04，相当于放电 25%，蓄电池冬季放电超过 25%，夏季放电超过 50% 时，应进行充电 (2) 启动机、发电机的紧固件和导线应连接牢固，导线绝缘应良好，如有破损应予修复或更换。清除启动机、发电机的内部积尘，清洁集电环、碳刷，检查碳刷接触情况，必要时应进行打磨，检查、调整刷簧弹力。检查轴承润滑和密封情况，必要时应加注润滑脂，更换密封件 (3) 调节器触点应光洁、平整，接触良好，如有烧蚀应予以打磨修整，必要时调整触点工作间隙和铁心间隙 (4) 测试预热塞性能及电阻丝绝缘情况，必要时，予以更换
4	发电机	(1) 检查发电机绝缘电阻 (2) 清洁滑环表面 (3) 检查电刷与滑环的接触情况 (4) 检查变阻器及电压调定电位器 (5) 检查轴承润滑情况	(1) 用 500 V 兆欧表检查发电机和励磁机绕组的线间及对地绝缘电阻，发电机在热稳定状态下的绝缘电阻值应不低于 0.5 MΩ。必要时对发电机进行干燥处理或更换绕组和绝缘材料 (2) 用煤油清洗滑环表面，再用干布擦净 (3) 电刷与滑环应接触良好，其接触面积应不小于 75%。否则用砂布打磨滑环与电刷表面，使两者达到良好接触。刷簧弹力应符合要求，否则，应予以调整 (4) 接点与导线绝缘应良好，变阻器与电压调定器应功能正常，必要时予以检修或更换元件 (5) 卸下轴承盖，检查轴承润滑情况，视情况添加或更换润滑脂。轴承应无松旷现象，轴承盖与轴承端面的间隙应适宜，否则，应予以调整
5	整机	润滑	按表 11—7 规定执行

表 11—4　　　　三级保养（每工作 1 800 h 进行）

序号	保养项目		技术要求
1	二级保养		完成本级保养作业项目内的二级保养
2	发动机	（1）更换空气滤清器纸质滤芯 （2）检查喷油泵、调速器 （3）检查气门、气门导管 （4）检查气门弹簧 （5）检查摇臂轴与摇臂衬套的配合间隙 （6）检查汽缸盖、汽缸体组件 （7）检查活塞连杆组件 （8）检查连杆轴瓦、曲轴轴承及曲轴 （9）检查喷油泵、喷油器的磨损情况 （10）检查汽缸垫和进、排气管 （11）检查凸轮轴轴承磨损情况 （12）检查机油泵 （13）检查冷却系 （14）检查传动机构	（1）更换滤芯时，应清洁滤清器壳体，并更换损坏的零件 （2）由专业人员进行检查、调校或修理 （3）检查气门密封性，必要时，进行修磨；如密封环带过宽应予以修刮，必要时更换气门或气门座。检查气门与导管配合间隙及其磨损情况，如磨损超限，应予以更换 （4）如出现弯曲、断裂或弹力不足应予以更换 （5）如磨损超限应更换衬套 （6）拆卸汽缸盖，清除燃烧室和进、排气管道中的积炭，并清洗干净；汽缸盖应无裂纹，必要时研磨底平面；清洗汽缸套，并检查其磨损情况，必要时进行修理或更换；清洗汽缸体并检查其有无损伤 （7）清洗并检查活塞、活塞环、活塞销及铜套的磨损情况，检查连杆是否弯曲、扭转变形 （8）如磨损超限，应予以更换或修理 （9）视需要更换零件并重新校验 （10）如已损坏或已失去密封作用，应予以更换 （11）如磨损超限，应更换 （12）拆卸、清洗并检查内外转子、轴、轴承及壳体间的配合，检查零件的磨损情况，必要时调整或更换零件 （13）拆卸、清洗并检查水泵零件的磨损情况，更换磨损严重的零件。清洗散热器，并做压力试验，检查其密封性能，如达不到要求，应予以修理。当水箱内压力比大气压高出 20 ~ 30 kPa 时，蒸汽阀打开；当水箱内压力比大气压低 1 ~ 12 kPa 时，空气阀打开。清洗、检查和修理风扇及其护圈、罩壳。清洗并检查水泵轴承，如轴承磨损严重应予以更换。检查 V 带，如磨损严重应予以更换 （14）检查传动齿轮、启动齿轮的啮合及齿面磨损情况，启动离合器的工作应正常，更换磨损超限或损坏的零件
3	电气设备及仪表	（1）检查蓄电池 （2）拆检启动机、发电机 （3）检查发电机调节器	（1）蓄电池槽、盖及隔离板如有裂纹或损坏，应予以修补或更换。清除槽内沉淀物及极板间的异物。检查、修整蓄电池安装架与固定件，保持装置牢固 （2）清洁定子、转子及各零件，清除污物、尘土。清洗轴承、检查轴承磨损情况，如磨损超限应予以更换，并重新润滑。检查定子、转子的线圈与导线，测量绝缘性能，绝缘值应符合规定，必要时进行修理。检查整流子、集电环及电刷，必要时打磨修整接触表面，保持接触面积不小于 75%。如电刷磨损超限（超过原厚度的 1/3）应予以更换。检查电刷弹簧弹力，如弹力不足，应予以调整或更换。检查启动机的传动机构，必要时修理并更换磨损超限或损坏的零件；检查启动齿轮的啮合及磨损情况，必要时进行调整或更换 （3）清洁、检查触点，如有烧蚀，应予以修磨，必要时予以调整或更换

续表

序号	保养项目		技术要求
4	发电机	（1）检查发电机主要零部件 （2）清洗并检查风扇叶轮 （3）检查发电机振动情况 （4）检查、校准各仪表、开关及指示灯	（1）彻底清洁发电机内部，必要时拆卸检查主要零件。检查发电机各部分绕组的绝缘老化情况，如有必要应予以修整或更换绕组和绝缘材料。检查发电机转子与整流器间的连接导线，如绝缘失效或损失应予以更换。检查电刷与滑环的磨损情况，磨损严重时应予以修整或更换。检查轴承磨损情况，若磨损超限应予以更换，同时更换密封件及润滑脂 （2）清洁风扇叶轮，叶轮应完好、无损 （3）测量发电机转子在空载状态下的轴向、径向振动值，如振动值偏大，应进行下列检查： 1）检查转子动平衡 2）检查定子与转子间的间隙（间隙不均匀度应不超过10%） 3）检查轴承与沉孔、轴的配合情况，如不符合规定要求应予以调整或更换相应零件 （4）检查导线连接是否良好，各仪表、开关及指示灯，如有损坏应予以修理或更换
5	传动装置	（1）检查V带传动 （2）拆检弹性柱销联轴器	（1）V带如有断裂或磨损严重应予以成组更换。带轮如磨损严重应予以更换。检查、校正主、从动带轮相互位置 （2）弹性橡胶圈如老化或磨损严重，应予以更换；螺栓、螺母如有变形、损坏应予以更换。安装时，发电机轴与发动机曲轴的平行度误差应控制在允许范围之内
6	整机	（1）检查减振器、连接件 （2）补漆 （3）润滑	（1）检查机座的减振橡胶块、弹簧及螺栓等连接件。如发现橡胶块老化、弹簧失效或损坏应予以修理、更换；连接件如有缺损应予以配齐；底座如有损坏应予以修整 （2）对局部脱漆部位进行除锈补漆 （3）按表11—7规定执行

表11—5　　拧紧力矩表

机件名称	力　矩（N·m）
连杆螺栓	98~118
主轴承螺栓	157~176
喷油器螺母	59~78
飞轮螺栓	98~118
汽缸盖螺栓	176~196

表 11—6　　蓄电池电解液相对密度

环 境 温 度	相对密度（g/cm^3）
< -30℃	1.31
-30 ~ -20℃	1.28
-20 ~ 0℃	1.27
>0℃	1.24

表 11—7　　润滑表

序号	润滑部位	润滑点数	润滑周期（h）	油品种类	备注
1 2	柴油机油底壳 柴油机喷油泵	1 1	8（检查） 8（检查）	柴油机油 夏季：CC 级或 CD 级 冬季：CC 级或 CD 级	工作 600 h 换油
3	空气滤清器油盆	1	100	柴油机油	换油
4 5	三相交流同步电动机轴承 启动机、发电机轴承	2 2	600 1 800（检查添加）	锂基润滑脂	工作 1 800 h 换油 换油

5. 故障诊断与排除

柴油发电机组总体的故障诊断及排除见表 11—8，发电机常见故障诊断及排除见表 11—9。

表 11—8　　柴油发电机组总体的故障诊断及排除

序号	故障特征及原因	排 除 方 法
1	接地的金属部分带电 （1）接地不良，绝缘电阻过低 （2）接地不良，电动机引出线碰机壳或线路太挤	（1）调整接地器等，如发电机泄漏严重，绝缘电阻太低，则应烘干处理 （2）使引出线及线路碰地处绝缘良好
2	电表无读数 （1）发电机不发电 （2）熔丝烧断 （3）仪表损坏 （4）电路断路	（1）参阅使用说明书 （2）更换熔丝，并查明原因 （3）更换仪表，并查明原因 （4）找出断路处并接好
3	电路各接点、触点过热 （1）接头松脱，接触不良 （2）触点烧伤	（1）检查并接好 （2）用很细的砂布擦修触点，并调整触点位置使之接触良好
4	绝缘电阻过低 （1）导线或零件损坏后碰地，绝缘电阻为零 （2）发电机线圈受潮 （3）配电盘线路受潮	（1）检查找出故障处，更换损坏零件，消除接地故障 （2）烘干线圈 （3）检查找出故障处，擦干净、烘干或风干

续表

序号	故障特征及原因	排除方法
5	机组振动过大 （1）联轴器的输入轴与输出轴的同轴度超差 （2）地脚螺钉松动或底座安装不稳 （3）轴承损坏	（1）重新调整或更换相关零件 （2）紧固地脚螺钉或检修机座安装情况 （3）检修或更换

表 11—9　发电机常见故障诊断及排除

故障现象	故障原因	处理方法
不发电	（1）励磁回路断路，接头松脱或接触不良，电阻过大 （2）励磁机组接线错误，极性相反或主极无剩磁 （3）谐波绕组不通 （4）晶闸管励磁触发器不工作，励磁失效 （5）电刷位置不对，换向器不清洁 （6）励磁机绕组断线，磁场变阻器断路 （7）发电机转向不对 （8）定子绕组断线或接错	（1）检查并修复 （2）改正绕组接线，并给予充磁 （3）检查，并把断线接通 （4）检查交流电源是否接入，主机是否有残压，若无，应向转子充电 （5）校正电刷至主磁极中间位置，并进行清洁 （6）修复断线绕组，检修变阻器 （7）改正旋转方向 （8）查明故障并重新连接
端电压低（达不到额定值）	（1）谐波励磁回路电阻过大 （2）晶闸管励磁导通角不对 （3）电刷与换向器或滑环接触不良（接触面积小，压力不足，不清洁，不光滑，错位等） （4）发电机转速低 （5）转子回路有短路或接线松动 （6）磁场变阻器接触不良，电阻过大	（1）测量电阻，检查整流硅管，如击穿应更换新管 （2）调整微调电阻 （3）根据原因进行排除 （4）提高发电机转速至额定值 （5）检查并修复 （6）检查并修复
整个发电机过热	（1）发电机组长时间超负荷运行 （2）发电机不清洁，通风散热不良 （3）导线有匝间或相间短路 （4）并联运行的发电机，电网电压过高 （5）环境温度太高（达 40℃）	（1）将负荷减至正常值 （2）用压缩空气吹洗内部，改善通风条件 （3）检查各绕组情况并修复 （4）降低电网电压至规定值 （5）适当降低发电机负荷
电刷与换向器或滑环过热	（1）发电机超负荷，引起励磁机超负荷 （2）电刷压力过大 （3）电刷火花太大	（1）降低发电机负荷 （2）更换弹簧，调节电刷压力 （3）按本表“电刷出现较大火花”故障排除
负荷电流波动	（1）负荷忽大忽小 （2）发电机有故障，如调速器失灵 （3）变阻器接触不良 （4）电网电压太低或功率因数太低	（1）通知用户保持稳定负荷 （2）排除发电机故障 （3）检修变阻器 （4）消除电网故障，可加均压线等

续表

故障现象	故障原因	处理方法
有负荷时，励磁电流太大	（1）负荷的功率因数太低 （2）转速太低	（1）设法调整或提高功率因数 （2）调整转速达到额定值
原动机振动	（1）发电机与原动机的同轴度超过规定 （2）轴弯曲 （3）底座自振频率与发电机振动频率相同，发生共振 （4）发电机振动 （5）转子失去平衡 （6）联轴器安装不正确 （7）V带连接不符合要求 （8）发电机内部定子或转子有线圈短路 （9）定子或转子铁心变形，气隙不均匀	（1）调整轴中心线至允许范围内 （2）调直或更换 （3）尽量避免在共振区内运行，若共振发生在额定转速，则应改变底座结构 （4）调整加固或修理发电机 （5）进行校验 （6）调整 （7）调整或重新连接 （8）检查并消除短路 （9）调整或送修
电刷出现较大火花	（1）电刷牌号不对 （2）电刷座线或电刷位置不正确 （3）电刷压力太小，接触不良或接触面积太小 （4）滑环或换向器表面粗糙、不圆或脏污 （5）发电机组振动 （6）电刷在刷底内松动	（1）更换同牌号电刷 （2）调整位置 （3）调整电刷压力，处理接触故障 （4）车磨并擦光 （5）应采取防振措施 （6）更换新电刷

第三节　安全用电

严格遵守电气安全操作规程，是保证工程建设施工现场内电气设备有条不紊地运行和工作人员身体健康、免受意外伤害所需的主要条件之一。

电气设备的各种运行维护工作，必须完全执行电气安全规程所要求的保证工作安全的技术措施和组织措施。应特别注意严格地遵守电气安全规程所规定的允许进行工作票制度、操作票制度和工作监护制度等。

对维护电气设备的工作人员进行体格检查，并实地训练其掌握对触电人员进行急救的技能，这对保证人身安全有重要的作用。

工程建设施工现场中关于维修电气设备的所有规程（包括电气设备的操作规程）应完全符合现行电气安全操作规程。

一、接地与接零

电气设备实行接地与接零，一是为了保证人身安全，如保护接地、保护接零；二是为了保证电力系统正常运行，如工作接地。

1. 接地与接零的基本概念

(1)“地”的概念和对地电压

当一根带电的导体与地接触时，电流便从此导体流入地内并向四面八方流散。距导体越近，电流通过的截面越小，所以电阻越大，电压降也越大；反之，距导体越远，电阻越小，电压降也越小。所以，在离导体 20 m 以外的地方，电阻近似于零，几乎没有电压降，所谓电位的零点，就是电气上的“地”。接地回路中任何一点对“地”的电位差，称为对地电压。

(2) 中性点、零点

电路中有一点与电路的各外部端子间的电压绝对值均等，该点便称为中性点，例如，三相绕组的星点。中性点接地时称为零点。

(3) 接地电压、跨步电压

在短路接地电路上，人体接触电气设备带电外壳的一点同站立地面一点之间的电位差，称为接触电压；在低压电气设备中，允许接触电压一般为 36 V、24 V 和 12 V 等。在距接地体 20 m 的范围内，地面上相距 0.8 m（一般人的步行跨距）两点间的电位差，称为跨步电压。跨步电压的大小与距接地体的远近有关；距离接地体越远，跨步电压越小。例如，距离 20 m 以外，则跨步电压接近于零。而接触电压的大小则相反，距离接地体越远，接触电压越大；反之，接触电压则越小。

(4) 散流电阻、接地电阻

接地体、土壤接触面之间的电阻与土壤电阻相加的总和，称为散流电阻。接地电阻包括散流电阻、接地体本身的电阻和接地线的电阻。

2. 接地和接零的意义和作用

(1) 工作接地

为了保证电气设备安全、可靠地运行，必须将电力系统中某一点（如发电机及变压器的中性点、避雷装置的引下线等）直接接地或经特殊装置（如击穿熔断器、电阻、消弧线圈等）接地，称为工作接地，如图 11—7 所示。

工作接地能维持相线对地电压不变（在电力系统发生单相接地时，故障相对地电压为零，其余两相对地电压不变）。将变压器和发电机的中性点经消弧线圈接地，能在单相接地的情况下补偿电容电流，以消除接地短路点的电弧，从而避免电力系统出现谐振过电压。

（2）保护接地

在中性点不接地的电力系统中，为了防止因电气设备的绝缘损坏而遭受触电的危险，将与电气设备带电部分绝缘的金属外壳同接地体之间作金属性的连接，称为保护接地，如图 11—8 所示。

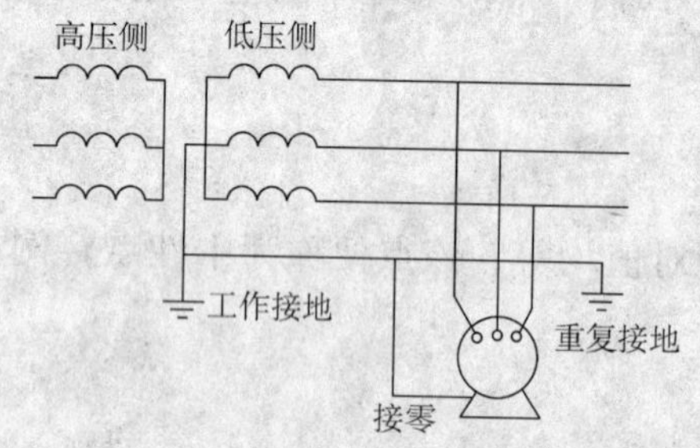

图 11—7　工作接地、重复接地和接零

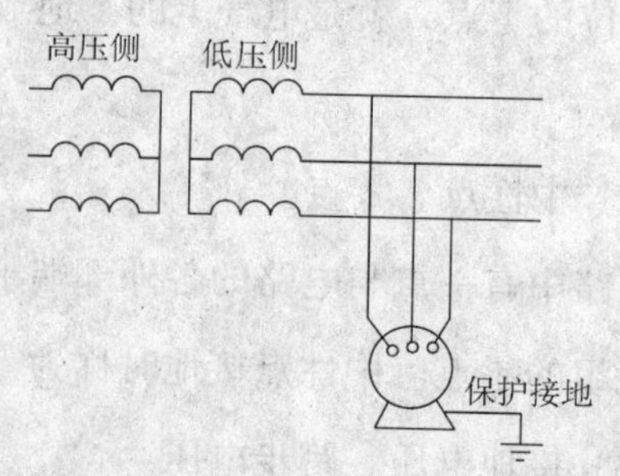

图 11—8　保护接地

电气设备的金属外壳实行保护接地后一旦发生相线碰壳，接地电容电流将大部分通过接地装置流入大地。根据并联电路的原理，接地装置的接地电阻越小，则流经人体电流越小。此时，漏电的电气设备外壳对地电压主要取决于接地保护的接地电阻大小，只要接地电阻符合要求（一般不大于 4 Ω），就可以大大降低漏电的电气设备的对地电压，从而避免人体触电的危险，起到保护的作用。

（3）重复接地

中性线（又称零线）上的一点或多点与大地再次作金属性连接，称为重复接地（见图 11—7）。如果中性线未采取重复接地，则在中性线发生断线并有一相线碰壳时，会使接在断线后面的所有电气设备外壳都呈现接近于相电压的对地电压，这是十分危险的。如果中性线实行重复接地，则发生同样故障时断线后一段中性线的接地电压只有相电压的 1/2。

（4）接零

为了防止因电气设备的绝缘损坏而使人遭受触电的伤害，在中性点直接接地的 1 000 V

以下的电力系统中将中性线直接和中性点连接起来，并将电气设备的金属外壳接到中性线（或零线）上，称为接零（见图 11—7）。在采用接零保护的低压电力系统中，当某一相线绝缘损坏碰壳时，单相接地短路电流则通过该相和中性线构成回路。由于中性线的阻抗很小，所以单相短路电流很大，足以使线路上的保护装置（如熔断器或低压断路器）迅速动作，从而使漏电设备断开电源，消除了人的触电危险。

二、安全用电教育

安全用电教育的目的是提高工作人员的安全意识，充分认识安全用电的重要性。同时，使工作人员懂得用电的基本知识，掌握安全用电基本方法，从而能安全、有效地进行工作。新参加工作人员应接受三级（厂级、车间级和班组级）安全教育，对普通职工，应当要求懂得关于电和安全用电的一般知识；对于使用电气设备的生产工人，除应懂得一般电的知识外，还应当懂得与安全用电相关的操作规程；对于独立工作的电气专业工作人员，更应当懂得电气设备在安装、使用、维护、检修过程中的安全要求，应当熟知电气设备安全操作规程，学会预防触电、触电急救和电气灭火的方法，并通过培训和考试，取得操作资格证。

用电安全教育应作为一种安全生产制度由专职机构、人员组织实施。

三、电气设备安全操作准则

为保证安全用电，各种电气设备的安装、调试、使用、维护和修理等均有其相应的技术要求和操作规程（可参阅相关电气设备的使用说明书，安装、维修手册等），电气设备的使用单位、部门、岗位也制定了相应的管理条例、规章制度和安全守则等。现从安全使用电气设备角度，就其共同的安全操作准则作一简单介绍。

（1）电气设备操作人员应熟悉有关的电气安全工作规程和电气运行管理条例，以及该企业电气设备的技术维修制度中与其所从事的工作或所担负的职务有关的内容。

（2）许可电工（操作人员）独立执行任务时，必须对其进行电气安全规程的考试。对所有维护电气设备的工作人员，应毫无例外地每年考试一次。此外，在调换另一性质的工作以及违反电气安全规程时，均须重新进行考试。考试成绩记入个人安全技术考核记录并存入技术档案。向考试合格者颁发电工操作资格证，允许其维护电气设备和担任检修工作。未获得电工操作资格证者，禁止在电气设备上独立地进行任何工作。

（3）维护电气设备的电工和在电气设备上工作的非电工人员，须接受一般的电气安全技术教育。

（4）在 1 000 V 以下现有电气设备上进行的作业，按所采取的电气安全措施可分为以下 3 类：

1）在电气设备完全断电的条件下作业。

2）在电气设备局部断电的条件下作业。

3）带电作业。

（5）1 000 V 以下电气设备的全部维修工作按下列方式完成：

1）按日常操作惯例。

2）按口头或电话指示。

3）按签发的工作票。

（6）许可值班人员进行的作业项目（完成后须记入值班记录）

1）带电进行的作业。擦拭电气设备的外罩或外壳；轴承加油；维护电动机的滑环及换向器；更换烧坏的灯泡和熔断器内的熔体。

2）在完全断电的情况下进行的作业。修理磁力启动器、按钮、变阻器、自动断路器和刀开关（这些电气安装在配电盘和配电箱外）。

（7）按上级口头或电话指令进行的作业有：维修电力的照明配电箱（配电盘）；照明线路和各用电设备（如电动机等）。

（8）按工作票进行的维修和调整作业有：

1）配电装置、配电盘及配电箱等。

2）架空及电缆进线。

3）母线、干线、分支线等。

工作票是允许在 1 000 V 以下电气设备上进行作业的书面指令，其上列有工作进行的条件、主要的安全措施和安全负责人的技术等级等。

（9）在电气设备局部断电或完全断电的条件下进行作业时应依次采取的技术措施有：

1）进行必要的切断并采取辅助措施，以防止工作地点突然有电。

2）悬挂警示牌，装设栅栏。

3）检查欲维修的电气设备是否有电。

4）经查明无电后装设移动接地线，悬挂“禁止合闸，有人工作”警示牌。

装设接地线是考虑偶然出现电压而采取的保护措施。对1 000 V以下的电气设备来说，凡是大配电装置、配电盘和配电箱，以及干线和分支线上工作均须装设接地线。

（10）在1 000 V以上的电气设备上进行作业时应遵守以下规定：

1）开始作业前应获得该工作负责人签发的工作票或口头和电话指令。

2）工作地点至少应有2人。

3）应在技术和组织上采取安全措施，以保证工作安全。

4）作业内容应记入操作记录。

5）维修电气设备的场所内应设置防火、防爆及紧急救护设施。

四、触电的紧急救护

触电人员能否获救，在绝大多数情况下取决于能否使其迅速脱离电源和是否能迅速进行正确的急救。

1. 脱离电源

如果触电人员与带电部分接触，首先必须使其迅速脱离电源。

如果人在高处触电，切断电气设备电源和让触电人员脱离电源可能造成触电人员从高处摔下，此时应采取保证触电人员免遭摔伤的安全措施。

电气设备停电若影响出事地点的照明，则必须利用其他光源，以便紧急救护能正常进行。

如果不能迅速使电气设备停电，必须采用以下方法使触电人员与带电部分分开：

（1）人员在1 000 V以下的电气设备上触电时，可用干燥的衣服、绳索、木棒、塑料棒、塑料带或其他不导电的物品，使触电人员脱离带电设备的导线，绝不能使用金属或潮湿的物件。

担任救护工作、特别是接触触电人员身体的人，应穿戴橡胶绝缘手套和鞋，或在触电人员身上披上橡胶布、塑料布制品等。

救护触电人员应尽可能只用一只手进行救护。触电人员发生痉挛将导线紧握在手中时应使其脱离地面。

用干燥、绝缘材料制作的工具将触电人员接触的一段低压线路断开。

（2）在1 000 V以上的电气设备上触电时，为了将触电人员脱离大地或带电部位，救护人员除应穿戴橡胶手套和鞋以外，还应使用适合于该电压的绝缘棒或带绝缘手柄的钳子。

对于架空线路，则必须将所有导线短路并可靠地接地，特别是电容较大的线路。

2. 紧急救护法

抢救触电人员所采用的紧急救护法，应根据触电人员脱离电源后的情况来决定。

（1）如果触电人员在触电过程中曾一度昏迷，或触电时间虽长，但尚未失去知觉，则在医生到来以前应保证其完全安静休息；迅速与急救中心联系，以便立即现场抢救或送往医院。

（2）如果触电人员已失去知觉，但心脏仍在跳动、呼吸尚存在，除采取上述措施外，应为触电人员宽衣解带，使其周围空气流通，或让其闻氨水，对其洒冷水，同时摩擦其全身，使之发热。

如果触电人员呼吸困难或稀少，不时有痉挛现象，则必须进行人工呼吸。

在触电抢救过程中，如果出现触电人员没有生命体征（如呼吸、心脏跳动均停止），仍然不可认为触电人员已经死亡，因为触电人员经常有假死现象。此时，人工呼吸必须连续不断地进行，直至医生确认时为止。

3. 人工呼吸和胸外心脏挤压法

只有触电人员呼吸非常困难、断续无常、出现痉挛现象，或呼吸困难或完全停止呼吸时方可进行人工呼吸。

人工呼吸应在触电人员脱离电源后立即、迅速、不断进行，直到触电人员复苏或经医生诊断确实已经死亡时为止。实践证明，曾有过触电人员经几小时的假死后生还的事例。

进行人工呼吸时必须注意触电人员的脸，如果发现其嘴唇稍有开合或眼皮稍有活动以及喉部有哽咽的动作，则应注意其是否要开始自行呼吸。如果触电人员开始自行均匀呼吸，就不应再继续进行人工呼吸，否则有可能招致新的或其他危害。

人工呼吸暂停几秒后，如果触电人员仍不能自行呼吸，则应继续进行人工呼吸。

进行人工呼吸以前，应注意的事项有：将触电者身上妨碍呼吸的衣领、上衣和裤带等全部、迅速解开；迅速将触电者口中的脏物、黏液和假牙等东西取出；如果触电人员牙关紧闭，应设法使其嘴巴张开，如图 11—9 所示。

（1）口对口人工呼吸

对有心跳而呼吸停止的触电人员，应采用口对口人工呼吸法进行抢救，其步骤和方法如下：

1）救护人员位于触电人员的一边，让触电人员仰面平卧，颈部枕垫软物，头稍后仰，使其呼吸道畅通（见图 11—10）。此时救护人员用一只手紧捏触电人员的鼻孔，另一只手掰开触电人员的嘴巴，并准备吹气。

图 11—9　使触电者张口

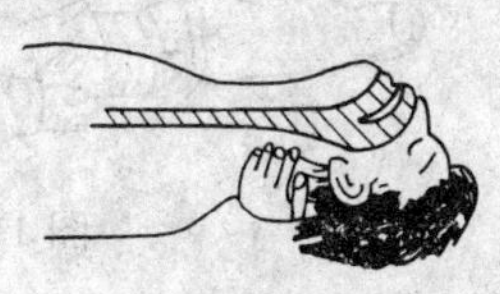

图 11—10　头后仰时呼吸道畅通

2）救护人员深深吸气后大口地向触电人员口中吹气（见图 11—11），然后放松触电人员鼻子，使之自行呼气（见图 11—12）。人工呼吸要不间断进行，直至触电人员苏醒时为止。每次重复应保持均匀的间隔时间（通常以每 5 s 一次为宜），对幼儿、小孩施行人工呼吸时不必捏鼻子，如果开口困难，可以使其嘴唇紧闭，对准鼻孔吹气效果相似。

图 11—11　捏紧鼻孔大口吹气

图 11—12　放松鼻子自行呼气

（2）胸外心脏挤压法

对有呼吸而心脏停跳（或心跳不规则）的触电人员应立即采用胸外心脏挤压法进行抢救，其步骤方法如下：

1）使触电人员仰面平卧，颈部枕垫软物，头稍后仰。救护人员骑跨在触电人员臀部位置，左、右手掌复压在触电人员胸上，如图 11—13 所示。

2）救护人员自上而下均衡地用力挤压触电人员胸骨下端，使其下陷 3～4 cm，然后突然放松，但手掌不离开胸壁，如图 11—14 所示。挤压与放松的动作要有节奏，每秒可进行一次。

图 11—13　救护人压胸的手掌位置

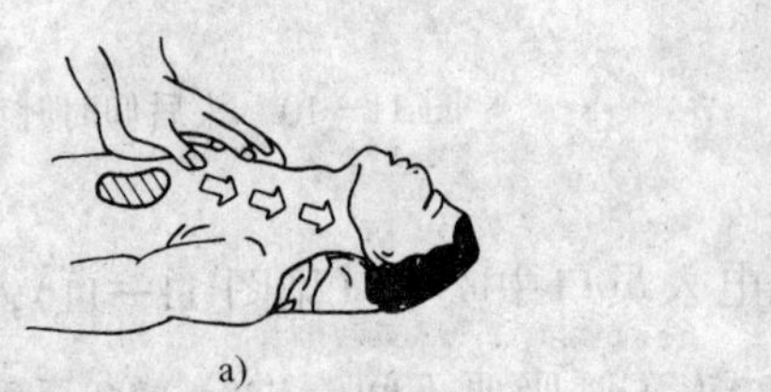

a）

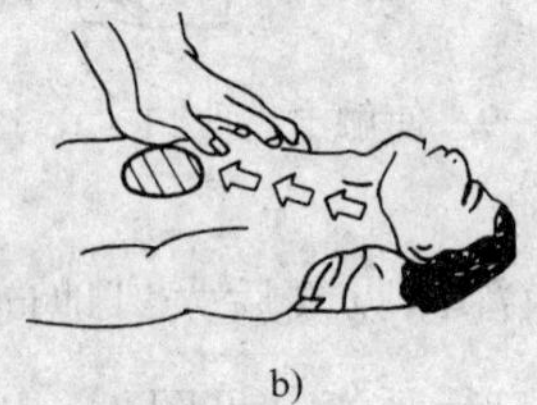

b）

图 11—14　胸外心脏挤压法
a）挤压　b）放松

救护人挤压力要适当，用力过大时会造成触电人员胸部内伤，但用力过小时则挤压无效。

（3）对心跳和呼吸都停止的触电人员的急救

对心跳和呼吸都停止的触电人员应同时采用人工呼吸法和胸外挤压法进行抢救，由两人合作抢救较为适宜，并两法交替进行。如在吹气时应将其胸部放松，而在换气时进行挤压，如图 11—15 所示。如果现场只有一名救护人员，则由单人交替操作，即先给触电人员人工呼吸 3 ~ 4 次，然后再胸外挤压 7 ~ 8 次，如图 11—16 所示。交替重复进行，直到触电人员苏醒时为止。

图 11—15　两救护人员协调抢救

图 11—16　单人交替抢救

习　题

1. 叙述配电基本过程。
2. 叙述安装变压器时应考虑的位置因素。
3. 柴油发电机组使用前应做哪些准备工作?
4. 叙述如何监视发电机组的运行状况。
5. 叙述发电机组停机流程。
6. 叙述发电机组保养分级及主要作业内容。
7. 叙述发电机常见故障及处理方法。
8. 叙述接地与接零的概念。
9. 叙述电气设备安全操作规程的主要内容。
10. 叙述触电紧急救护方法。

附录 1

电动机操作规程

1. 在露天使用的电动机应设有防尘（雨）罩。电动机停放地点必须保持干燥，并禁止在电动机旁堆放杂物及易燃品。电动机与其他机械的连接处应设有安全防护罩。

2. 电动机启动前应检查电线及接头有无破损、松动，电动机转动是否灵活。电动机的接地线应连接可靠，绝缘电阻应不小于 0.5 MΩ。

3. 启动时若发现电动机有异响或不转动，应立即将启动开关或电源开关断开，查明原因并排除故障。启动后电动机应无漏电现象，温升应正常，一般三相异步电动机的 A 级最大温升允许为 55℃，B 级为 65℃，E 级为 70℃，F 级为 105℃。

4. 操作高压电开关、启动高压电动机时，应戴绝缘手套，穿绝缘胶鞋。

5. 严禁带电更换熔丝或熔片，禁止用一般金属丝代替熔丝。

6. 电动机停止运转，或突然停电，或操作人员离开工作岗位时，应将启动开关或电源开关断开。电动机正常停止运转前应将其负载降到最小，然后切断电源，将启动开关拨到停止位置。调速电动机停止运转时应先将其转速降到最低，然后切断电源。

7. 在潮湿地区，电动机停用后应采取防潮措施。使用停放很久的电动机时应先用摇表检查电动机绝缘电阻，如果绝缘电阻超过规定，应拆开烘干后再用。

附录 2

柴油机操作规程

一、启动前的准备工作及正确启动操作

1. 检查曲轴箱内润滑油是否在机油标尺规定范围内，以保证柴油机正常运转和节约燃料；检查燃油箱内有无积水，燃油是否足够；水冷式柴油机要检查冷却水量，如需要则加注；检查蓄电池内电解液面如低于最低液面则加注蒸馏水。

2. 检查柴油机外部机件是否松动、损坏；检查风扇带张紧度是否符合要求，如不符合要求应予以调整。

3. 柴油机启动前，主离合器要处于分离状态或变速箱为空挡；有预热装置的柴油机启动前要打开预热塞，先预热 40 ~ 50 s，寒冷季节和地区要重复预热 2 ~ 3 次后再启动。

4. 水冷式柴油机禁止不加冷却水启动；电动机启动柴油机时每次不得超过 5 s；连续使用启动电动机时其间隔时间应不少于 15 s；若连续 3 次不能启动柴油机，应查明原因，排除故障后再启动，以免蓄电池过放电而损坏。

5. 柴油机启动后应怠速暖车运转 3 ~ 5 min，在此期间不可猛轰油门；涡轮增压柴油要防止因润滑不良而损坏增压器；检查机油压力是否在规定范围内，电流表是否显示充电，柴油机是否有异响等异常现象。

6、柴油机冷却水温度超过 40℃时方可带负荷运转。

二、运转时的技术要求

1. 柴油机运转过程中应无异常现象，否则应立即停车，查明原因，排除故障。

2. 柴油机冷却水正常温度应在 80 ~ 95℃之间，若因缺水、负荷过大或冷却系故障而使冷却水温度过高时，应针对具体原因采取相应措施，使其温度逐渐降低。严禁用冷水快速注入水箱或洗泼柴油机。开启水箱盖时操作人员要戴手套，脸部避开水箱盖口，谨防烫伤，然后徐徐加注冷却水。

3. 要防止柴油机“飞车”。一旦发生，要果断采取措施，以免发生重大事故。

4. 尽可能地让柴油机在中等转速偏上，或中等负荷偏大的工况下运转，使其发挥良好的动力性和燃料使用经济性；尽可能地避免柴油机高速运转或全负荷、超负荷运转，以

减少机械损失，延长柴油机使用寿命。

三、停车前与熄火后的技术工作

1. 柴油机停车前应卸去负荷，怠速运转几分钟（增压柴油机应怠速运转 5 ~ 10 min），让柴油机温度逐渐降低后再关闭油门、停车。

2. 排气管向上的柴油机在露天停放时，熄火后要盖好排气管口，以免雨水侵入。

3. 长期存放的柴油机应将蓄电池拆下，专门保管或做他用。

4. 按规定牌号给燃油箱注满清洁的柴油和添加润滑油时严禁烟火，注意安全。

5. 气温低于 0℃时，停车后要放净柴油机内的冷却水，以免冻裂机体。使用防冻液的水冷柴油机要检查防冻液的缺损情况。

6. 按保修规程或使用说明书要求，对柴油机进行例行保养。